HIDDINK

FRANS VAN DEN NIEUWENHOF

DIT IS MIJN WERELD

deboekenmakers

Inhoud

Voorwoord

Als je een leven lang hoofdonderwijzer bent geweest op een lagere school in Varsseveld is het vanzelfsprekend dat ook je eigen kinderen op een gegeven moment in jouw klas terechtkomen. In mijn geval waren dat er zes. Guus was een rustig kind, al borrelde het van binnen altijd wel bij hem. Eigenlijk was hij veel liever met paarden, koeien en varkens in de weer dan met boeken of schriften.

Toen hij uiteindelijk de MULO had afgerond, was wel duidelijk dat hij een leven in de sport ambieerde. Guus meldde zich aan bij het CIOS, maar werd afgewezen. Ik ben nog altijd blij dat ik toen een brief heb geschreven waarin ik aangaf dat mijn vrouw en ik ook niet wisten, wat we thuis dan met hem aanmoesten. Guus mocht alsnog komen.

Het CIOS is een belangrijke basis onder zijn verdere leven geweest. Net als ik dat ben, is Guus een voetbalgek en iemand die jonge mensen wil vormen. Net als zijn moeder is hij een manager; ma in het gezin, hij in de clubs of bij de bonden waar hij werkte.

Een leven kent soms vreemde wendingen. Wat als wij tijdens de oorlog in Den Haag waren blijven wonen? Wat als ik kort daarna geen werk had gevonden in Varsseveld? Wat als PSV, Oranje of Zuid-Korea op een cruciaal moment een penalty méér had gemist?

Guus heeft het leven op cruciale momenten zelf naar zijn hand gezet en mijn vrouw en ik zijn er trots op dat we hem daarbij hebben kunnen steunen en al zijn belevenissen zolang van zo dichtbij hebben mogen meemaken. Maar boven alles zijn we er trots op dat hij altijd gewoon een van de zes is geweest.

Gerrit H. Hiddink
8 november 2006

GUUS HIDDINK ALS LEERLING OP DE OPENBARE LAGERE SCHOOL VAN VARSSEVELD

Hoofdstuk 1

De inval van de FIOD

In de vroege ochtend van dinsdag 25 oktober 2005 krijgt Guus Hiddink onaangekondigd en ongewenst bezoek. De Fiscale Inlichtingen- en Opsporingsdienst staat aan de deur. Hiddink wordt verdacht van belastingontduiking.

Een half jaar lang is op zijn voicemail dezelfde boodschap te horen. 'Vorsicht, der Feind hört mit. Vorsicht, der Feind hört mit.' Het zijn de maanden na de inval van de FIOD en Hiddink geeft telefonisch blijk van zijn woede en frustratie. Afgeluisterd en bespioneerd voelt hij zich. Door de 'vijand', wiens aanwezigheid voor hem altijd voelbaar is. Als bewijs ook van het feit dat hij die ochtend van 25 oktober nooit zal vergeten.
"Ik had een vrije dag, dus was het de avond daarvoor vrij laat geworden. Om een uur of acht werd er gebeld. Ik lag nog te slapen. Aan de poort hebben we een schermpje met melder, dus Elisabeth ging naar het apparaat in de hal om te kijken wie dat was."
Hiddink is meteen klaarwakker. Drie mensen op de stoep, twee mannen en een vrouwelijke hulpofficier van justitie. "Ze vroegen of ze mochten binnenkomen. Ze waren op zoek naar mevrouw Pinas, zeiden ze. Lies wist totaal niet waarover het ging en weigerde aanvankelijk die mensen binnen te laten."
Na enige tijd gaat de poort van zijn villa in Waalre toch open. "Toen ze eenmaal toch binnen waren zeiden ze gelijk tegen Elisabeth: 'We moeten meneer Hiddink hebben en u moet getuigen.' Ze vroegen mijn medewerking inzake onjuiste aangifte van de inkomstenbelasting. Ik zeg: 'Ik heb niks te verbergen, beste mensen, wat wilt u zien?' Ik haalde een paar papieren uit mijn kast. Dat vonden ze niet voldoende. Ze vertrouwden het niet en besloten het hele huis te gaan doorzoeken. Werkelijk, van boven tot onder: alles werd overhoopgehaald. Dat bezoek duurde van acht uur 's ochtends tot drie uur 's middags. Kun je je voorstellen, wat je zeven uur lang in een huis te doorzoeken hebt? Ik zei nog: 'Mensen, méér heb ik niet. Als jullie andere zaken zoeken dan moeten jullie bij mijn accountant zijn.'"
Hiddink krijgt meteen antwoord. "Een van de mannen zei: 'Daar zijn we inmiddels ook.' Wat bleek? Diezelfde ochtend is er een inval geweest bij mijn accountant. Met twintig man waren ze daar. Hij is thuis meegenomen, terwijl zijn kinderen toekeken. Een paar weken later stonden ze met negen man aan de deur bij mijn zaakwaarnemer. Die was niet thuis. Gelukkig kwam de buurman

langs om te vertellen dat zijn zoon in dezelfde plaats woont, zodat ze daar de sleutel konden halen. En er was nog een inval van veertien FIOD-mensen bij PSV, waar ze de financiële administratie doorzochten."

Zo'n vijftig FIOD-agenten zijn in touw geweest. "Dan denk ik: wat een overdaad, alleen om even wat ordnertjes op te halen. Dat maakte mij wel furieus. Niet zozeer dat ze iets van me nodig hadden, maar de intimiderende manier waarop dat ging. Ik wilde bijvoorbeeld graag mijn advocaat bellen. Dat mocht niet. Ik raakte geprikkeld. 'Wat niet, in mijn eigen huis niet?' 'Nee, dat mag niet zomaar', zei een van hen. 'Wat? Weg jij! Ik ga bellen wie ik wil.' Op dat niveau zit je dan. Toen zei die ambtenaar weer: 'Guus - hij zei ook constant 'Guus' en 'jij' - we doen dit echt heel low profile omdat je een bekende Nederlander bent.' O, dacht ik, dus jullie hadden me ook in de boeien kunnen slaan en met loeiende sirenes laten afvoeren?"

Na een tijdje komt Hiddink weer bij zinnen. "Toen ik wat rustiger werd, vroeg ik aan die hulpofficier of ze eigenlijk wel een huiszoekingsbevel bij zich hadden. Ze werd zenuwachtig, want nee: dat hadden ze dus niet. Ze waren feitelijk zó op mijn terrein gekomen zonder dat ze daartoe het recht hadden. Vervolgens kwam die man weer uitleggen hoe dat werkt. Hij was iets kleiner dan ik en ging pal tegenover me staan. Op een halve meter afstand. Hij zei: 'Vrijwillig is eigenlijk schijnvrijwillig. Als het niet vrijwillig lukt, dan gaan we de rechter-commissaris ophalen en die zegt: ga jij maar eens in die hoek zitten. En dan gaan we alles overhoophalen.' Bij elke stap die hij me uitlegde, kwam hij een beetje dichterbij. Tot hij uiteindelijk met zijn kin tegen mijn neus stond. In mijn eigen huis. Ik zeg: 'En nou achteruit, jij!' Ik was zó geladen. Bij die methodes krijg ik echt vreemde associaties. De adrenaline die ik toen voelde heeft weken in mijn lichaam gezeten. Wat zeg ik, die zit er nóg. Dat gevoel is zó weer op te roepen."

Hij is blij als Elisabeth de kamer binnenkomt. "Zij is normaal nogal fel, maar kalmeerde de boel. 'Wat is hier aan de hand?', vroeg ze. 'Ga jij eens zitten', zei ze tegen die man. 'En jij ook, Guus.'"

"Ik had inmiddels wel begrepen dat ik weinig te willen had. Ik had mijn advocaat gebeld en die zei ook: 'De manier waarop ze zijn binnengekomen zal misschien niet fijntjes zijn, maar als de rechter-commissaris erbij wordt gehaald, dan duurt het nog uren langer en is het resultaat hetzelfde.' Toen dacht ik: ik wil ze zo snel mogelijk het huis uit hebben. Dus uiteindelijk laat je ze maar hun gang gaan."

Om drie uur is Hiddink weer baas in eigen huis. "Op het moment dat ze klaar waren, dat was wel mooi, heeft Lies het hele huis ontsmet. Van boven tot onder, overal stak ze wierook aan om de geur te verdrijven en heeft ze de boel gereinigd. Het geeft zo'n vies gevoel als mensen je hele huis doorzoeken. Ze hebben ook werkelijk álles meegenomen. Computer, agenda's, alle mogelijke papieren waarvan je denkt: wat hebben ze daar nou aan?"

Er gaat een week voorbij. "Toen kwamen de verhoren."
Daarin probeert de FIOD bewijzen te verzamelen om aan te tonen dat Hiddink de wet bewust omzeild heeft door in de belastingaangifte op te geven dat hij in een deel van 2002 en 2003 in België woonde. Drie keer wordt hij langdurig ondervraagd. "Het eerste verhoor was op donderdag, twee dagen na de overval bij mij thuis. Ze vroegen me naar het FIOD-kantoor aan de Waagstraat in Eindhoven te komen en ze zouden rekening houden met het feit dat ik bekend ben. Dus alles zou heel low profile gaan. Nou, prima. Zij wilden om half tien beginnen, maar omdat ik op donderdag normaal moest trainen bij PSV stelde ik voor om me rond één uur te melden. Kon ik ook nog even douchen en lunchen na de training. 'Kom dan maar om twaalf uur', zeiden ze. 'Ja, mensen, laten we dan half één doen.' 'Nee, twaalf uur!' Ze hadden me al vanaf half tien vrij gegeven..."
"Ik heb de mensen om me heen ingelicht dat ik voor een FIOD-verhoor weg moest. Fred Rutten, René Eijkelkamp, Mart van den Heuvel en de spelersraad. Na de training ben ik snel gegaan en iets na twaalf uur begonnen de verhoren. Mijn advocaat, Jan Leliveld van Wladimiroff & Waling, was erbij. Hij zat achter in de kamer, ik zat met twee rechercheurs van de FIOD aan een klein tafeltje met daarop alleen een laptop."
"Ik vroeg natuurlijk hoe het allemaal zou verlopen, maar dan worden ze heel koel. *Als alles bevredigend verloopt, zullen we vanavond wel eens bekijken hoe we verder gaan.* Zo. In alles is het: wíj bepalen wat hier gebeurt. Dus of ik de nacht daar moest doorbrengen, hing helemaal af van de soepelheid van het verhoor. Uiteindelijk duurde dat eerste verhoor tien uur. Da's lang hoor, tien uur praten. Af en toe liepen ze weg. Waarschijnlijk om te overleggen met de officier van justitie. Ik heb al die tijd daar gezeten. En maar vragen beantwoorden. In die tien uur mocht ik af en toe een plasje doen, maar dat was het wel. Soms zei ik: 'Ik heb nu wel zin in een kopje koffie.' 'O ja', zeiden ze dan. 'Kan er een glaasje water bij?' Kon ook. Kreeg ik een plastic bekertje met slootwaterkoffie en een bekertje met water. Verder niks te eten of zo. Het is een fantastische plek om af te slanken."

"Ze proberen je steeds op een andere manier te vangen. Zorgen dat jij en anderen tegenstrijdige verklaringen afleggen. Die verhoren duren natuurlijk zo lang om je te vermoeien, te breken. Het was wel heftig, moet ik zeggen. Alles wat ik had gedaan was getraceerd. Autoritten, agenda's, ze hadden zelfs de gas- en waterstanden opgevraagd van mijn huis in België. Ze waren ook aan huis geweest om rond te kijken. In cafés is gecheckt of ik daar wel eens kwam. Ze zijn er als detectives op gedoken. Maar ik had niks te verbloemen. Ik voelde me totaal onschuldig. Ik heb in mijn carrière nooit met zwarte toestanden te maken willen hebben en heb nooit dubieuze fiscale constructies via bijvoorbeeld Guernsey of Jersey toegepast. Om de terugkeer uit Korea in goede fiscale banen te leiden, heb ik me door deskundigen fiscaal laten adviseren. Het was voor iedereen duidelijk dat ik geen fiscaal gedoe wilde. Het moest gewoon goed geregeld worden."
Het onderzoek is gestart op basis van getapte telefoongesprekken in een zedenzaak die tegen Fons Spooren liep. "Later zijn vele anderen in mijn omgeving afgetapt. Lies ook. Moest ik tijdens de verhoren gesprekken tussen haar en een vriendin toelichten. Dan denk ik: jongens, jongens. Er ligt een convenant met de Belastingdienst aan de Karel de Grotelaan. Als jullie twijfelen aan het feit dat ik heb opgegeven in België te wonen, dan zeg je als Belastingdienst toch even: 'Ho FIOD, wij hebben een akkoord met Hiddink. Dat dossier ligt bij ons. Moeten we het heropenen, dan bellen wij hem even en dan zorgen we dat er duidelijkheid komt. Zo ging het niet. Terwijl de FIOD kennelijk al vanaf het voorjaar van 2003 over tapinformatie beschikte die ze kennelijk aan het twijfelen bracht over mijn woonplaats, hebben ze twee aangiften afgewacht en mij vervolgens zonder overleg aangepakt. Het is voor mij echt een raadsel waarom deze discussie niet met de Belastingdienst zelf kan worden afgedaan.'"

Na die eerste dag van verhoren komt Hiddink om half elf 's avonds thuis. De volgende morgen moet hij zich opnieuw melden, voor een tweede sessie. "Die dag gebeurde er iets vreemds. Het was vrijdag en dan had je bij PSV de vaste persconferentie. Ik zag dat Tom Knipping van *Voetbal International* nog even quasinonchalant bleef rondhangen, op zoek naar een exclusieve quote. Ik had daar geen tijd voor, want ik moest weg. Maar hij ving me later op toen ik De Herdgang afreed en hij vroeg of het klopte dat de FIOD mij op de hielen zat. Er was bij VI een mail binnengekomen waarin dat werd aangegeven. Ik zei: 'Er speelt iets, maar ik heb nu geen zin om daarover te praten.' Later realiseerde ik me hoe vreemd het was dat er bij VI een mail was binnengekomen. Toen heb ik dat bij hoofdredacteur Johan Derksen even nagevraagd en die heeft me een afschriftje gestuurd. Er stond in dat de FIOD-ECD bezig was met een onderzoek inzake belastingfraude.

Kijk, als zo'n mail van een gewone supporter of burger komt, zal die hooguit de term 'FIOD' gebruiken en nooit 'FIOD-ECD'. Dus ik dacht: er moet bij de FIOD een intern lek zijn richting VI. Dat kan niemand anders doen."

Het tweede verhoor duurt van half twee tot een uur of negen. Een paar weken later volgt nog een derde verhoor, dat zes uur in beslag neemt. "Alles bij elkaar zijn we zo'n dertig uur bezig geweest. Eigenlijk ging het allemaal over hetzelfde. Het verliep meestal vrij rustig. Soms begonnen ze over PSV. 'Goed gespeeld zondag. Ik zit ook vaak op de tribune met mijn zoontjes.' Dan denk ik: man, wat interesseert mij dat. Niet pleasen, ik ben hier voor een verhoor. Begin en stop."

"Eén keer, tijdens het derde verhoor, raakte ik in een drift. Toen een van die rechercheurs me bleef provoceren - door treiterend dingen te herhalen en te zeggen dat ik de zaak opzettelijk verziekt had - werd ik kort en driftig. De verhoren werden stilgelegd en dat was maar goed ook. Ik zat vol woede en die kon ik even niet onder controle houden."

Het moment is dichtbij dat Hiddink in de cel belandt. "Ik wist van mijn advocaat dat ze een aanhoudingsbevel bij zich hadden. Maar er gebeurde niks. We waren klaar, ik had het proces-verbaal getekend en zei: 'Kan ik gaan of trekken jullie de la nog open? Jullie hebben toch een papier, van de officier? Of ontken je dat?' Nee, dat ontkenden ze niet."

Eenmaal thuis komen de emoties eruit bij Hiddink. "Ik was kokend. Kokend van woede. Lies is dan juist rustig. De hele manier van doen heeft me erg diep geraakt. Ik voel me behandeld als een crimineel en dat heeft toch heel veel impact. Je raakt beschadigd. Ongetwijfeld. Het haalt ook veel slechts in me naar boven. Je wordt zo rancuneus als de pest. Omdat je je er niet zomaar boven kunt stellen. Wat je eigenlijk wel graag wil. Ik zie het niet als een schaduw over mijn leven. Elk leven heeft zijn deukjes en beschadigingen. Dat ís het leven. Je komt er niet helemaal gaaf en ongeschonden uit."

"Cruciaal is voor mij de vraag of de rechtbank vindt dat ik de zaak opzettelijk belazerd heb. In dat geval komt er, naast het fiscale traject, ook een strafrechtelijke vervolging. Ik heb in ieder geval een aanslag gekregen, die ik voor een bepaalde datum moest betalen. Uiteraard is daartegen beroep aangetekend. Ik heb al belasting afgedragen in Zuid-Korea en België en er ligt een convenant van de Belastingdienst. Ik wil niet vooruitlopen op de strafzaak. Het zit me allemaal wel heel hoog en ik voel mij zwaar in mijn eer aangetast. Het is natuurlijk ook wel bizar dat ik tegelijkertijd door diverse ministeries nog steeds word gevraagd Nederland te vertegenwoordigen bij handelsmissies."

Hiddink denkt niet dat de affaire invloed heeft gehad op zijn werk bij PSV. "Ik heb daarvan geen signalen ontvangen. De mensen binnen PSV die dicht bij me stonden heb ik wel gevraagd daarop te letten. Soms zie je zelf niet hoe je functioneert, dus ik heb ze ook gezegd: 'Schroom niet om ermee te komen als er wat is.' Maar ik kon me goed afsluiten van die zaak en de buitenwereld. Het trok geen energie bij me weg, ik werd niet passief. Tijdens een verhoor kreeg ik zelfs opeens een idee hoe we AC Milan de volgende dinsdag konden bespelen. Ineens schoot het door mijn kop om Aissati op Pirlo te zetten. Ik vroeg en kreeg een kleine schorsing van het verhoor om voetbalaantekeningen te maken."
De steun die hij intern ervoer was beperkt van omvang. "Ik heb daar ook niet om gevraagd. Ik kan mijn eigen boontjes wel doppen. Harry van Raaij was zeer geïnteresseerd in hetgeen er speelde, met hem heb ik ook een paar uur zitten praten. Maar op directieniveau was die interesse er niet of nauwelijks. Ik heb er ook niet om gevraagd, nogmaals. Die gang van zaken is jammer. Het brengt je in een verkeerd sentiment, vooral omdat PSV mijn club is. Ik zou in die situatie anders handelen. Als een werknemer van mij zoiets zou gebeuren, dan zou ik zeggen: laten we dit eens even heel goed doorpraten. Ik heb er met voorzitter Rob Westerhof wel even over gesproken, maar niet diep en zeker niet over de stappen die we zouden kunnen nemen. Er is verder ook geen reactie gekomen in de zin van: kunnen we iets voor je doen? Niet creatief zijn, niet even een jurist of wat ook aandragen. Soms dacht je wel: misschien heeft Philips topjuristen in huis, maar nee. Hij zei wel: 'Je moet Frits junior (Philips) maar eens consulteren. Als je voor moeilijke beslissingen in je leven staat: hij heeft daarvoor gestudeerd in Amerika.' Daarvoor zijn kennelijk studies. Dat was het eigenlijk. Meestal was het: hup, telefoon erop, en 'we keep in touch.'"
"Ik vind dat jammer. In een voetbalclub hoort het erbij, dat je mekaar steunt waar het kan. Dat is voetbal eigen. In onze sport is het: eisen stellen aan elkaar en tevens steunen. In de bres voor elkaar. Dan is dit wat koud. Als je dat gevoel niet hebt, kun je het ook niet toepassen op de mensen met wie je werkt. Het zegt iets over de manier waarop je met teams omgaat. Gewoon, in menselijk en sociaal opzicht."

"Ik vind het belangrijk om mensen een bepaalde bodem te geven waarop ze zich relatief veilig voelen. Dan kun je termen als 'warmte' of 'liefde' gebruiken. Of 'vriendschap' of 'collegialiteit'. Wat dan ook. Weten dat je er staat. Dat mis je daar. Zij hebben die voeling met de werkvloer niet. Weten niet wat daar echt leeft. Toen de zoon van Van Raaij ziek was en op het kantje lag, toonden alle spelers en alle medewerkers belangstelling voor hem. Zelfs zoveel dat hijzelf op een gegeven moment zei: 'Even wat minder, graag.' Maar je was er. Uit betrokkenheid. Dat is mooi. Zonder betrokkenheid kun je namelijk niks delen: geen succes, maar ook geen tegenslag. Je gaat volkomen langs elkaar heen leven, waardoor je onverschillig wordt. Dat mag nooit, want onverschilligheid is de dood voor prestaties."

Hoofdstuk 2

Eigenzinnige familie uit een vrijzinnig dorp

Eigenlijk had Guus gewoon Gerrit moeten heten. Of Gerard. Net als zijn vader, zijn overgrootvader van moeders kant en zijn betovergrootvader van vaders kant. Als het leven volgens de wetten der logica was verlopen, zou Guus Hiddink gymnastiekleraar zijn geweest. Net als zijn vader. Misschien wel in Den Haag, waar zijn ouders na hun huwelijk een gezin wilden stichten.

Gerrit Hiddink, gymnastiekleraar te Den Haag. Zo had het kunnen zijn.

Het leven bracht Hiddink naar een andere wereld. De Achterhoek vormde de veilige basis van zijn bestaan. Inmiddels woont hij allang niet meer in de bossen nabij Doetinchem. De herfstgeur van de paddestoelen en dorre bladeren behoort toe aan een ander bestaan, een vorig leven. Omdat Hiddink, net als opa Prinsen, steeds weer een onweerstaanbare drang voelde om 'weg te wezen'. Te vernieuwen. Te groeien.

In de herfst van 2007 zal Guus Hiddink een monumentaal grachtenpand in Amsterdam betrekken. Tegen die tijd heeft hij zijn luxe villa in Waalre verkocht. Bij PSV zal Hiddink altijd graag blijven komen, het is de club van zijn hart. Daar ligt de ziel van de trainer Hiddink verankerd. Toch heeft hij de relatieve stilte van Brabant ingeruild voor de dynamiek van de hoofdstad.

De vijf verdiepingen van zijn nieuwe woning zijn stuk voor stuk karakteristiek en functioneel ingericht. In de kelder heeft hij een bodega, met daarnaast een gesloten kamer waar een drumstel en een piano staan. Vanaf elke verdieping kijken Hiddink en zijn partner Elisabeth Pinas uit over de Amstel. Het liefst maakt hij 's ochtends een wandeling door de Utrechtsestraat, op zoek naar een barretje waar ze een lekkere koffie verkeerd serveren. En eens per maand zoekt hij in de oude Watergraafsmeer zijn Indische kappertje op. "Amsterdam is in verhouding met Seoel, Moskou of Sydney natuurlijk een dorp", zegt Hiddink. "Ik geniet daarvan, ben er heel erg graag. Het is prettig om je hier onder de mensen te begeven. Vroeger had ik ook iets met voetballers als Piet Keizer. Excentriekelingen kom je in Amsterdam veel tegen."

Amsterdam is het nieuwe centrum van zijn universum. Schiphol de vaste opstapplaats naar een nieuw avontuur. Nederland en de Achterhoek zal hij nooit verloochenen, maar Hiddink beweegt zich net zo gemakkelijk in Zuid-Korea, Zuid-Europa of Zuid-Amerika. Zijn laatste vakanties vierde hij in India,

Botswana en Friesland. In Australië en in Rusland is Hiddink net zo beroemd als in Varsseveld. De ene dag wordt de lunch geserveerd in een decadent hotel in Moskou, de andere dag pelt hij bij moeder Jo een gekookt eitje.

Twee werelden, altijd weer. De mondiale aantrekkingskracht van het voetbal heeft hem in de ban. Maar net zo lief trekt Hiddink zich terug op een zelfgecreëerde, afgelegen plek in de luwte. In een vliegtuig of op zijn Harley Davidson bestaat het hectische leven niet. "Als ik in een vliegtuig zit, kom ik tot rust. Zo'n vlucht kan me niet lang genoeg duren, bij wijze van spreken. Je bent afgesloten van de buitenwereld, je hebt boeken en dvd's bij je - prima. Het zijn de uren dat je niet kunt bellen of gebeld kunt worden. Mijn leven is misschien tegengesteld aan dat van veel andere mensen. Die gaan met een vliegtuig op weg naar de rust. Ik heb de rust in een vliegtuig en ga op weg naar de hectiek van het voetbal."

Waar ter wereld hij ook verblijft, de band met Varsseveld zal altijd blijven bestaan. Omdat de verbondenheid teruggaat tot in de Middeleeuwen. De kleine vrijzinnige gemeente in de Achterhoek, ingeklemd tussen Terborg, Silvolde en Doetinchem, is de plaats waar zijn voorvaderen vandaan kwamen.
Garrit Hiddink is daarvan het oudste bewijs. Hij werd er geboren in 1750. Maar waarschijnlijk zijn ook diens voorouders afkomstig uit Varsseveld. De naam Hiddink behoort tot de oudste van het stadje. Al in de vijftiende eeuw komt de naam voor in Varsseveld. Een familie met die naam bezit alle grond ten zuiden van het riviertje de Slinge. Onduidelijk is of het directe bloedverwanten van Guus betreft. Maar het gebied, aan de noordkant van Varsseveld, staat in de volksmond nog steeds bekend als 'Het Hiddink'. Vlak buiten de bebouwde kom ligt de Hiddinkdijk, die zich een weg baant door het Hiddinkbosch en via de Hiddinkbrug richting Lichtenvoorde loopt. En er is de hoeve Hiddink, die tot in de negentiende eeuw blijft bestaan.
Op een kaart uit 1853 is te zien hoe groot het gebied is dat de hoeve Hiddink omvatte. Veel groter dan de omvang van de hoeves van Rusink, Entink, Buvink, Harterink, Nibbelink, Wissink, Masselink, Idink of Lieftink. Alle Achterhoekse namen met de uitgang 'ink' zijn gerelateerd aan een hoeve. De vervoeging staat letterlijk voor 'behorende bij', in de praktijk vertaald als 'zoon van' of 'bewoner van.' Hiddink is een afgeleide van *Hiddo*, een verbastering van het oud-Germaanse woord voor strijd.

De eerste keer dat Varsseveld in historische geschriften opduikt, wordt verwezen naar het jaar 828, als de gemeente bekendstaat als Wazefelde. Het christendom wordt er verspreid door Wittekind, de door Karel de Grote benoemde gouwgraaf van Saksisch Hameland. Wittekind sticht er vele kloosters en kerken. Varsseveld kent een eerste bloeiperiode rond het jaar 1150, als het behoort tot het bisdom Münster. Het van oorsprong katholieke dorp krijgt door de eeuwen heen tal van hervormingen en rampen te verwerken. Als de Spaanse troepen van Anholt en Bredevoort er in 1587 op krijgstocht gaan, telt Varsseveld volgens de overlevering 'geen drie gezinnen' meer. De bevolking houdt zich in tijden van oorlog schuil tussen vennen en moerassen. Velen sterven er de hongersdood.
In die periode vindt ook de Reformatie plaats. Sinds het eind van de zestiende eeuw staat Varsseveld bekend als een vrijzinnige gemeente, ingeklemd tussen gereformeerde, Nederlands hervormde en rooms-katholieke dorpen. In Varsseveld wonen de 'andersdenkenden' van de Achterhoek.

Hoewel zich steeds meer ambachtslui in Varsseveld vestigen, blijft Garrit Hiddink zijn boerderij trouw. Hij verbouwt er rogge en haver. Garrit is laat met het verwekken van nageslacht. Hij en zijn vrouw Elsken Bosman krijgen in 1787 één zoon: Hermanus. Garrit is dan al 37 jaar. Hermanus doet er nog langer over om een stamhouder op de wereld te zetten. Op zijn 47ste treedt hij in het huwelijk met Janna Hondorp, een meisje van net twintig jaar dat afkomstig is uit Aalten. In de tijd dat Hermanus Hiddink nog te leven heeft - hij sterft op 61-jarige leeftijd - komen er zes kinderen. Gerrit Hendrik Hiddink, geboren in 1840, is de vierde van hen en de eerste zoon. Vader Hermanus is dan al 52 jaar oud. Na diens dood krijgt Janna Hondorp nog twee kinderen van haar nieuwe echtgenoot Hendrikus Hengeveld uit Doetinchem.
Deze Hengeveld is de stiefvader die Gerrit Hiddink vanaf zijn achtste mee opvoedt. Gerrit laat de boerderij voor wat die is. Hij verdient de kost als timmerman, maar vertrekt uit Varsseveld om bij een schoenenfabrikant in Lichtenvoorde te gaan werken. Daar ontmoet hij Louisa Hofs, een meisje uit Hengelo, met wie hij op zijn 37ste trouwt. Het paar besluit terug te keren naar Varsseveld.
Ook in dit huwelijk speelt het 'toeval' een grote rol bij het verwekken van nageslacht. Erg veel geluk met kinderen heeft het stel niet. Ruim negen maanden na het trouwfeest wordt Herman Johan geboren. Hij overlijdt ruim een maand later. Ook het leven van dochter Harmina is van korte duur: zij wordt exact een jaar na Herman geboren en sterft drie jaar later. Pas op latere leeftijd krijgen Gerrit (45 jaar inmiddels) en Louisa alsnog vier kinderen die wel gezond zijn: twee jongens en twee meisjes. De oudste zoon krijgt in 1885 exact dezelfde naam als

zijn overleden voorganger, Herman Johan. Hij is de opa van Guus Hiddink. Herman Hiddink is lange tijd landbouwer en later eigenaar van een café. In 1914 trouwt hij met Geertruida Johanna Roenhorst, de oma van Guus. Acht maanden later wordt Herman voor het eerst vader; Louisa is de naam van hun dochter. Anderhalf jaar later, op 16 oktober 1916, schenkt het paar het leven aan een zoon, Gerhardus Hendrikus, roepnaam Gerrit. Guus Hiddink wordt slechts indirect naar zijn vader vernoemd. De dubbele uitgang -us brengen zijn moeder op het idee om eens een andere naam te bedenken dan Gerrit.

De weg tussen Varsseveld en Aalten is niet langer dan een kilometer of tien. Die uit Varsseveld komen zelden in Aalten, andersom gebeurt dat vaker. Op een volksfeest in 1934 kijkt Gerrit Hiddink voor het eerst in de ogen van zijn aanstaande vrouw, Aleida Johanna Prinsen, kortweg Jo. Hij is achttien jaar, zij pas veertien. Zij zegt nu: "Ik vond 'm gelijk wel aardig." Hij stelt: "Ik was drukker met voetballen dan met vrouwen."
Jo Prinsen is afkomstig uit Aalten, net als haar grootvader Gerrit-Jan en haar overgrootvader Bernardus. Ze is de dochter van Jan-Willem Prinsen en Aleida Johanna Lammers, die respectievelijk 27 en 23 jaar zijn als Guus' moeder in 1920

DE SMIDSE VAN JAN-WILLEM PRINSEN [UITERST RECHTS] AAN HET EIND VAN DE JAREN DERTIG. HIER LEIDT DE OPA VAN GUUS JONGEREN OP TOT HOEFSMID

ter wereld komt. Jan-Willem Prinsen staat bij de burgerlijke stand geregistreerd als smid, maar is een echte avonturier. Guus zal later onmiskenbaar beïnvloed worden door zijn opa van moeders kant.

En door zijn vader. Gerrit Hiddink is een geboren voetballer. Het spel leert hij zichzelf aan, er is niemand die het hem voordoet. "We oefenden gewoon thuis. Er was een deur met een klein raampje, daar probeerde je de bal doorheen te schieten." Gerrit is vijftien jaar als hij in het eerste elftal van SC Varsseveld terechtkomt. Het voetbal neemt hem volledig in beslag. Nog houdt hij staande dat het hem niet zoveel deed, die eerste ontmoeting met Jo Prinsen. Van een verpletterende verliefdheid wil hij niet weten. De moeder van Guus wel. "Ik weet nog precies waar we elkaar ontmoetten: in een straatje bij de coöperatie. Ik liep daar met wat vriendinnen, Gerrit met vrienden. We zwaaiden naar elkaar. Vlak daarna ben ik naar het voetballen gaan kijken. In Lichtenvoorde."

Er kwam verkering, maar die ging ook weer uit. "We zijn een poosje gestopt, omdat hij examen moest doen", vertelt zij. "Ik dacht dat het mijn schuld zou zijn als hij niet zou slagen. Ik was daar heel erg verdrietig van."

Op de kermis van Heelweg komt het weer goed. Gerrit Hiddink is inmiddels negentien en heeft zijn examen aan de kweekschool met succes afgelegd. Zijn latere vrouw: "Met een stel meiden gingen we 's avonds dansen op de kermis. Hij was er ook. Daarna mocht ik met hem meelopen naar huis en was het weer aan."

De twee ontmoeten elkaar vaker, meestal op dansles. Ze nemen de tijd om elkaar te vinden. "Jij was een ster in het voetballen, jij meende dat je je best niet hoefde te doen voor mij", plaagt zij. "Ach wat, ik had wel meer meiden achter me aan", pocht hij.

Gerrit Hiddink gaat op zoek naar een baan. Het is een beroerde tijd. "Op de kweekschool slaagden we allemaal, maar er was geen werk. Ik heb mijn vak wat kunnen onderhouden op de lagere scholen in Halle en Leiteloo. Ik stond negen maanden voor de klas, maar verdiende geen cent. Op een ouderavond zijn ze toen met de pet rondgegaan. Daar werd 39 gulden voor mij opgehaald. Dat waren mijn verdiensten in die negen maanden."

Hiddink besluit te solliciteren naar een andere functie. Hij kan bij het rijk terecht, bij de havendouane. Hiddink twijfelt. Een betere kans doet zich voor als hij in 1939 ambtenaar bij het Centraal Bureau voor de Statistiek (CBS) kan worden. Gerrit moet daarvoor naar Den Haag verhuizen. Hij doet het. Jo blijft alleen achter.

De verhuizing naar de andere kant van het land is een bijzondere daad. Zijn vader Herman is immers kastelein van café De Klok in Varsseveld. Hij geldt als een goede gastheer én klant van zijn eigen bedrijf. De vijftienhonderd inwoners zoeken in die vooroorlogse jaren vrijwel allemaal vertier in een van de zeven drankgelegenheden die Varsseveld rijk is. Het zijn verzamelplaatsen van sociaal gezinden; de muziekvereniging en de voetbalclub hebben er hun thuis. Gerrit krijgt dus een perspectiefrijk leven in de schoot geworpen. Toch ziet hij dat leven niet zitten. Hij ruilt het welvarende Achterhoekse dorp in voor de grote stad.

Amper in Den Haag beland, breekt de oorlog uit. "We zagen de parachutisten landen op het terrein van voetbalclub VUC en liepen zó langs de mitrailleurs van de Duitsers af", vertelt hij. "We hadden er geen benul van dat het oorlog was. Zagen het gevaar ook niet. Omdat we het gevaar niet kenden."

Op de afdeling Scheepvaart van het CBS verwerkt Hiddink de gegevens van inkomende en uitgaande goederen. Hij werkt elke dag een uurtje langer om op zaterdagochtend vrij te kunnen zijn. Op vrijdagavond neemt hij dan de trein naar Doetinchem, in die tijd een reis van drieënhalf uur.

De zondag is heilig. Dan draait alles om het voetballen. Hij is in die tijd, naar eigen zeggen, "aardig goed". Zo goed in ieder geval dat het bestuur van Varsseveld zijn reiskosten betaalt. "Vijf gulden voor een retourtje derde klas. Ik was de eerste prof..." De wekelijkse terugreis naar Den Haag volgt meteen na de wedstrijd. "Vanuit de kleedkamer ging ik direct naar het station. Om half vijf vertrok de trein, dan was ik om acht uur weer in Den Haag."

In de Randstad is hij geliefd. Varsseveld kent in de eerste oorlogsjaren geen voedselschaarste, dus neemt Hiddink op weg naar Den Haag nog wel eens wat voedselbonnen mee in zijn koffer. In april 1941 voegt zijn verloofde Jo zich bij hem. Ze zijn de 17de van die maand getrouwd, in Varsseveld. Met zijn tweeën blijven ze tot november 1942 in Den Haag wonen. Daar wordt ook hun oudste zoon Wim geboren.

Evenzogoed had ook de wieg van Guus in Den Haag kunnen staan. Gerrit: "We hadden het daar goed naar ons zin en hoefden niet weg. Zonder de oorlog was ik waarschijnlijk wel in Den Haag gebleven. De secretaris van SC Varsseveld bleef maar aan me trekken en bood me via zijn contacten zelfs een baan aan op het gemeentehuis. Ik kon daar op de distributiedienst komen werken. Dat heb ik gedaan, maar vooral omdat ik wilde blijven voetballen."

Als linksbuiten speelt hij met het kleine clubje in de tweede klasse, het op één na hoogste niveau van Nederland. Tegenstanders als Be Quick (Groningen), TEC en Theole hebben een grotere reputatie, maar Varsseveld houdt zich goed staande. Als hoogtepunt van zijn loopbaan herinnert Hiddink zich een beslissingswedstrijd in de derde klasse tegen UD. In het voorjaar van 1944 wint Varsseveld op eigen veld met 5-2. Tweeduizend toeschouwers, ruim de helft van de lokale bevolking, zijn daarvan getuige. Promotie volgt als Varsseveld in Deventer met 1-3 wint.

Over zijn kwaliteiten zegt hij zelf: "Ik was niet zo snel, maar speelde met het koppie. Iedere bal was geplaatst, ik had een goede baltechniek en een goede traptechniek. Ach, alle linkspoten zijn goede voetballers. Guus heeft het voetballen van mij geleerd. Alle jongens, trouwens."

Hiddink zegt het met een ondeugende grijns, vol zelfrelativering, maar niet zonder trots. Op latere leeftijd noemen ze hem de Stanley Matthews van Varsseveld. Ook deze Engelse international speelt tot op hoge leeftijd in het eerste elftal van zijn club, Stoke City. Hiddink is 42 jaar als hij ermee stopt. "Ik speelde toen in hetzelfde elftal als mijn oudste zoon Wim. Bij een kopduel kwamen we samen op de grond terecht. Hij lag boven, ik lag onder. Nu stop ik ermee, heb ik gezegd."

Als Gerrit Hiddink eind 1942 wordt benoemd tot hoofd van de distributiedienst van de gemeente Wisch, komt hij in aanraking met nog hogere bazen. Op het hoofdkantoor in Doetinchem valt al snel op dat Wisch maandelijks vijftienduizend voedselbonnen opeist, terwijl het dorp maar dertienduizend inwoners telt. Hiddink maakt er een goede gewoonte van om tweeduizend onderduikers van voedsel te voorzien. Hij zegt: "Overal op de boerderijen had je wel onderduikers. Meestal waren dat mensen uit Arnhem en omgeving, die in Duitsland zouden worden tewerkgesteld."

Hiddink, die eerder al Hagenaars van voedselbonnen voorzag, volhardt twee jaar lang in zijn gewoonte. "Riskant was het zeker", vertelt hij. "Wij zitten hier op tien kilometer van de Duitse grens. De Duitsers zaten vlakbij, in de bossen van Westendorp. De kans dat je verraden werd, was altijd aanwezig. In Lintelo, op vijf kilometer van Varsseveld, is een keer een razzia gehouden, waarbij alle huizen zijn leeggehaald. Ze hadden ook hier kunnen komen. Dan was ik de sigaar geweest, want ik bewaarde die bonnen thuis."

In de dagen rond de Slag om Arnhem beleeft Varsseveld zware tijden. Engelse colonnes rukken op vanuit het zuiden, gesteund door de Irenebrigade en Poolse eenheden. Duitsers leggen verzamelpunten aan in elke stad en elk dorp. In Varsseveld gebeurt dat in de Spoorstraat, daar waar de Hiddinks wonen. Burgemeester Boot speelt een discutabele rol. Hij weigert vijfhonderd man in te zetten voor de verdediging van de IJssellinie en moet onderduiken nadat zijn huis is platgebrand. Gerrit Hiddink staat echter voor zijn zaak. Hij blijft tot op het laatst actief in de strijd tegen de Duitse bezetter.

Dat zijn verzetswerk bijzonder is, blijkt wel uit de oorkonde die Hiddink in de slaapkamer aan een muur heeft hangen. Het eerbetoon is opgemaakt door president Dwight Eisenhower van de Verenigde Staten. Toch geen kwajongen. Is het gespeelde onverschilligheid of valse bescheidenheid als Hiddink zegt dat-ie er nooit naar kijkt? Stug: "Als ik boven ben, slaap ik."

Hij praat er liever niet over. Guus moet hem een duwtje geven om toch iets te vertellen over zijn rol tijdens de oorlog. Voorzichtig komt het verhaal. Over een Engelse piloot die na een aanslag met zijn parachute in de weilanden terechtkwam en in veiligheid werd gebracht, over de drie joodse onderduikers uit Dinxperlo, die bij Hiddink in de voorkamer sliepen en over een ingenieus 'geschakeld' systeem waarlangs joden of andere bedreigden in veiligheid werden gebracht.
Het geheim van het systeem kent hij niet, wilde hij toen ook niet kennen. "Als je veel wist, liep je de kans dat ze het wel uit je zouden slaan", zegt Hiddink. "Iedere schakel had zijn eigen rol en wist weinig of niets van anderen. Het was zaak om onderduikers in veiligheid te brengen, dus naar het zuiden van Nederland te transporteren. Via Rienk Knottnerus, de zoon van de dominee, kreeg ik het verzoek om mensen te vervoeren naar het Hiddink-bos. Die zette ik achter op de fiets. Vandaar werden ze weer verder gebracht, richting veilig gebied. Dat is alles wat ik weet."
De bevrijding van Varsseveld komt op 31 maart 1945. De familie van Guus hoeft slechts een week in de schuilkelders te verblijven. Ze verstoppen zich bij de ouders van een buurman, die een bakkerij heeft. Moeder Jo krijgt nog wel de schrik van haar leven als een bom in de toren van de kerk slaat. Vijf minuten eerder passeerde ze daar. "Ik hoorde de inslag en het knetteren van het vuur", zegt ze. De angst is van korte duur. Hiddink: "Toen de Duitsers ons dorp binnenvielen, zagen we gelukkig ook direct Engelse militairen. Die sloegen alle ramen en deuren in op zoek naar Duitsers. Er is nauwelijks gevochten, de Duitsers trokken zich snel terug. Dat was met een dag bekeken", weet hij.

Na de oorlog komt er ruimte voor een nieuw gezinsleven. De geboorte van Guus staat daarvoor symbool. Hij wordt verwekt in februari 1946 en geboren op 8 november van dat jaar. In de tussentijd verhuist het gezin van Spoorstraat 72 naar Spoorstraat 19. Het zijn beide huurhuizen. Door te huren houdt Gerrit geld over voor de scholing van zijn kinderen. Guus is de derde en hoort nog bij de Grote Drie, verder bestaande uit zijn broers Wim (van 1941) en Hans (van 1943). Pas veel later komen nog Arnold (1953), René (1955) en Karel (1956) – de Kleine Drie.
Moeder houdt er een creatieve manier van naamgeving op na. Wim wordt nog 'gewoon' vernoemd naar opa Jan Willem Prinsen, de vader van Jo. Hans krijgt de naam van opa (Herman) Johannes. Bij Arnold moet mevrouw Hiddink ineens denken aan burgemeester Arnold d'Ailly van Amsterdam ('vond ik een leuke man'), René is een suggestie van de buurvrouw. Voor hem was eigenlijk de naam Caroline voorzien, maar er kwam geen meisje. En als de zesde weer een jongen wordt, ligt om die reden Karel voor de hand.

Na de geboorte van Guus komt Gerrit Hiddink alsnog toe aan de vervulling van zijn professionele ambities: hij wordt onderwijzer. Eerst, van 1947 tot 1949, op een school in Gaanderen en dan op de openbare lagere school van Varsseveld. Hiddink staat bekend als een rustige, eerlijke vent die goed is in de omgang met kinderen en ouders. Omdat-ie zijn leven lang voor de klas staat, zal Hiddink lesgeven aan al zijn zoons. Guus krijgt in de zesde klas met hem te maken. "Verder had je eigenlijk nooit zo het besef dat je vader hoofd van de school was", zegt hij.
Wel heerst het gevoel 'dat je niets extra's mocht', zo zeggen de kinderen. "Ik was rechtvaardig, misschien wel té rechtvaardig", vindt vader. "Je had soms wel vijftig kinderen in de klas. Dan wilde je voor niemand een uitzondering maken, zeker niet voor je eigen kinderen. Die heetten gewoon toevallig ook Hiddink."
De school heeft hetzelfde karakter als Varsseveld, dat rond de oorlog geldt als een van de grootste vrijzinnige gemeenten van Nederland. Overal in de Achterhoek strijden Nederlands hervormden en rooms-katholieken om de religieuze gunst van de bevolking. Lichtenvoorde en Silvolde zijn katholiek, Aalten gereformeerd en Terborg is half hervormd, half katholiek.
Varsseveld is dwars. De Hiddinks voelen zich van oudsher verwant met de vrijzinnigen. Gerrit: "Ik hou niet van een geloof dat mensen uitsluit. En ook niet van splintergroeperingen. Ik ben voor algemeen. De omgang met elkaar vind ik belangrijker dan de godsdienstige kant van het geloof."
Nadat Hiddink erin geslaagd is om in de avonduren zijn hoofdakte te halen, groeit hij uit tot een geziene figuur in Varsseveld. Als hoofdonderwijzer staat hij open voor andere culturen en is hij een boegbeeld van tolerantie. "Vrijzinnigen mochten niet naar een christelijke school, maar andersom hebben wij nooit christelijke leerlingen geweigerd."
Saillant is ook dat de vader van Guus moeilijk opvoedbare kinderen begeleidt. Hij is voor Pro Juventute voogd van jongelingen uit ontwrichte gezinnen. Guus zal later vergelijkbaar werk doen op een school voor speciaal onderwijs in Doetinchem.
Gerrit Hiddink ziet wel meer parallellen met zijn zoon. Ook Guus heeft die open blik naar andere culturen. "Zoals hij voor een groep spelers staat, zo stond ik voor de klas", meent Gerrit. "Weet je: in het dorp kent iedereen me nog steeds als 'meester'. Dat vind ik wel grappig. 'Meneer' zijn ze allemaal, mij noemen ze meester. Terwijl ik al 25 jaar met pensioen ben."
Hiddink sluit zijn arbeidzaam leven af op 1 oktober 1979. Hij is dan ruim 24 jaar lang hoofdonderwijzer geweest. In die periode groeide hij uit tot een spil in de gemeenschap. Hij geeft leiding aan inzamelingsacties voor het instrumentenfonds van de muziekvereniging, is voorzitter van het Groene Kruis, hij is scheidsrechter

bij schooltoernooien en van de KNVB, hij heeft zitting in de technische commissie van de KNVB-afdeling Gelderland, is secretaris van SC Varsseveld en voorzitter van Varssevelds Belang, dat op gemeentelijk niveau opkomt voor de burgers. "Ik werd overal voor ingeschakeld", zegt Hiddink schouderophalend.
Zijn laatste voetbalwedstrijd fluit Hiddink op 78- of 79-jarige leeftijd. "Omdat de scheidsrechter zich had afgemeld, moest ik invallen bij een wedstrijd van de lagere senioren. Dat ging prima, ik had er geen moeite mee. Ervaring, hè?"
Het behaagt Hare Majesteit om Hiddink te benoemen tot ridder in de Orde van Oranje-Nassau. Weer die nuchterheid. "Zoiets krijg je vanzelf als je maar lang genoeg blijft zitten."

Als Guus Hiddink thuisblijft van school, is de reden altijd dezelfde: dan heeft opa Prinsen hem weer het hoofd op hol gebracht met zijn verhalen over avonturen in de bossen rond Zelhem. Daar gaan ze samen op jacht, dat jochie van een jaar of tien en die eigenzinnige en bijzondere man van bijna zeventig. Van opa leert Guus hoe je op hazen en konijnen jaagt.
De onrust heeft Jan-Willem Prinsen gedurende zijn jongste jaren voortgedreven. Hij is afkomstig uit Aalten, dat in de omgeving 'het Jeruzalem van de Achterhoek' wordt genoemd, zoveel geloofsrichtingen zijn er. Op zijn negentiende verhuist hij naar Dinxperlo, een jaar later - in februari 1913 - belandt Jan-Willem voor het eerst in Varsseveld. Nog minstens vijf maal verlaat hij die plaats, om er even zovele keren terug te keren.
Als hoefsmid moet Prinsen gemakkelijk de kost kunnen verdienen, maar hij is altijd op zoek naar nieuwe kansen in het leven. Hij combineert de smederij met een fietsenwinkel, waarin hij tevens haarden en kachels verkoopt. Ook rijdt hij met taxi's en bussen door de omgeving. Guus Hiddink omschrijft zijn opa als 'een jongensachtige, ruige, warme man', die 'voor de duvel niet bang is' en er geen been in ziet om zijn kleinzoon op veertienjarige leeftijd vertrouwd te maken met jachtgeweren. In een binnenkast staan de verschillende modellen opgesteld en munitie maken doet opa zelf.
Het spannende leven van opa maakt Guus nieuwsgierig; in het kippenhok heeft opa zijn eigen flessen met drank begraven, omdat ze thuis niet graag hebben datie een borreltje drinkt. Toch heeft opa kennelijk een goede invloed op mensen. Criminele jongeren uit de gevangenis van Zutphen komen bij hem in de kost als knecht. Noem het alternatieve reclassering.
De leerschool van Guus is divers en rijk. Een vader als leerkracht en een opa als gids door de natuur, door het leven zelf. Opa Prinsen is zakelijk, avontuurlijk en grensverleggend. Guus mag hem graag helpen bij het beslaan van de paarden

en op de boerderij krijgt hij tevens de liefde voor honden mee. Duitse staanders zijn favoriet bij Prinsen, die soms bepaald hardhandig met puppies kan omgaan. Dan moet Guus in zijn onderbroek in een beek gaan staan en gooit opa de jonge hondjes naar hem toe om ze te laten wassen en te laten zwemmen.
Guus leert de wereld buiten Varsseveld kennen. Opa is in de regio een van de eerste bezitters van een automobiel. Zijn voorliefde gaat uit naar grote Amerikaanse sleeën. Hij bezit een Dodge, een zwarte Chevrolet en een jeep. En dat in een tijd dat er misschien vijf auto's rondrijden in Varsseveld. Rusink, de garagehouder, heeft er één. Net als dokter De Ruiter en dokter Hulshoff.
Opa Prinsen maakt van de nood een deugd en gaat taxirijden met zijn automobielen. Hij bezoekt geregeld hondententoonstellingen in Amsterdam of Utrecht. Guus en zijn broertjes mogen dan mee. "Dat waren hele ondernemingen", vertelt Hiddink. "Je was een hele dag onderweg. Halverwege, in Veenendaal, stopten we altijd voor een kop koffie. Opa ging overal op af. Wat-ie in zijn kop had, deed-ie. Hij had een drang om weg te wezen, een ongebreidelde ondernemingslust."

Als tegenhanger is er de serene rust, de veiligheid. In de huiskamer van Gerrit en Jo Hiddink hangt een schilderij, dat het verhaal vertelt van een onbezorgde tijd. Een huis aan de Spoorstraat biedt uitzicht op de kerk van Varsseveld. Achter het huis ligt een boomgaard. Veel fruit. Kersen, appels. Het schilderij ruikt naar gezondheid en levenskracht. Het huis is nog gebouwd door opa Lammers, de vader van Guus' moeder, die aannemer was.
Varsseveld wordt in de jaren vijftig getypeerd als een bloeiend centrum van het mooiste gedeelte van de Achterhoek. Het stadje heeft de naam modern, vlot, ruim en gezellig te zijn. Guus groeit op in die weelde. In een tijd dat er volop ruimte is voor nieuw denken en nieuwe hoop.
Ondanks zijn zucht naar avontuur is Guus Hiddink volgens zijn moeder geen lastige jongen. De kleuterschool bezoekt hij weliswaar zo weinig als maar kan, maar dat komt omdat ma hem bij voorkeur thuishoudt. "Ik vond het zo ongezellig als hij er niet was." Een gemakkelijk kind, dat is hij. "Hans was een springerd. Guus niet, Guus was rustig", zegt ze.
Zelf is zij een bron van energie en levenslust. Het ballet en de muziek zijn haar grote passies. "Ik heb aan ma nooit gemerkt dat iets teveel was. Er zit vijftien jaar leeftijdsverschil tussen de oudste en de jongste. Dat betekent dat je tegelijkertijd een tweejarige en een zeventienjarige opvoedt. Ma kon dat ogenschijnlijk moeiteloos aan en kon heel divers op iedereen reageren. Zij was echt de manager thuis. Daarnaast was ze altijd zeer actief. Tot op de dag van vandaag - ze is nu 86 jaar - zwemt ze nog drie keer in de week."

GUUS HIDDINK TUSSEN ZIJN OUDERE BROERS WIM EN HANS

Guus beschikt, in tegenstelling tot zijn oudere broers, niet over een eigen slaapkamer. De kamer rechts achter behoort Wim toe, Hans ligt op zolder en Guus deelt een kamer met de jongste drie. Een douche is er niet, op zaterdagmiddag mogen de kinderen in bad bij opa en oma. Wie zich thuis wil wassen, doet dat in de teil. Wanneer later alsnog een douche wordt aangelegd, ervaart iedereen dat als een enorme luxe.

Omdat Guus niet altijd naar school hoeft, brengt hij vele dagen door bij 'ome Henk', die eigenlijk Henk Gussinklo van Harterink heet en een boerderij bezit. Op zijn fietsje rijdt Guus naar ome Henk, van wie hij leert hoe hij paarden moet mennen en laten ploegen. Ook het melken van koeien, het maken van varkensvoer en het voeren van die beesten heeft hij snel onder de knie. "Varkens weten precies op welk tijdstip ze te eten krijgen. Als je het voedsel klaarmaakt hoor je in dat hele hok een enorm geschreeuw. Totdat je de klep opentrekt en ze in de bak kunnen. Dat voer maakte ik zelf. Zoals ik ook de twee paarden zelf mende. Voor een jochie van twaalf is dat hartstikke mooi, natuurlijk."

Die eigen wereld, met zijn specifieke geuren, trekt hem nog steeds. "Ik fiets wel eens in het boerenland tussen Waalre en Valkenswaard en door de geuren voel ik die associatie nog heel sterk. Dan zit ik meteen in die sfeer van toen."

Het is het gevoel van tijdloosheid en van vrijheid dat hem steeds naar ome Henk trekt. "Je had geen benul van beperkingen. Die waren er niet. Ik vond het ook lekker om alleen te zijn. Heb ik nog. De fijnste uren zijn 's nachts. Elisabeth gaat meestal vroeg naar bed en dan ga ik nog een paar uur dvd'tjes kijken. Dat vind ik heerlijk. Ik slaap vrij weinig. Vaak lig ik rond half drie, drie uur op bed. Mijn secretaresse bij PSV zag nog wel eens dat er om 2 uur 40 een mailtje verstuurd was. Ja, dan was ik nog bezig. Mooie uren. Lekker voetbal kijken, nadenken over opstellinkjes."

In zijn tienerjaren is Hiddink een enorme dierenliefhebber. Als een vriendje het in zijn hoofd haalt om een broedende eend te slaan en daarvoor een plank met een spijker erin gebruikt, is Guus in alle staten. Hij neemt het beestje onder de arm mee naar huis en zoekt een plas om in te zwemmen. Ma weet raad, ze pakt de ketel waarin de was wordt gekookt. Pa maakt een gat in de grond en het dier heeft zijn vijvertje. Totdat de eend alsnog sterft. Groot leed in een kleine wereld. Guus is een ondernemend kind. Haalt altijd vriendjes in huis. Zijn vader noemt hem 'een gewone leerling', niet eentje die zich met tromgeroffel manifesteert. Zijn jeugd is totaal onbezorgd. "Ik heb geen grote hindernissen moeten overwinnen", zegt Guus. Zelfs bij het oversteken van de weg hoeft hij zich geen zorgen te maken, zo weinig verkeer is er. Varsseveld telt in die tijd vierduizend inwoners, nu zevenduizend. Je leert er zwemmen in een beek, waar een soort van badmeester orde houdt. Op zondag is er soms gelegenheid voor een bezoek aan het binnenbad van Bocholt.

"Boten jatten, dat deden we ook. Vlak bij Varsseveld heb je de Slinge, een beek die naar Aalten loopt. Daar slopen we vaak stiekem naartoe. Je trok de boten los en weg was je. Het was spannend om iets te flikken. Stropen vonden we ook mooi. Geen wild maar vissen. Snoeken en karpers. Die beek was verpacht, je moest een vergunning hebben om er te vissen. Wij trokken er dan 's avonds sleepnetten doorheen. Het mooiste was om ze met je handen te vangen. En dan bakken en opeten."

Elke dag was spannend, zo lijkt het nu. "Soms kwam je op het politiebureau terecht. Dat was wat, als zoon van de hoofdonderwijzer. Die behoorde tot de notabelen van het dorp, samen met de dominee en de burgemeester. Ik weet niet meer of ik dan thuis op m'n lazer kreeg. Als het zo was, heeft het in elk geval geen indruk gemaakt."

Rond zijn elfde sluit Guus zich, voor korte tijd, aan bij de padvinderij. Hij herinnert zich nog dat groene petje met de kleine gele biesjes. Scoutinggroep Varsseveld, dat klinkt wel. Voor hij voetballer wordt, is hij ook nog even lid van VGV, de Varsseveldse Gymnastiekvereniging. Net als zijn moeder, die hem liefde voor turnen probeert bij te brengen. Voetballen leert Guus in zijn eigen tijd. Hij ontrafelt het geheim van het spel in een U-vormige nis achter het huis. Een bruine gummibal, of een tennisbal, is zijn dierbaarste speelgoed. Een onophoudelijk gebonk van de bal tegen de muur dreunt jarenlang door tot in de woonkamer van tantje Jantje, de buurvrouw. "Die werd gek van mij."

Zijn linkervoet is zo vertrouwd met de bal dat Guus Hiddink in Varsseveld al vroeg te boek staat als een groot talent. Bij het voetballen is hij dé man, hij wordt altijd als eerste gekozen bij het partijtje zetten. Willy Luimes is een goede tweede. Maar Willy is anders dan hij, zo blijkt later. Die houdt van de geneugten des levens. Gaat graag op stap. Guus nooit. Die drinkt niet, hij leeft voor zijn sport.
Hiddink is twaalf jaar als hij zich aansluit bij SC Varsseveld. Eerder kun je niet bij een club terecht. Talenten worden vooral op straat gevormd. Het terrein van de club ligt op de plek waar nu het huis van zijn ouders staat. Hij ontwikkelt zich razendsnel, komt op veertienjarige leeftijd bij de B-junioren terecht en maakt, na een korte periode in de A1, direct de overstap naar het eerste.
Zijn liefde voor de bal valt niet te beteugelen. "Ik kon urenlang, haast dwangmatig, met die bal bezig zijn. Volkomen tijdloos. Ik had een enorme drang om te slagen als voetballer. Op welk niveau dat ook zou zijn. Ik was nooit een loopwonder, maar in die drang om te slagen ging ik als jeugdvoetballer van Varsseveld 's avonds in de plantsoenen trainen voor mezelf. Puur op dat lopen. Wenden, keren, accelereren."

Hij is een geboren nummer tien. Een linksbinnen, die met grote nieuwsgierigheid namen met haast magische klanken tot zich laat doordringen. Luis Suárez van Inter en Omar Sivori van Juventus worden ongeziene helden. "Die namen hoorde je op de radio, je las erover in de krant. Een concreet beeld van hun kwaliteiten had je niet, maar wel een voorstelling."
Zijn overgang naar het eerste elftal volgt op zijn prestaties tijdens 'een belangrijk toernooi, waarvoor je moest worden uitgenodigd', zoals Hiddink het noemt. Het is mei 1961. "Dat idee alleen al, dat je met het eerste mee mocht doen. Geweldig."
Hij herinnert zich nog de officiële brief van de secretaris, die de keuze van de elftalcommissie formeel bevestigt. "Een brief met een postzegel van vijf cent: u bent uitgenodigd om zondag a.s. tegen Grol mee te spelen als linksbinnen. Dat stond erop." Hiddink is voor zijn leeftijd 'vrij snel en groot.' "Niet zo'n meeps kereltje", zoals hij het noemt. Die had je ook wel, jochies die bleek en schraal waren. Hij moet zijn kwaliteiten grotendeels zelf ontdekken. De enige referenties zijn de prestaties van zijn broer Wim en zijn vader. Maar een inschatting van het spelniveau? "Moeilijk", vindt Guus. Wat wel opvalt: de curves die Hiddink kan geven aan een bal. Later fantaseert zijn jongere broer René daar nog wel eens

over. Dat Guus bij De Graafschap linkshalf is en hij linksbuiten, steeds op maat bediend door zijn broer. Het komt er nooit van dat de twee samen spelen: Guus vertrekt naar NEC als René doorbreekt op De Vijverberg.
Zijn wereld is vele malen kleiner dan die waar Suárez en Sivori toe behoren. Guus gruwt al bij de gedachte dat hij 's zondags tegen VVG in Gaanderen moet spelen, want daar loopt Gradus, een stopper die hij alleen van zijn voornaam kent en angst inboezemt met zijn waarschuwende woorden. "Hij zei altijd: 'kom niet bij me in de buurt, jochie.' Gradus schopte je met een glimlach op zijn gezicht doormidden."
Dat er iets verderop, in Doetinchem, betaald voetbal wordt gespeeld, ontgaat Hiddink niet lang. Als jeugdspeler trekt hij de belangstelling van De Graafschap. Hij wordt uitgenodigd voor een toernooi, "maar dat liep allemaal niet zo soepel, ook van onze kant niet."
De animositeit tussen de stad en de omliggende dorpen is daaraan debet. Het aanvragen van overschrijving alleen al maakt Hiddink tot persona non grata in Varsseveld. "Ook ome Gert, de broer van mijn moeder, was heel erg boos", herinnert hij zich. Medewerking laat dus te wensen over. De Graafschap krijgt, omdat het geen jeugdopleiding heeft, steeds meer de naam dat het overal de grootste talenten maar weghaalt. "Dat stond de clubs slecht aan", weet Hiddink. "De secretaris van Varsseveld, meneer Heezen, weigerde gewoon zijn medewerking te verlenen aan de overschrijving."

Hoewel sport zijn leven bepaalt, sluit Hiddink zich niet af van het sociale leven. Op zijn vijftiende gaat hij zelfs korte tijd op dansles. "Meneer Kroneman leerde je de foxtrot, de tango en de Engelse wals. Heel traditioneel allemaal, de jive leerde je niet." Muzikaal is hij zeker. Zijn moeder: "Als kind al liep hij regelmatig te huppelen door de kamer. Als er bezoek was, zeiden we: 'Guus, ga eens lekker dansen'. Dat deed-ie dan wel."
Muziek zit hem in de genen. Zijn moeder speelt piano, broer Hans bezit een gitaar en een banjo. Hiddink: "Het was de tijd van Radio Luxemburg en de eerste hitparades. Een beetje braaf allemaal. Trini Lopez, daar zong je op mee op je kamertje. Elvis had je natuurlijk (zijn moeder: 'Guus kon goed zingen, hoor'). Later hield ik ook wel van de Beatles, van hun harmonieuze muziek. Maar toch vooral van het ruige van de Rolling Stones. Dat sprak me nog meer aan, daarin kon ik me meer inleven."
Dat lange haar, dat trok ook wel. "We lieten het heel voorzichtig tot over de oren groeien. Dat was not done."

"Die jongens van Schuurman, die hadden van dat ordinaire lange haar", weet zijn moeder. "Wij lieten het stiékem groeien, ma." Zij weer: "Ik vond dat helemaal niet bij jongens passen. Het was zo meidenachtig."
Een warme lach.
Was hij een kind van de jaren zestig? Dat wel, zegt Guus. "Niet dat ik zo vreselijk rebels was of zo, maar ik voelde wel een soort verlichting na de sobere jaren vijftig. Toch was ik vooral gedisciplineerd en serieus met mijn opleiding aan het CIOS bezig. Mijn vrienden zochten geregeld de dancings op. Dat deed ik niet. Ik dronk zelden of nooit bier. Ik vond er niks aan. Heb het ook nooit als een gemis ervaren. Dat andere, die sport, vond ik veel te mooi."

Hoofdstuk 3

De leerling die de meester overtreft

Op zijn zeventiende waagt Guus Hiddink de grote stap naar de andere kant van het land. Hij meldt zich aan bij het CIOS in Overveen. Het is 1964. Een carrière als profvoetballer lijkt uitgesloten. Hiddink wil sportleraar worden. Via die omweg wordt hij semi-prof in het betaald voetbal. De absolute top blijkt te hoog gegrepen.

De clubleiding van De Graafschap heeft zo haar twijfels of Hiddink wel genoeg kwaliteit bezit om profvoetballer te worden. Hiddink voelt die twijfel en kiest voor een ander sportleven. Hij meldt zich aan op het CIOS in Overveen.

Hiddink heeft het niet zo op school. Op de HBS in Doetinchem ('met de mooie naam Ruimzicht, het gebouw staat er nog') sluit hij het eerste jaar nog goed af, maar het tweede jaar wordt een mislukking. "Dat kwam onder meer doordat ik 'verliefd' werd op de juffrouw van Frans. De hormonen gingen spelen. Hoe ze heette weet ik niet meer. Het was een jonge, blonde juf. Ik schatte haar 26, zelf was ik 14. Ze vertelde mooie verhalen over Montmartre."

Na twee jaar HBS kiest Hiddink voor de MULO. "Zonder dat ze zich daarover ooit negatief hebben uitgelaten, denk ik wel dat het voor mijn ouders een teleurstelling was dat ik de HBS -letterlijk: de hogere burgerschool – niet afmaakte. Ik was teveel met andere dingen bezig. Ik was veel op de boerderij, was te speels nog. Ik kon het heel moeilijk opbrengen om na schooltijd, en na die fietstocht naar Varsseveld, nog eens drie uur te gaan studeren."

De MULO rondt hij af 'met twee vingers in de neus'. Op zijn zeventiende heeft hij het diploma, dat hem in staat stelt naar het CIOS te gaan. De aanmelding verloopt niet gemakkelijk. Eigenlijk is Guus nog te jong. Het is maar goed dat zijn vader er nog een brief ('Wat moet ik anders met die jongen hier?') achteraan stuurt. Uiteindelijk, omdat een andere kandidaat afvalt, wordt Hiddink toch aangenomen.

Van zijn zeventiende tot zijn negentiende leeft Guus het leven dat zijn vader twintig jaar eerder leidde. Op vrijdagavond of zaterdagmiddag vanuit de Randstad naar huis en op zondagavond, na de wedstrijd van Varsseveld, weer terug naar Overveen. De reis is 'best pittig', zegt Hiddink. Met de trein naar Arnhem, overstappen richting Amsterdam en van daaruit nog eens met het boemeltje naar Haarlem. "Daar had ik een oude fiets van mijn broer staan, waarmee ik naar school reed." Een reis van vier uur, teneinde op maandagochtend om acht uur in de schoolbanken te kunnen zitten. "Ik had het er graag voor over. Je wist: zondag is de dag. Dan kon ik lekker voetballen, bij Varsseveld. Na de wedstrijd was het snel, snel eten en weer de trein in. Zo ben ik twee jaar doorgegaan."

Hiddink heeft niets dan lof voor de CIOS-opleiding. "Het was half militaristisch soms, je mocht vooral niet vergeten de vlag te strijken. En op maandagochtend werd stipt om half acht de parade afgenomen door directeur Dooijes." Maar toch, de hele week sporten: Hiddink geniet ervan. Hij inhaleert elke les als frisse boslucht. "Judo, schermen, boksen, atletiek, basketbal - ik vond het allemaal heerlijk om te doen. Ik kon bijvoorbeeld vrij goed schermen. En boksen deed ik ook graag. Een beetje sparren met Rob Nicolaas, die was kampioen van Zuid-Holland. Als je niet oppaste en even je dekking liet vallen, kreeg je echt tikken. Dan zijn drie rondes van twee minuten erg lang."

De jaren in Overveen vormen hem. In zijn eerste jaar leert Hiddink alles over de medische, psychologische en pedagogische aspecten van sport. "Verder moest je van alle sporten de reglementen uit je kop leren. Ik ken nu nog alle gewichtsklassen in het judo uit mijn hoofd. Of de regels in het zeilen." In het tweede jaar moet hij zich specialiseren. Hij kiest voetbal als hoofdvak en basketbal en honkbal als nevenspecialisaties.

In het eerste jaar is bewegingsleer een belangrijk vak. "Algemene lichaamsscholing heette dat. Dat had je een aantal malen per week, vaak twee uur achtereen. Buitelen, rollen, alle vormen van bewegen kwamen aan de orde. Daar werd je heel coördinatief en vaardig van. Je durfde veel meer met je lichaam. Nu zijn we daar heel ver van afgeweken. Eigenlijk zou je jeugdvoetballers veel meer moeten scholen vanuit de pure bewegingsvormen zoals lopen, vallen en springen."

De discipline staat hoog aangeschreven op het CIOS. "Je maakte lange dagen. Van acht tot tien uur 's ochtends had je praktijk, dan twee uur theorie en 's middags weer twee uur praktijk. Daarna moest je studeren. Om half tien 's avonds ging het licht uit. Dan was je óp, die opleiding slurpte je helemaal leeg. Voor rebelse activiteiten of ontsnappingen kreeg je de kans niet. De leiding was zeer streng, het was eigenlijk een internaat. Ik heb daar twee jaar zeer gedisciplineerd geleefd."

Twee leermeesters hebben een enorme invloed op hem. De legendarische ex-international Kick Smit is de praktijkman, voetbaltrainer Jaap van der Leck, bekend van De Volewijckers, Feyenoord en het Nederlands elftal, heeft een meer theoretische achtergrond. "De combinatie was ideaal", meent Hiddink. "Van der Leck was de strenge manager, Smit een echte liefhebber. Door zijn liefde voor het spel heeft hij me wel gevormd. Kick Smit had een perfecte, fluwelen trap. Hij kon

een bal zo lekker aannemen en 'zacht' maken. We stonden op maandagmorgen vaak een uur ballen naar mekaar te trappen. Smit was echt bezig met de kern van het voetbal. Door hem werd ik me ervan bewust hoe wezenlijk techniek en coördinatie zijn. Als ik hem bezig zag, dacht ik vaak: goh, wat is het toch eigenlijk een mooi spel. Hij gaf me die bevestiging. Het was een lieve man, die moeite had om orde te houden in de klas."
Van Van der Leck leert Hiddink hoe hij didactisch/methodisch te werk moet gaan. "Hij heeft me op dat gebied heel veel dingen bijgebracht: vooral het organiseren van trainingen en het neerzetten van een groep. Ik was zeventien, achttien jaar. Alles wat op die leeftijd op je weg komt, heeft een zeer grote invloed. Op het CIOS leerde ik ook veel van Johan Jelles en Piet Peeman. Peeman was assistent-trainer van Haarlem, Jelles zijn leermeester. Jelles kon perfect lesgeven. Oefeningen uitdiepen, tot in essentie ingaan op de uitvoering van de bewegingen. Fantastisch. Die bewegingsleer vond ik heel erg fascinerend. Jelles was een zeer begeesterde man, die geweldig goed met een groep jonge mensen kon omgaan."
"Peeman was de wat hardere exponent. Hij gaf altijd les in een keurig pak met lakschoentjes eronder. Als Peeman binnenkwam, ging het van klak-klak-klak. Kijken of de voeten netjes achter de lijn stonden. Het had iets van '40-'45. Een angstige sfeer. Hij kon heel vreemd reageren. Als je dacht dat je het slecht had gedaan, kon hij je bij wijze van spreken kussen. En andersom. Later heeft Peeman me nog gevraagd of hij als assistent meekon naar Valencia. Van hem en van Jelles heb ik geleerd hoe je met groepen moet omgaan. Het CIOS heeft me hard laten werken en goed laten werken. Je kreeg er een enorme werkdiscipline."
Hiddink vergaapt zich verder aan de verschijning van topjudoka Anton Geesink, die in 1964 olympisch kampioen wordt en soms judoles geeft op het CIOS. "Anton at altijd mee in de pauze. Hij had net goud gewonnen in Tokio, tegen hem keek je geweldig op. Dat goud, dat had iets hemels. Wij, de jongens van klas 1A, zaten bij het eten altijd met zijn vijftienen aan één tafel. In het begin hoopte je dat Anton bij jou aan tafel kwam zitten, maar dat was snel over want hij at de hele schaal leeg."
Hiddink komt er in contact met meer mensen die hem lang lief blijven. Leo Beenhakker, die een klas hoger zit en voetbalwedstrijden organiseert. Fritz Korbach, die na hem komt. En Johnny Kamperveen, de zoon van André, die later in Suriname wordt vermoord. Vogels van verschillende pluimage. "Je werd elke dag uitgedaagd, geprikkeld. Ik was daar graag, wilde van huis weg zijn om me te kunnen ontplooien."
Zijn persoonlijkheid wordt op het CIOS duidelijk gevormd. Van ontgroenen is geen sprake. "Ik kwam daar niet binnen als een provinciaaltje of zo. De studenten kwamen uit heel Nederland, ik voelde me in niks de mindere van anderen. En

die westerse bluf, daar keek je dwars doorheen. Dat was vaak niet meer dan een zeepbel. Op het CIOS kun je je niet redden met je mond, daar moet je presteren. Het was gewoon topsport. Zowel fysiek als mentaal is die periode de basis onder alles geweest."

Hiddink slaat het CIOS nog altijd hoog aan. "Wij CIOS'ers vonden die ALO-jongens niks. Wij waren meer het ruwe volk, zij de geschoolde academici. Watjes vonden we ze, met hun theoretisch gebeuzel. ALO's hadden in onze ogen niet echt met sport te maken. Zij keken op ons neer, wij vonden dat zij te netjes, te verantwoord bezig waren. De ruwheid van het gewone fysieke lesgeven in de sport ontbrak. Het waren schoolmeesters."

In zijn tweede jaar moet Hiddink stage lopen bij een club in het betaald voetbal. Hoofdtrainer Evert Teunissen geeft hem de kans bij de jeugd van De Graafschap. Als Hiddink op negentienjarige leeftijd het CIOS-diploma bemachtigt is hij, conform de reglementen, ook meteen gediplomeerd voetbaltrainer. "Je kreeg op die manier het B-diploma, het één na hoogste toen."

Een echte supporter van De Graafschap wil hij zich niet noemen. Hiddink wordt in zijn tienerjaren vooral getrokken door de magie van het spel. Als hij op zijn fiets van school naar huis rijdt, neemt hij 's middags altijd een omweg die langs De Vijverberg leidt. "Als je op je trappers ging staan, kon je net over de tribunes heen naar het veld kijken. Alleen al daarom ging je met de fiets naar school. Iedere morgen om zeven uur verzamelden we bij café De Kempe, van daaruit reden we met zo'n dertig kinderen over smalle landwegen naar Doetinchem. Wie met de bus ging was een zeikerd."

Het is de klank van de naam die hem fascineert. Vijverberg. Op dat veld wil hij ook ooit voetballen. Als hij al een held heeft, is het Joop Hartjes, de bonkige spits uit Doesburg. "Zo hard en mooi als hij kon schieten... En als hij op doel kopte, leken het wel kogels. Dat vond ik mooi. Joop was een enorm krachtmens, met een geweldige drive. Toen hij in zijn laatste jaren zat, heb ik nog wel een aantal keren met hem samengespeeld."

Een seizoenkaart, of zelfs een regelmatig bezoek aan de Vijverberg, zit er niet in. Pas nadat hij zijn studie aan het CIOS heeft afgerond, wordt Hiddink lid van De Graafschap. Daar krijgt hij alle kans zich verder te bekwamen in zijn vak. Teunissen benoemt hem tot fulltime jeugdtrainer. "Ik trainde alle jeugdelftallen en was assistent bij het eerste. Als ze een man te kort kwamen, speelde ik mee. Of ik creëerde oefenvormen zodat ik zelf wel moest meedoen."

Van Teunissen leert hij hoe je een 'voetbalbedrijfje' moet leiden. Samen met Sietze Veen en Johnny Beun betrekt Hiddink een flatje in de Vondelstraat, hartje

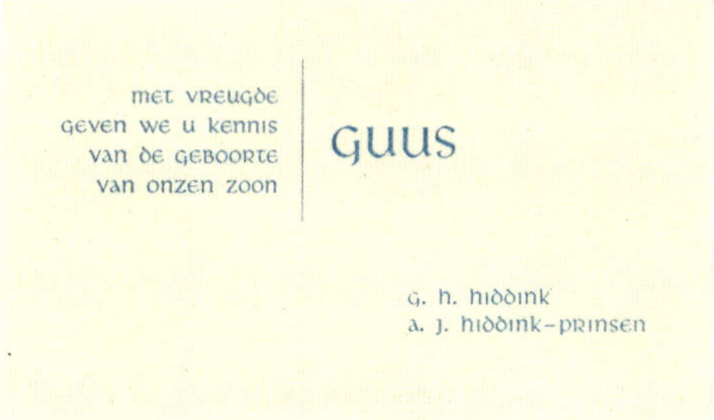

met vreugde
geven we u kennis
van de geboorte
van onzen zoon

GUUS

g. h. hiddink
a. j. hiddink-prinsen

GUUS, WIM EN HANS HIDDINK MET MOEDER JO
HET GEBOORTEHUIS AAN DE SPOORSTRAAT IN VARSSEVELD
HET GEBOORTEKAARTJE VAN GUUS
GERRIT HIDDINK MET ZIJN DERDE ZOON, GUUS

GUUS MET ZIJN MOEDER OP DE NOVEMBERMARKT VAN VARSSEVELD IN 1951

HET HELE GEZIN HIDDINK. BOVEN DE GROTE DRIE: GUUS, WIM EN HANS.
ONDER DE OUDERS MET DE KLEINE DRIE: RENÉ, KAREL EN ARNOLD.

EEN DAG AAN HET STRAND VAN SCHOORL IN 1952. RECHTS VADER EN MOEDER HIDDINK, NAAST HEN GUUS. HANS ZIT VIERDE VAN LINKS, WIM TWEEDE VAN LINKS.
DE ANDEREN ZIJN NEEFJES EN NICHTJES.

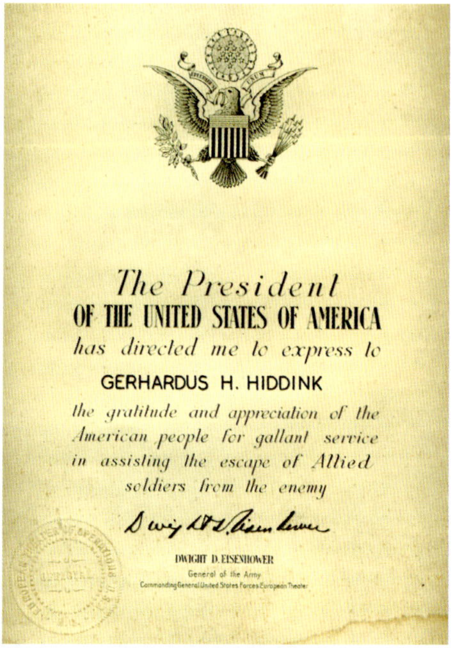

The President
OF THE UNITED STATES OF AMERICA
has directed me to express to

GERHARDUS H. HIDDINK

the gratitude and appreciation of the American people for gallant service in assisting the escape of Allied soldiers from the enemy

Dwight D. Eisenhower

DWIGHT D. EISENHOWER
General of the Army
Commanding General United States Forces European Theater

STAATSIEPORTRET VAN OPA PRINSEN
DE OORKONDE VAN DWIGHT EISENHOWER VOOR GERRIT HIDDINK

HET EERSTE ELFTAL VAN SC VARSSEVELD IN 1941. STAAND DERDE VAN RECHTS GERRIT HIDDINK

GUUS ALS TWAALFJARIG KIND MET DONALD, EEN DUITSE STAANDER

GUUS [STAAND] BIJ DE WELPEN IN VARSSEVELD
DE OUDERS VAN GUUS: GERRIT HIDDINK EN JO PRINSEN

DE A-JUNIOREN VAN SC VARSSEVELD IN 1964. GUUS STAAT VIERDE VAN RECHTS, ZIJN VADER UITERST RECHTS

EEN SCORENDE HIDDINK TIJDENS DE GRAAFSCHAP-SC DRENTHE, 22 OKTOBER 1967

DOELPUNT VOOR DE GRAAFSCHAP TEGEN EXCELSIOR. EEN JUICHENDE HIDDINK IN WIT SHIRT. 7 APRIL 1969
HIDDINK [RECHTS] MET PSV IN ACTIE TEGEN AJAX. NAAST HEM SJAAK SWART, LINKS JOS DIJKSTRA

Doetinchem. Veen kent hij al enige tijd, die woonde een jaar eerder tijdelijk bij zijn ouders in huis. "Hij sliep op de zolder, op een matras", weet Hiddinks moeder. Aan een van de muren van zijn flat hangt het dubbelloops jachtgeweer van zijn opa. Een herinnering aan thuis. Voor het eerst moet Hiddink voor zichzelf zorgen. "Met het eten werd het meestal een puinhoop." Ze gaan het liefst naar de broodjeszaak van Joop Lammers, die ook de kantine op de Vijverberg beheert. Daar, bij Joops Broodje, kon je altijd terecht voor een 'broodje verschrikkelijk'.

De Graafschap beleeft moeilijke tijden en kan vanwege financiële problemen maar net behouden blijven voor het betaald voetbal. Routiniers als Gerrit Bosveld, Theo Kaak, Jan Roes en Johan Dijkman krijgen geen nieuw contract meer, de club gokt op de jeugd. Dat gaat mis, want in 1967 degradeert De Graafschap naar de tweede divisie. Evert Teunissen moet plaatsmaken voor Ad Zonderland. Opnieuw verlaten enkele ervaren spelers de club, onder wie Henk van Brussel, Ben Zweers en André Hulshorst.

Zonderland moet verder met nog meer jeugd en ontdekt dat de beste voetballer van de streek als jeugdtrainer werkzaam is. Hiddink heeft al een jaar lang geen wedstrijd meer gespeeld als Zonderland hem in de zomer van 1967 vraagt om zich ook als speler aan te sluiten bij De Graafschap. Zonderland is overtuigd omdat Hiddink het tijdens de trainingen 'veel beter deed dan de rest'. Hij vertelt hem: 'Jongen, jij kunt bij ons zo met het eerste mee.'

Zonderland heeft zich nooit willen profileren als De Ontdekker Van. "Guus heeft zichzelf ontdekt", is zijn opvatting. Hiddink zegt: "Teunissen zag mij puur als trainer. Zonderland was de eerste die me als voetballer beoordeelde. De scouts in die tijd waren kennelijk niet in staat om mij zodanig in te schatten dat ze me als jonge speler van Varsseveld konden 'verplaatsen' naar een hoger niveau. Ik kon wel aardig voetballen, maar miste ook het een en ander. Verdedigend natuurlijk, en ik was puur linksbenig."

De vergelijking met Willem van Hanegem dringt zich op. Ook die werd op latere leeftijd ontdekt door een trainer van een tweededivisieclub (Daan van Beek bij Velox), die iets zag wat anderen niet gezien hadden. "We waren ook wel vergelijkbare spelers. Willem wat robuuster, hij had meer duelkracht en was sterker met de kop. En hij had een perfecte kromme bal. Mijn strakke lange pass was misschien wat beter. Dat fijne beheerste ik ook wel, trouwens. Een bal zo neerleggen dat je weet: die verdediger dénkt hem te hebben, maar hij gaat net dertig centimeter te kort komen. Dat is het echte voetbalgevoel. Heerlijk."

Hun afkomst maakt de twee spelverdelers heel verschillend. "Willem ging wat meer over de rand dan ik. Misschien dat hij moest overleven via het voetbal. Ik was wel zeer fanatiek, maar was geen straatschoffie dat ten koste van tegenstanders hogerop moest. Alleen uit woede heb ik wel een paar keer spelers behoorlijk geblesseerd. Bewust. Het ergste vind ik dat ik Robbie van der Bol van Fortuna Vlaardingen ooit een beenbreuk heb bezorgd. Hij liep me zo te jennen en te trappen dat ik een sliding bewust te hoog inzette. Het geluid van die breuk hoor ik nu soms nog. Afschuwelijk was dat! Daar had ik enorm veel spijt van."

Als Hiddink bij De Graafschap op het trainingsveld staat, wordt de drang om te gaan voetballen steeds groter. "Ik trainde leeftijdsgenoten en ouderen. Ik begon me te meten met hen. Van tevoren kon ik zelf ook niet inschatten of ik de tweede divisie aankon. Maar het bleek veredeld amateurisme te zijn, zowel op het veld als daarbuiten. Ik kreeg 1.500 gulden per jaar. Later stond ik voor halve dagen op de loonlijst van voorzitter Harrie Heilbron. Die had een meubelzaak. Moest ik mensen ontvangen en meubels laten zien. Dat heb ik toch wel een tijd gedaan. Had ik in de ochtenduren wat te doen."

De charme van de tweede divisie is groot. "Op zondag om acht uur 's ochtends verzamelen en dan met de bus naar Klazienaveen, Leeuwarden of naar Roda Sport. Wedstrijden tegen NOAD en De Baronie; het had wel iets. Ik vond het prachtig."

De zelfbewuste Hiddink ontpopt zich na een aarzelend begin ('Die haalt het B-team niet eens', zeggen sommigen) al snel tot spelverdeler en leider van de groep. "Ik hield me wel gemakkelijk staande."

Aan de hand van Zonderland en Hiddink, diens natuurlijke verlengstuk in het veld, beleeft De Graafschap twee topjaren, die in 1969 uitmonden in een kampioenschap en promotie naar de eerste divisie. Met maar liefst 22 treffers wordt de middenvelder clubtopscorer. "Daar moest ik het van hebben, want ik kon nog steeds geen hout van verdedigen."

De titel komt voor de club volslagen onverwachts. Maar met Hiddink erbij krijgt het van oudsher opportunistische spel iets verfijnds. Hiddink blijkt bovendien in veel wedstrijden beslissend te zijn: hij scoort veel doelpunten uit de tweede lijn. Zijn inbreng wordt naar waarde geschat, de supporters verkiezen hem tot 'De Graafschapper van het jaar'.

Zelf is Hiddink in die tijd kritisch over het spel van zijn ploeg. "Wij spelen te netjes. De jongens zijn veel te aardig. Ook voor elkaar. Ze schrikken ervoor terug om elkaar tijdens een wedstrijd flink toe te schreeuwen. Dat is nu gelukkig aan het veranderen. We werken ernaartoe om, in de goede zin van het woord, meer 'schoffies' te worden. We moeten gewoon brutaler worden in het veld", zegt hij in februari 1970.

Veel plezier zullen de fans niet meer hebben van Hiddink. Er ontstaat veel belangstelling voor hem, onder meer van AZ'67, HVC en Holland Sport. Uiteindelijk en

tamelijk onverwachts mengt ook PSV zich in de race. Dat wordt in de zomer van 1970 zijn nieuwe club.
Zijn overgang verloopt geheel niet rimpelloos. De Graafschap vraagt 336.000 gulden voor zijn sterspeler, PSV wil niet meer betalen dan 250.000 gulden. Waarbij De Graafschap de toezegging krijgt dat het bij eventuele doorverkoop van Hiddink vijftig procent van de winst ontvangt.
De meningsverschillen leiden tot een harde confrontatie. De Graafschap eist dat de 336.000 gulden in twee termijnen wordt betaald en dat PSV over de tweede termijn ook nog eens zeven procent rente uitkeert. PSV-manager Ben van Gelder stelt zich op het standpunt dat aan de aanvankelijke vraagprijs (een kwart miljoen) niet getornd kan worden, omdat dit bedrag aansluit bij het jaarsalaris van Hiddink. Bij De Graafschap stond hij op de loonlijst voor 10.000 gulden.
Van Gelder schakelt de KNVB in om zijn gelijk te krijgen en laat De Graafschap weten dat het aanbod 'periodiek verminderd wordt' als die club niet meewerkt aan een transfer.
Hiddink zet de zaak op scherp door op 7 juni 1970 uit protest niet mee te spelen in een oefenwedstrijd tussen De Graafschap en het militair elftal. Hij heeft immers een dag eerder bij PSV getekend. Uiteindelijk legt het bestuur van De Graafschap zich neer bij een afkoopsom van 250.000 gulden. "Ik wilde per se naar PSV, voor mij was dat de enige optie. Daarom stelde ik me zo op. Spelen bij een topclub was een droom voor me. Later stel je heel nuchter vast dat PSV in een moeilijke periode zat. Je kreeg een golf van aankopen, een stuk of zes. Daarbij werd meer gekeken naar namen dan naar posities."

De supporters van PSV krijgen weinig te horen over de nieuwe aankoop. Hij wordt kort voorgesteld. Zwerven door de natuur is zijn grootste hobby. Hiddink is sinds een jaar getrouwd met Inie Beumkes, rijdt een Ford Capri 2000 en kijkt op televisie graag naar het satirische VPRO-programma *Hadimassa*. Hij is al bijna 24 jaar. De pers beschouwt hem 'in potentie' als een 'heel grote'.
Hiddink moet concurreren met drie andere centrale, aanvallend ingestelde middenvelders: de lokale held Willy van der Kuijlen is een jaar eerder gekozen tot populairste speler van PSV, Gerrit van Tilburg gold vroeger als een groot talent en is via GVAV en Go Ahead teruggekeerd naar zijn geboortestad Eindhoven, en dan is daar nog Wietze Veenstra, een veel scorende middenvelder die een jaar eerder ook al van Go Ahead is overgenomen.
"Later heb ik mezelf als trainer altijd voor ogen gehouden: zorg dat je spelers aantrekt die op meerdere posities inzetbaar zijn. En als dat niet lukt: trek nooit meerdere specialisten aan voor één positie. Concurrentie moet kansrijk zijn.

Maar ook voor een club is het slecht als je met veel ontevreden spelers zit."
Op zondag 19 juli 1970 maakt Hiddink zijn officieuze debuut voor PSV, dat tegen Bergeijk de eerste oefenwedstrijd van het seizoen speelt. Hiddink staat centraal op het middenveld, Van der Kuijlen speelt op links, Veenstra voorin. Het wordt 0-20. Hiddink ervaart het trainingskamp als zwaar. "Linder nam ons tien dagen mee naar Bergeijk om te trainen. Elke ochtend om zeven uur kreeg je jus d'orange. Daarna ging je drie kwartier hardlopen, het bos in. Niet écht lekker, met die jus d'orange. Dan ontbijten, om half elf trainen, lunchen, even drie kwartier op je nest liggen, een tweede training en 's avonds meestal nog een wedstrijd tegen Bergeijk, Someren of noem maar op. Kuijl was er slim in, die werd altijd een beetje ziek als het trainingskamp begon. Aan het eind van zo'n week waren we helemaal kapot. Kon je niks meer. Kuijl wel, die was aan het begin van de competitie veel fitter dan wij."
"Kuijl oogde een beetje van: laissez faire. Dat is een houding. Je ziet het vaak: doordat het iemand gemakkelijk afgaat, denkt men dat het je allemaal niks doet of dat je er niet zo mee bezig bent. Journalisten geven je dan snel een stempel 'lui'. Het feit dat het mij in mijn loopbaan redelijk gemakkelijk is afgegaan en dat ik redelijke resultaten heb geboekt, is voor mensen vaak reden geweest om te denken dat ik niet maximaal gecommitteerd ben. En dan valt al snel het woord 'lui'. Kuijl had daar ook last van. Terwijl een ongeforceerde, natuurlijke houding juíst vaak een kenmerk van kwaliteit is."
"Ik heb nooit iemand gekend die zo hard trainde als Linder. We kregen daar vaak atletiektrainingen; tempolopen over vierhonderd of vijftienhonderd meter. Op vrijdagmiddag waren we blij dat de week erop zat! Die douche voelde als een bevrijding, zo heerlijk. Maar dan moest je wel zaterdag of zondag nog een wedstrijd spelen. Ik heb daarvan veel geleerd. Zo wilde ik het niet doen. Ik heb altijd gekozen voor een geleidelijke opbouw."

Hiddink heeft moeite om aan te klampen. De voorbereiding is een van stuivertje wisselen. Op 2 augustus lijkt de keuze bepaald. PSV oefent in Heemstede tegen Chelsea en Hiddink begint op de bank. Linder zegt: "Al onze spelers moeten de tijd krijgen om te rijpen. Dat geldt zeker voor Hiddink, die tenslotte maar net in de eredivisie speelt."
Hiddink moet relatief veel defensief werk verrichten, terwijl hij gewend was dat de tegenstanders achter hém aan lopen. Hij heeft merkbaar moeite met zijn rol als nummer twaalf. "Als ze me nodig hebben, moeten ze maar komen en dan wil ik er ook best hard voor werken. Maar ik ga niet lopen slijmen."
Na de Europacupwedstrijd tegen het kleine Gottwaldov, waar PSV met 2-1 ten

onder gaat, verliest Hiddink zijn plaats in het elftal. "Op het middenveld liepen de zaken volledig uit de hand", schrijft het *Eindhovens Dagblad*. Het is dan 16 september; vier dagen later, in de wedstrijd bij Sparta, is Hiddink er niet meer bij. In de bekerwedstrijd tegen Feyenoord maakt hij dan weer een sterke indruk. Hiddink speelt Van Hanegem zelfs een keer door de benen.

Die eerste maanden speelt Hiddink regelmatig met het tweede elftal. Voor lege tribunes. Dat frustreert: "Ik voel me niks minder dan degenen die wel worden opgesteld", laat hij in 1970 optekenen. "Mijn frustratie was zeer groot", zegt hij nu. "De hele situatie was heel labiel voor me. Een veilige basis ontbrak. Ik kon daar niet goed mee omgaan en mijn reactie destijds was heel ambivalent. Aan de ene kant denk je: krijg allemaal de klere. En dan weer: opstaan, hup! Altijd weer opstaan. Maar ja, ik moest natuurlijk vaak met het tweede mee. Op een maandagavond met trainer Willy Heijink naar een of ander oord onder de rook van Venray. Dat stond heel ver van het eerste af. Dan voelde je je echt verloren."

Hij mist het vertrouwen van zijn trainer. "Eén slechte wedstrijd en je lag er gelijk voor een maand uit. Ik kon mezelf niet zijn bij PSV. De aard van de spelers en Linders aanpak correspondeerden niet. Als voetbalwerknemer ben je een marionet. Per definitie haast. Dat wéét je. Iets anders is: hoe bespeel je een marionet? Linder was niet in staat de indruk te wekken dat je géén marionet was. Je was een nummer en je werd ook zo behandeld. Dat strookte niet met mijn opvattingen."

Tussen Linder en Hiddink botert het steeds minder. De speler noemt zijn trainer 'te achterdochtig' en 'iemand die het individu vergeet door de ploeg alleen als collectief te benaderen'. Hiddink legt zijn problemen niet op tafel bij de trainer. "Want dan zou hij daar misschien rekening mee houden, en dat wilde ik niet. Ik probeer mijn moeilijkheden bij voorkeur zelf op te lossen. Ik kon ook redelijk met hem opschieten. Ik liep echt niet in een grote boog om hem heen. Er waren jongens die wegkropen als hij in aantocht was en anderen die probeerden bij hem in een goed blaadje te komen. Dat heb ik nooit gedaan."

In 1970 omschrijft hij Linder als een trainer die dag en nacht met voetbal bezig is. "Er is geen moment dat hij het even van zich afzet om zich met wat anders te ontspannen. Ik zou dat nooit kunnen. Als mens eist hij het uiterste van je. De trainingen leken vaak op wedstrijden. Hij is voor zichzelf ook niet gemakkelijk. Misschien beseft hij niet hoe betrekkelijk het allemaal is. Je moet af en toe toch afstand van de materie kunnen nemen. Dan kijk je er heel anders en soms ook beter tegenaan."

Zijn ervaringen met Linder legt Hiddink vast in een notitieboekje. Hij vat samen: "Mocht jij later ooit zelf trainer worden, zet dan nooit je spelers op een rij om ze in het openbaar te bekritiseren."

Hij analyseert: "Trainers die schreeuwen creëren elftallen die als het even fout gaat subversief gedrag vertonen. Zulke trainers roepen het kwaad over zichzelf af. De macht van een onnatuurlijke leider is gebaseerd op angst. Dictators kweken angst omdat ze zelf bang zijn. Linder zei wel: met deze speler kan het nooit wat worden, want zijn borstkas is te klein. Van mij zei hij dat ik te zware bovenbenen had. Ik dacht nog: prima toch? Daar kan ik lekker hard mee knallen. Met het opsommen van de tekortkomingen van zijn spelers probeerde Linder een afhankelijkheidssituatie te creëren. Er zat verder geen doel achter. Het was pure machtswellust."

"Linder controleerde ook of wij wel op tijd gingen slapen. Op zaterdag moesten we om tien uur naar bed, maar dan was net de ARD *Sportschau* op Duitsland begonnen. Als ik op zo'n avond het gehakkel van een Dafje in de straat hoorde, wist ik precies hoe laat het was. Plokke, plokke, plokke - daar heb je Linder in de auto van zijn vrouw. Ik gleed dan van de bank op de vloer om verder te kunnen kijken naar de *Sportschau*. Linder voelde zelfs aan de motorkap van je auto omdat hij wilde weten of je misschien net thuis was. Absurd natuurlijk. Als ik er dan toch een keer om half elf in kroop, lag ik eindeloos naar het plafond te staren. O jee, morgen spelen en ik slaap niet. Als dat maar goed gaat. En maar woelen en maar spoken in mijn kop halen."

Later nuanceert hij: "Er zijn twee Linders: die van mijn PSV-periode en de trainer die op latere leeftijd, nadat hij bij Ajax had gewerkt, veel rijper was. Toen was hij een zeer aansprekende man, veel genuanceerder ook. Bij PSV was hij een man van kadaverdiscipline. Hij kwam uit een familie die tijdens de oorlog niet aan onze kant zat. Zijn vader had een hoge functie in het leger."

In de zomer van 1971 maakt PSV een trip door Indonesië. Daar ontstaat de definitieve verwijdering tussen Linder en de spelers. Hiddink is de eerste die zijn conclusies trekt. "Tussen augustus en december heb ik drie volledige wedstrijden op het veld gestaan. Als je je moet waarmaken en aan het elftal wilt aanpassen, heb je volgens mij minstens zes wedstrijden nodig. Bij PSV durfde ik geen verantwoordelijkheid meer te nemen. De bal werd snel naar een collega geschoven om fouten te voorkomen."

In de aanloop naar de Europacupwedstrijd tegen Real Madrid leest Hiddink in de krant dat manager Van Gelder hem als een miskoop beschouwt. "Dat vond ik helemaal niet leuk, om het zacht uit te drukken", luidt zijn reactie. "Ik vroeg me af: waarom zit ik hier dan in trainingskamp?"

Van Gelder probeert later te nuanceren: "Wij wilden Hiddink destijds graag in onze ploeg hebben, maar wie wilde dat niet? Ook Feyenoord stond te dringen.

Achteraf moet geconstateerd worden dat Hiddink niet helemaal goed is doorgekomen. Maar het nare woord 'miskoop' wil ik niet gebruiken."

Hoewel Hiddink nog mag meespelen tegen Vitesse (als linksbuiten...) is het einde duidelijk in zicht. Twee Franse clubs en KV Mechelen tonen belangstelling. Vanwege zijn maatschappelijke loopbaan – Hiddink wil leraar lichamelijke opvoeding worden op een lagere school en heeft plannen om een sportschool en een sauna te beginnen - kiest hij voor De Graafschap. Zijn oude club kan hem terugkopen voor 150.000 gulden. Te betalen in vier termijnen. Hiddink hapt toe.

"Ik had redelijk snel het idee dat ik het niet zou redden bij PSV. Ook omdat je bij een heleboel zaken niet betrokken wordt. Het continue wel/niet spelen hakte stevig op me in, omdat ik heel gedreven was. Ik zag een boot wegvaren waar ik graag op gezeten had. Soms lukte het om erop te springen, maar ik sloeg ook snel weer overboord. Het is heel vervelend om op die manier een droom te voelen wegglijden."

Nu kan hij relativeren. "Ik liep tegen een muur op bij PSV. Omdat ik niet kon waarmaken wat ik in mijn dromen graag wilde. Als je jong bent, wijs je dan natuurlijk graag naar anderen, maar in principe komt het toch vaak op jezelf neer. Sec ben jíj doorgaans de grote oorzaak. De concurrentie was enorm. Van der Kuijlen was super. Technisch zeer goed, veel en gemakkelijk scorend. Een klasse apart. Kuijl en ik waren te veel dezelfde types: we konden allebei niet verdedigen."

"Van die periode bij PSV heb ik wel een deuk gehad, een deuk in mijn zelfvertrouwen. Maar ik was te veel liefhebber om daar lang last van te hebben. Ik vond het hartstikke leuk om weer bij De Graafschap te gaan spelen. Ook al was dat dan in de eerste divisie. Het geld was minder, maar dat maakte me niet uit. Dáár ging ik weer aan het spelen, kreeg ik weer het gevoel dat ik lekker kon voetballen."

"Achteraf gezien had ik misschien niet voor PSV moeten kiezen, maar via de subtop moeten doorgroeien. ADO of Sparta waren destijds ook mooie clubs. Ik miste eigenlijk de basisvorming van een normaal talent én ik speelde heel weinig op een leeftijd, 23 à 24 jaar, dat je dat wel nodig hebt. Maar goed, ik heb nooit spijt gehad van de stappen die ik toen gemaakt heb. Ondanks de frustratie."

Hoofdstuk 4

Van Achterhoek naar Amerika

Eind 1971 neemt trainer Piet de Visser het initiatief om Guus Hiddink terug te halen naar De Graafschap. Een actie onder de supporters heeft succes. Via de Achterhoek belandt Hiddink in Amerika, zijn eerste grote buitenlandse avontuur.

Het is alsof er een golf van opwinding door de streek trekt. De kranten weten het zeker: Guus wil terug! En Guus moet terug. Trainer Piet de Visser is direct enthousiast. Hij realiseert zich dat De Graafschap een sturende kracht op het middenveld nodig heeft om ooit het grote doel, promotie naar de eredivisie, in zicht te krijgen.
De Visser bedenkt de actie 'Een tientje voor Guus'. Op zijn initiatief mobiliseert de Club van Honderd alle supporters om Hiddinks terugkeer mogelijk te maken. Er worden pamfletten uitgedeeld en de regionale pers ondersteunt de actie van harte. Als de terugkeer van Hiddink een feit is, volgt in het clubblad van De Graafschap een eerbetoon aan de speler.

"Wij hebben hem weer terug, onze Guus. Er is de laatste maanden al zoveel over 'onze Kromme' geschreven, dat elk commentaar overbodig is. Maar Guus verdient een passende begroeting in ons eigen Graafschap-medium. Moeten wij zijn waarde voor De Graafschap nog in details beschrijven? Ja, omdat het als muziek in de oren klinkt: hij beschikt over eigenschappen die bij veel spelers op eerste divisie-niveau zoek zijn. Hij zal nooit een werkpaard worden, heeft echter vaak genoeg bewezen dat hij in de strijd voorop kan gaan. De hem aangeboren voetbalintelligentie geeft hem het vermogen om een team op sleeptouw te nemen, het spel te bepalen, de bal met effect en veel gevoel van grote afstand in het juiste vak van het veld te plaatsen. Hij is een meester in het vertragen en -dat hoort er ook bij- intimideren. Begiftigd met een hard en zuiver schot kan hij ook scoren en hij is bovendien op bijna alle plaatsen in het team inzetbaar. Met hem gaat De Graafschap ongetwijfeld promoveren naar de eredivisie en wordt onze droom werkelijkheid."

Hiddink zelf is niet zo gelukkig met de tientjesactie. "Het gaf een ambivalent gevoel. Van een grote club terug naar je oude club is natuurlijk nooit een overwinning. De affectie van de supporters was mooi, maar ik was er ook

Wij willen GUUS HIDDINK terug!!

„Een tientje voor GUUS"

Guus Hiddink wil graag terug naar Doetinchem. Het GRAAFSCHAP-BESTUUR wil Guus kontrakteren, maar mist een deel van de kontanten om de gevraagde transfersom te kunnen betalen.
Dit zijn de feiten.

Heeft U als supporter niet altijd op de terugkeer van Guus gehoopt ?

De Club van Honderd wil de trouwe supportersschare mobiliseren om binnen 8 dagen het ontbrekende bedrag bij elkaar te krijgen. 3000 tientjes of *f*. 30.000,-- hebben wij nodig.

Wie één of meer tientjes stort, ontvangt van ons als attentie een foto met handtekening van Guus Hiddink.

MOCHT DE TRANSFER VAN GUUS HIDDINK NAAR DE GRAAFSCHAP NIET DOORGAAN, DAN WORDT UW BIJDRAGE TERUGBETAALD.

Bijdragen kunt U storten bij de voorverkoopadressen van De Graafschap:
Braam - Churchill - Dimmedaal - Kooy - Matador - Sportparkrestaurant.

Bij onderstaande banken kunt U ook Uw bijdrage storten:
ALGEMENE BANK NEDERLAND, AMRO BANK, NED. CREDIETBANK, NED. MIDDENSTANDSBANK, RAIFFEISENBANK EN GEMEENTE SPAARBANK DOETINCHEM, onder vermelding van: "een tientje voor Guus".

WIJ WILLEN GUUS HIDDINK TERUG! U OOK

Deze actie wordt gevoerd door de Stichting "Club van Honderd",
Secretariaat: N.W.M. Bothof, p/a Auto Palace, Doetinchem, tel. 24544

een beetje huiverig voor. Niet uit arrogantie, want ik vond het prachtig dat de mensen op hun klompen dat allemaal deden. Ik wilde alleen geen bezit worden van de mensen. Ik ben sowieso wars van adoratie. Omdat het snel overgaat in blinde adoratie, alsof er geen vlekjes meer aan je zitten. Ik ken dat gevoel zelf amper. Ik heb het alleen met Nelson Mandela. Dan denk ik wel: verdómme, wat moet die man een karakter hebben. Hij is zó lang in een gevangenis gezet, heeft zoveel jaren op Robbeneiland gezeten, en dan toch zo ongebroken en blijkbaar of schijnbaar zonder rancune opstaan... Dat staat boven de hoogste menselijke maat. Dan ben je superieur aan de mensen die je dat aangedaan hebben. Maar dat is niet eenvoudig, zo omgaan met mensen die een deel van je leven hebben weggevaagd."

"Als adoratie mij ten deel valt, zoals in Zuid-Korea, probeer ik dat beschouwend te beoordelen. In die situatie begreep ik het wel, omdat het voortkwam uit een gevoel van onderdrukking. Dan stimuleren mensen elkaar ook snel in dat gedrag. Omdat ik er een onderdeel van ben, vind ik ook dat je je eraan moet overgeven, maar uiteindelijk kijk ik er ook met een glimlach naar. Geen superieure glimlach, maar wel een beetje van de buitenkant."

Bij De Graafschap komt in het eerste volledige seizoen (1972/'73) het mooie en onverwachte succes. Onder De Visser ondergaat het team opnieuw een verjongingskuur. Zo worden René Hiddink (zestien) en Karel Hiddink (vijftien) aan de selectie toegevoegd. Aan de hand van de oudste Hiddink pakt De Graafschap in december de tweede periodetitel door favoriet (en latere kampioen) Roda JC met 2-1 te verslaan.

Behalve complimenten krijgt Hiddink ook kritiek op zijn spel. *Voetbal International* schrijft na de wedstrijd tegen Roda JC: "Coen Poulus en Ger Veerman waren de onbetwiste uitblinkers in de Graafschap-ploeg. Knokkend voor elke meter kostbare middenveldgrond. Hetgeen betekent dat zij tevens in dienst van Guus Hiddink spelen. Want de voormalige PSV'er verdedigt nog altijd ongaarne en slecht. Het lijkt zelfs of hij nog minder dan vroeger is gaan meeverdedigen."

Hiddink speelt die dag met een zware blessure. Op 4 januari wordt hij opgenomen om een meniscusoperatie te ondergaan. In de nacompetitie haalt Hiddink zijn oude niveau. Hoewel De Graafschap begint met een gelijkspel (tegen PEC Zwolle) en een nederlaag (bij Volendam) blijft De Visser geloven in het wonder. Na de dubbele confrontatie met Wageningen, goed voor twee overwinningen, kan De Graafschap thuis tegen Volendam de koppositie overnemen. Uit een pass van 'de excellerende Guus Hiddink' (zo staat te lezen in het jubileumboek van De Graafschap) zorgt Deijkers voor de enige treffer. Enkele dagen later volgt de promotie, na een 2-4 overwinning bij PEC Zwolle.

Hiddink: "De Graafschap haalde voor het eerst de eredivisie, dat was werkelijk een mijlpaal van jewelste. Hoewel de club een van de grondleggers was van het betaald voetbal, speelde men altijd op een lager niveau. Die promotie was heel belangrijk en waardevol voor het zelfbewustzijn van de mensen in de regio."

"Nee, er was geen enkel minderwaardigheidscomplex. Integendeel, zelfs. Bij de mensen in de Achterhoek zit juist een onderhuidse kracht van: wacht even stadse jongetjes, hier gaan wij er met de bezem doorheen. Soms kijken ze dwars door je heen. In een boerenstreek wordt natuurlijk altijd gereageerd op de stad. Zo van: kom maar, dan gaan we vechten. Ons voetbal was daarvan een uiting. Ingaan tegen de heersende orde. Bennie Jolink is daar ook een mooie exponent van. De Achterhoeker wil wars zijn van humbug en alles wat naar tierelantijntjes neigt. Dikdoenerij halen ze eraf. Dan komt de botte bijl. Net als bij de Friezen. Het spreekt me aan."

"Ik heb nog altijd een grote emotionele binding met de streek en voel me ertoe aangetrokken. Ik heb het ook nodig om er af en toe terug te keren. Ergens een hapje eten, het café in duiken met mijn oude maten daar of een balletje slaan. Daarvoor probeer ik de donderdagmiddag altijd vrij te houden. Dan gaat er een streep door de agenda. We zijn meestal met zijn vijven, waarvan drie Hiddinks - geen familie overigens. Ben Hiddink runt Café Jansen in Doetinchem. Pieter-Jan is hotelier geweest en leeft van zijn centjes. Verder Frank Elfers, een antiquair die ook uit Doetinchem komt, en Mark van Ditshuizen, een jongen die in Zeddam een grote zaak in bouwmaterialen heeft gehad en nu in de makelaardij zit. Ik ken die jongens al vanaf mijn twintigste. Frankie zelfs al langer."

"Ik heb die mensen nodig. Om gewoon simpel te gaan zitten en dom voor ons uit te 'kieken'. Met hen kan ik alles delen en daar kun je alles zeggen. Er is geen enkel gevoel van: die heeft succes gehad. Ze weten ook allemaal dat ik moeilijke periodes heb gekend. We weten bijna alles van elkaar. Kennen elkaar tot in den treure en maken daar danig misbruik van."

"Met deze mensen, héél belangrijk, speel ik eens per jaar een golftoernooi om het Groene Jasje. Dan gaan we naar Zuid-Frankrijk, daar huren we een huis, we koken zelf en steken een kampvuurtje aan. Heerlijk. Vergaderingen beleggen, beetje zwemmen. Als kinderen. Zware gesprekken over een balletje *out of bounds*. En het strenge toezicht op de reglementen, natuurlijk. Echt super."

Hiddinks betekenis voor De Graafschap wordt in het jaar 2000 op grote schaal erkend door de supporters. "Ik ben toen gekozen tot Graafschapper van de eeuw. Ik ben heel dankbaar dat ik dat mag zijn. Ik vind het echt mooi, dat ik een bepaalde impact hebt gehad voor die streek."

"Bij mijn terugkeer in 1971 voelde ik een grote verantwoordelijkheid voor de club. Ik kon niet falen. Mocht niet falen. Als het dan goed gaat, zijn alle ogen op Kwatta gericht. Maar loopt het mis, dan krijg je ook meteen alles op je boterham. Dat

kan mij persoonlijk weinig schelen. Je hebt een bepaalde rol en daarvan moet je de consequenties accepteren. Ik kende mijn minpunten en had jongens nodig, naast me, die veel minder aandacht kregen. Verdedigen kon ik niet. Als iemand één op één op me afkwam, wist ik echt niet wat te doen. Ik probeerde nog wel positioneel te verdedigen door ze naar mijn linkerbeen te dwingen, maar over mijn rechterbeen kon je gewoon oversteken. Dan had je geen enkele weerstand te verwachten."
"Ik kon me goed meten op dat niveau. Ik kwam ook bij een groep van de laatste veertig voor het WK van '74. Ik zat toen in mijn sterkste periode. En De Graafschap was een onneembare vesting, in die tijd. De Vijverberg was altijd moeilijk, zo werd dat beleefd. De grote clubs hádden ook vaak problemen, al verloor je dan wel gewoon tegen Haarlem."
Op het veld is Hiddink de dragende speler. De legendarische wedstrijd tegen Ajax, met Suurbier, Krol, Haan, de beide Mührens, Neeskens, Mulder en Keizer, levert in april 1974 een 1-0 overwinning op. VI kopt: 'Hiddink kluistert Neeskens'.
Nog meer sensatie is er in de wedstrijd tegen Feyenoord. De aanstaande kampioen komt snel op een 0-3 voorsprong, maar dan gaat het stormen op de Vijverberg en scoort De Graafschap vier keer. Hiddink overtroeft international Wim Jansen. Het duel kent een bizar einde: Feyenoord wint uiteindelijk met 5-7. Het is de meest beschreven wedstrijd uit de geschiedenis van De Graafschap. Het team krijgt ondanks de nederlaag een staande ovatie.

In mei 1974 wil Hiddink onder zijn nog een jaar doorlopende contract uit. Hij vraagt zich af: 'wat zegt zo'n contract tegenwoordig nog?' Sparta, Go Ahead Eagles, FC Utrecht en NEC tonen interesse. Hiddink noemt De Graafschap 'te amateuristisch'. De club werkt met louter semi-profs. "Er wordt roofbouw gepleegd op de spelers", vindt hij. De Graafschap laat hem echter niet gaan.
Als De Visser vertrekt, en Theunissen terugkeert op de Vijverberg, ontstaat er steeds meer onvrede bij Hiddink. Die onvrede escaleert op 19 juli 1975, tijdens een trainingskamp in Zweden. Bij het ontbijt meldt voorzitter Jansen Venneboer dat Hiddink niet meer welkom is bij de club. Als redenen noemt hij kortweg: negatieve houding, onvoldoende inzet, bederven van sfeer.
Aanleiding is de flirt van Hiddink met RC Strasbourg. In Zweden vormt de nederlaag tegen IFK Göteborg (5-1) de druppel. Hiddink wordt een dag later op het vliegtuig gezet. "Ik voel me als een jongetje dat door de juffrouw in de hoek is gezet", zegt hij in 1975. "Ik vergat de heren bestuurders in de auto goeiedag te zeggen. Fout natuurlijk, ik had ze kennelijk officieel moeten begroeten, daar zijn deze heren gevoelig voor. Maar moet je daarom nou naar huis gestuurd worden?"

Dertig jaar later zegt hij: "Ik vond hun houding heel vervelend. Het bestuur van De Graafschap wilde niet eens práten met Strasbourg. Ik vond zelf, maar ik was gekleurd, dat ik weg moest kunnen. Toen ben ik weggestuurd. Ik was uiteraard bezig met lijdelijk verzet. Die nederlaag tegen Göteborg werd op mijn conto geschreven, misschien ook wel terecht. Ik was niet de meest inspirerende kracht op dat moment."
Hiddink blijft echter de discussie aangaan met trainer Theunissen. Als hij tijdens de thuiswedstrijd tegen FC Amsterdam gewisseld wordt, gooit hij verontwaardigd zijn aanvoerdersband naar de dug-out. "Dat was wel over-demonstratief." Ook bemoeit hij zich met diens trainingsvormen. "Nadat een oefening tien keer mislukt was, stapte ik naar hem toe om hem dat te vertellen."
"Een beetje betweterig was het", zegt hij nu. "Eigenlijk vraag ik op zo'n moment: geef me ongenadig op mijn kloten. Hij had me moeten knevelen. Achteraf denk ik dat ik daar heel onaangenaam was. Ik werd pissig vanwege de kortzichtigheid. Koppig. Dan ga ik subversief doen. Beetje zuigen en zo. Geef ik de zaak een explosieve lading met een opmerking. Ik kon wel dwars zijn. Bokkig. Als ik tegen bekrompenheid aan loop, word ik vervelend. Dat heb ik nog wel. Ik vond het ook niet erg dat ik werd weggestuurd."

Hoewel manager Joop van der Klink de aan Hiddink opgelegde boete later intrekt ("zo was Joop, een vlotte westerse manager die wel wat met mij had") en het contract 'gewoon' wordt verlengd, is de relatie met de club bekoeld. Als De Graafschap in 1977 degradeert, benadert trainer Hans Croon hem. Of hij ervoor voelt om zijn loopbaan bij NEC voort te zetten. Hiddink is dertig jaar en kan in Nijmegen de opvolger worden van spelverdeler Jan Peters, die naar AZ'67 vertrekt. "Ik kreeg een chique rol bij NEC, werd de nummer tien op het middenveld, de man waar alles om draaide. Voor De Graafschap was het geen punt dat ik weg wilde. Ze moesten afslanken. Mijn populariteit was ook wel tanende door dat verkeerde gedrag van mij."
Croon, die geldt als de intellectueel van het trainerskorps, baart wel opzien bij Hiddink. "Hij kwam net van Anderlecht, waarmee-ie de Europacup voor bekerwinnaars had gewonnen. Croon was een heel bijzondere man. Met zijn witte boordje. Als we tussen de middag overbleven om te rusten, ging Croon schaken. Met Hans Posthumus, onze spits. Dat was in de voetbalwereld van een andere orde. Ik vond dat heel apart. Croon zocht het in het superintellectuele. Hij zei vaak: 'wij in Nederland zitten kankerend in het paradijs.'"
"We hadden bij NEC een goeie ploeg. Met Pleun Strik, Sije Visser, Dries Visser, Hans Posthumus, Frans Janssen, Nico Vreeken, Toontje Willemse, Eus Marijnissen. En

die mooie aparte spits Ronald Hendriks. Op een gegeven moment stonden we vlak onder PSV op de tweede plek: na acht wedstrijden hadden we veertien punten."
De ploeg die aanvankelijk de revelatie van het seizoen lijkt te worden, eindigt uiteindelijk als nummer vijftien, zoals steeds in de jaren dat Hiddink er speelt. In april 1978 wordt Hiddink gebeld door Co Prins, ex-prof van onder meer Ajax en inmiddels spelersmakelaar. "Of ik naar Amerika wilde komen. Tja. Ik wilde dolgraag, een paar maanden. Ik kon bij NEC van de rol af en heb heel impulsief 'ja' gezegd. Ik wilde iets nieuws, iets anders. Ik had Amerika nooit beleefd, ik wist niet wat het was en wilde het meemaken. Toen Prins belde, verbleef mijn vrouw met een vriendin in Parijs. Op de dag dat ze thuiskwam had ik mijn koffers al gepakt. Ik ben gegaan, mijn gezin kwam later na."
"Ik belandde in Washington, bij de Diplomats. We speelden in het RFK Stadium. De Diplomats zagen er onberispelijk uit. Witte shirts, witte broeken, sokjes wit, schoentjes wit. Stond prachtig. Perfect. Als Real Madrid."
"Financieel was het niet interessant. Ik verdiende daar normaal, hetzelfde als bij NEC. Misschien iets van twintigduizend dollar voor vijf maanden. Ik denk dat Co Prins er nog het beste aan verdiend heeft.

"Ik vond het echt geweldig daar, allemaal. Iedereen die in Europa een beetje *over the hill* was ging naar Amerika. Jansen, Van Hanegem, Cruijff, Best, Beckenbauer, Chinaglia, Müller, Neeskens – zo kan ik nog een tijdje doorgaan. Het niveau was oké. De buitenspelregel gold alleen in de laatste dertig meter van het veld. Op het middenveld had je heel veel ruimte, maar je moest ook enorme afstanden overbruggen. We speelden vaak twee wedstrijden per week; ik ben nooit zo fit en slank geweest als toen."
"Je voetbalde in het hele land. Dan gingen we van Washington naar Florida en speelden we drie uitwedstrijden achter elkaar: Tampa Bay, Orlando en Fort Lauderdale. Daar speelde Van Beveren. En Cubillas, die met Peru op het WK van '78 uitblinker was. Met hem had ik later nog contact, rond de transfer van Farfán naar PSV. Zo kreeg ik een enorm netwerk. Maar goed, voor een paar wedstrijden was je dus tien dagen weg. Lekker een beetje rondhangen aan de Golf van Mexico. Die clubs stopten je in de beste hotels. 's Morgens trainen en de rest van de dag had je vrij. Een beetje zwemmen, lekker lunchen waar je wilde. Kreeg je een budgetje mee. Prima."
"Washington Diplomats was een goede club. Bill Foulkes was trainer, hij was een van de spelers van Manchester United die in 1958 de vliegramp had overleefd. Een echte prof, zeer Engels, ook in zijn humor. Een jaar later ging ik naar de San Jose Earthquakes. Daar speelde ik samen met George Best. Ja, gewéldig."

"California is *the land of plenty*. Alles was grootser. Ik kreeg een mooie Amerikaanse slee van de club. Een rode Ford Mustang met een lange neus. Als je dan door San Francisco reed, zag je soms niet waar je op af ging. Op Fisherman's Wharf was ik graag. Daar waar alle gekken en weirdo's rondlopen. Straattheater kijken. Het was een stad die qua vrijheid overeenkwam met Amsterdam. Dat vond ik mooi."
"De dichtstbijzijnde uitwedstrijd was op één uur vliegen. Na de uitbarsting van de vulkaan Mount St. Helens mocht er boven de westcoast niet gevlogen worden. Toen gingen we met de bus; een reis van twintig uur, dwars door de Rocky Mountains. Van een Amerikaanse speler had ik een bandje gekregen van Bob Seger and the Silver Bullit Band. Terwijl het lied 'Against the Wind' door m'n koptelefoon klonk, keek ik door het raam naar een wereld die mooier en imposanter leek dan ik ooit had gezien. Voor mijn gevoel ben ik in die periode ook meer naar buiten gericht geworden. De oogkleppen gingen wat meer open. Ik kwam uit het kleine Nederland, was nog nooit buiten de grenzen geweest, en raakte ineens vertrouwd met andere culturen. Wij hadden enorm veel spelers uit zeer verschillende landen. Joegoslaven, Britten, Italianen, Zuid-Amerikanen – een hele mooie mix van culturen. Wat nu in elke club normaal is, maakte ik daar voor het eerst mee."

"Het vervelende bij San Jose vond ik wel dat ik rugnummer 4 droeg. Dat vind ik niks. Net als 6. Zeer vernederend. Het is zo... vóórstoppertje, vier. Ik wilde 10 hebben. Maar ja, de nummers waren al vergeven toen ik kwam. En George had natuurlijk 10. Dat moet ik ook meteen mijn mond houden. Maar dan hoef ik nog niet gelijk 4 te hebben!"
Ach, George... "George zat daar in een goede fase van zijn leven. We woonden in hetzelfde appartementencomplex en hij werkte veel in de gym. Ik was nog een tijdje *roommate* van hem. Heel apart was dat. George zat in zijn sobere periode. Hij was geliefd bij alles en iedereen. En dan moest-ie nog wel eens iemand afwimpelen. Maar eigenlijk was het een serieuze jongen die vaak goede boeken las. Hij is één keer doorgezakt, in zijn bar Besties in Los Angeles. Toen miste hij een wedstrijd. Een kwartier voor tijd belde hij naar de kleedkamer. Dat-ie niet kwam."
"Op het veld was het simpel met George: inleveren bij hem. Hij bleef een beetje hangen tussen de middenlijn en die buitenspellijn. Hij zei: '*Give it to me*'. En dat deed ik ook. Terwijl ik zelf gewend was te zeggen: geef míj maar. Toch voelde het totaal goed om hem die bal te geven. Dan gebeurde er wat. Echt mooi. Heerlijk om in zijn dienst te spelen. Grote voetballer. Hoort bij de allerbesten die er geweest zijn. Top-10. Vraag Willy van de Kerkhof maar. Als er één een bal kon afpakken, was Willy het wel. Daarom wilde Cruijff hem ook bij het Nederlands

elftal hebben. Maar tegen George had Willy niets in te brengen. Hij is nu nog hoorndol van George Best. Jammer dat hij nooit een WK kon spelen."
"Ik heb George leren kennen als een heel aangename, rustige man. 'Verlegen' is niet het goede woord. 'Terughoudend' ook niet. *Humble*, zoals de Engelsen zeggen, dat past hem beter. Als hij arrogant zou zijn geweest, ga je daar als medespeler niet goed mee om. Dan ga je hem toch iets verkeerd aanspelen. Geef je die bal net op kniehoogte. Om die arrogantie eraf te spelen. Maar dat was bij hem totaal niet aan de orde. Het enige waar je een kanttekening bij kunt plaatsen is de manier waarop hij in de laatste fase van zijn leven is omgegaan met de lever die hij na een transplantatie kreeg. Hij bleef maar doorgaan met drinken en dat is niet respectvol, vind ik. Hij kreeg die lever om zijn leven weer op te pakken en heeft dat niet gekund of gedaan."

Tussen beide Amerikaanse avonturen door speelt Hiddink weer enkele maanden voor NEC. Een kleine erfenis neemt hij mee. "Die witte schoenen zaten zo lekker dat ik ze aanhield. Daar kwam veel kritiek op. Nederland liep nog keurig in het rijtje. Je droeg zwarte schoenen, niet zeuren. Die witte zaten lekker, maar ik deed het ook wel om een beetje te provoceren. Een beetje veel, misschien wel. Het waren Adidas-schoenen, met twee blauwe strepen en één rode. Als het goed is, heb ik ze nog ergens. Toen ik trainer was van PSV zag ik spelers soms wel denken: hij zal het wel niet goedvinden als ik op gekleurde schoenen kom. Ja, jongens, denk ik dan, jullie kunnen me zo om de oren slaan. Want ik was de eerste."
"Als je op zulke schoenen speelt, weet je dat je af en toe een flinke schop krijgt. Maar vooral de buitenwereld reageerde, de journalistiek met name. Na een slechte wedstrijd kreeg je meteen een tik over je neus, hahaha. Maakt niet zoveel uit. Waarom zou ik iets moeten doen wat een ander mij opdringt? Dat wilde ik niet. Maar dan moet je ook de klappen kunnen ontvangen als je een keer verliest. Want bij NEC win je niet elke wedstrijd. Zeker niet."
"Op een gegeven moment was het afgelopen. Ga je weer in het harnas. Ik ben niet recalcitrant, maar ergens heb ik wel de behoefte om speels te prikken. Zeker omdat het voetbal een gedeelte van de maatschappij is, waarin je af en toe een knipoog moet uitdelen. Voetbal is belangrijk voor me, maar het gaat niet over de Sahel. Het is goed als we al die belangrijke mensen – bestuurders, spelers, journalisten, jezelf - wat relativeren. Als je zoiets zegt of laat blijken, denken anderen weer dat je niet fanatiek genoeg bent, maar dat heeft niets met elkaar te maken."
Roem kan karakters vervormen, stelt Hiddink. "Ik stel het altijd zeer op prijs als mensen zichzelf kunnen 'zien' en daar een dosis zelfspot overheen gooien. Vaak zie je dat terug bij cabaretiers. Dolf Jansen bijvoorbeeld kan zichzelf geweldig

tegen het licht houden en verdwalen. Hij komt dan uit bij een heel simpele vraag: wie ben ik nou eigenlijk? Dat kan ik wel waarderen. Hij is ook zó supersnel in denken. Doorgronden. Denken in waarden."
"Het gevaar van vervorming ligt bij iedereen op de loer. Waarom zou ik een uitzondering zijn? Daarom zijn sabbaticals van een half jaar of zo heel erg goed voor je. Ik ben eigenlijk zo gefocust op titels dat het soms heel moeilijk is om daarvan los te komen. Als je dat voelt, dan moét je even van de bühne af. Is het mooi geweest. Even een poosje wegwezen. Dat valt niet mee. Het is niet gemakkelijk hoor, om weg te lopen van hetgeen je zo lief is."

In zijn loopbaan heeft Hiddink altijd geprobeerd periodes in te bouwen dat hij even 'weg' was. "Dat is de les geweest van Amerika. Eigenlijk had ik toen mijn loopbaan moeten afsluiten, maar NEC wilde me weer terug hebben. NEC stond behoorlijk stevig onderaan en mijn eerste wedstrijd was thuis tegen PSV. We wonnen gelijk met 2-0. Een week later moesten we naar MVV, weer 2-0 winst. Vervolgens FC Den Haag: wéér winst. Uiteindelijk is NEC in de eredivisie gebleven. Daar was ik bijzonder trots op, moet ik zeggen. Maar het lichamelijk verval was toch voelbaar. Ik werd vervelend, pakte onnodige gele kaarten."
"Als dingen me niet zinden, werd ik soms zeer onaangenaam. En ik kon dat onaangename niet goed omzetten in rendement. Na een nederlaag was ik drie dagen absoluut niet te genieten. Alsof ik in een cocon zat. Ik wilde niet dat mensen op maandag of dinsdag tegen me praatten. Wij verloren vrij vaak, dus dat was heel vervelend voor de mensen om me heen. Ik kon niet gemakkelijk over verlies heen stappen. Ik had toch de drang om de beste te zijn. Maar ja, fysiek en karakterologisch heeft ieder mens zijn beperkingen. Ik wel, tenminste. En dan loop je wel eens tegen een frustratie aan. Daar werd ik superchagrijnig van. Heel egocentrisch. Achteraf denk ik: wat was jij een lamzak voor je omgeving."
Het volgende seizoen wordt Pim van der Meent trainer. "Die zei: 'Wij gaan een streep door jou trekken.' Dat deed hartstikke veel pijn, potverdomme nou! Ik wilde doorspelen, mijn eigen lot bepalen. Maar dat kan niet. Als je liefhebber bent, wil je altijd maar door. Een ander moet je daarbij helpen. Natuurlijk had Pim gelijk. Toen niet, voor mijn gevoel, maar al vrij snel daarna wel. Omdat De Graafschap weer een beroep op me deed, heb ik daar nog twee seizoenen gespeeld."
"Als ik terugkijk op mijn loopbaan als speler zeg ik: ik heb nooit spijt gehad van de beslissingen die ik gemaakt heb. Ik wilde altijd spelen, heel graag spelen. Daarom ben ik weggegaan bij PSV. Ik heb een rijke loopbaan gekend. Niet top van Nederland, maar net daaronder. De carrière van een echte liefhebber. Zo beleefde ik het toen. Prof zijn was fantastisch, maar ik was vooral liefhebber. Die vijftien

jaar heeft me geen geld opgeleverd. Ik moest dingen erbij doen. Met alle plezier. Maar toen ik in 1983 stopte met voetballen, moest ik gewoon weer aan de slag."

De dingen die Hiddink 'erbij doet' blijken later zeer vormend te zijn voor zijn carrière als toptrainer. Al in 1973 gaat hij in de avonduren de cursus lichamelijke opvoeding Akte J volgen. "Ik moest wel werken, het was een soort overleving. Bij De Graafschap verdiende ik misschien tweeduizend gulden per maand en daar ging je afdracht voor het pensioenfonds CFK nog van af. Daar kon je geen gezin van onderhouden. Door die studie kon ik lesgeven op lagere scholen. Op de Beatrixschool in Doetinchem werkte ik met moeilijk lerende kinderen. Dat waren lange dagen. Om acht uur begon je eerste les. Dat ging door tot twee uur. Dan trainen bij De Graafschap, later bij NEC, en 's avonds om een uur of negen weer thuis. En dat vijf dagen in de week. Plus je wedstrijd in het weekend."
"Mijn leerlingen varieerden in leeftijd van twaalf tot negentien jaar. Het waren kinderen uit wat je noemt de moeilijke milieus, kleine crimineeltjes soms. Een keiharde wereld waarin kinderen bijna dagelijks moeten vechten om overeind te blijven en zich vrijwel altijd redden. Ik heb daar met enorm veel plezier tien jaar gewerkt en er ook heel erg veel geleerd. Je inlevingsvermogen in andermans omstandigheden groeit met de dag. Dat soort arbeid kun je heel goed vertalen naar het omgaan met fullprofs. Het gaat er op school niet om of je ze na een half jaar met basketbal pressing kunt laten spelen, maar wel of je hen kunt activeren, weerbaarder maken, een bepaalde instelling kunt bijbrengen. Net als in het voetbal werk je aan een bepaalde mentale conditie, een verdere groei naar volwassenheid."
Hiddink maakt er zware jaren door. "Vooral die eerste periode op school hakte er wel in. Als jong gympikkie stond ik in het begin toch even mooi te kijken. Ze piesten bij wijze van spreken tegen mijn poten aan. Ik herinner me een leerling, Theo Radstake. Ik kan hem nu zó voor de geest halen. Hij was veertien, vijftien jaar oud. We speelden basketbal en ik probeerde een spelsituatie duidelijk te maken, waarbij hij niet rechtstreeks kon passen. Ik zei: 'Theo, die pass deugt niet, er is een betere oplossing.' Waarop Theo heel gevat zei: 'Meneer, waarom dacht u dat ik op deze school zit?' Dat vergeet ik nooit meer. Die ene opmerking leerde mij zoveel over het hanteren van een ander perspectief. Ik was dat niet gewend, het voetbal is toch vrij eenduidig. Theo zei mij eigenlijk: we wéten dat we op een aparte school zitten omdat we moeilijk leren. Ze weten ook dat ze worden gezien als debielen, als halve gekken, als mensen die niet toerekeningsvatbaar zijn. Dat voelen ze."
"Er was nog zo'n jongen, een rooie. Henkie Epskamp, ik weet de naam nog. Henkie

kwam uit Terborg. Met twaalf jaar al brommers rijden, vaak de politie erachteraan. Zo'n type. Ik stuurde Henkie een keer uit de les. Nog geen dertig seconden later stond hij met een enorm mes voor mijn neus. Ik denk: verdomme, nou zul je het hebben. Hij zegt: 'Ik s-t-t-teek, ik st-teek, ik steek, ik steek je banden lek.' Dus ik zei: 'Dan moet je buiten wezen, daar staat mijn auto.' Ja, dan maar die banden, dacht ik. Tien minuten later was hij terug. Hij had zo ver moeten lopen dat-ie al was afgekoeld. Maar ze kunnen zó in een drift raken, dan moet je ze echt in een dwangbuis doen. Omdat ik zelf nog sterk was, kon ík die dwangbuis zijn. Dan voel je dat hele lichaam sidderen. Tot de spanning langzaam wegvloeit en je ze kunt loslaten om weer te gaan spelen."

De jaren als gymnastiekleraar veranderen zijn visie op lesgeven. "Ik ging veel meer de waarde van sport begrijpen. Die fase hielp me om mensen snel te leren doorgronden. Door Theo en Henkie en al die anderen besefte ik hoe puur het gedrag van deze kinderen is. En dat sport vaak een perfecte manier is om karakters te leren kennen. Ik zie het ook op trainingen met profs. Als je partijen op het scherp van de snede speelt, dan zie je wie slim is, wie doorzettingsvermogen heeft, wie bereid is om wat voor een ander te doen. Maar ook valsheid zie je. Alle positieve en negatieve eigenschappen van een mens worden geëtaleerd als de rede, de controle een beetje wegvalt. In de kern is er dan geen verschil tussen die kinderen van toen en de profs waarmee ik nu werk. Aan de top heb je alleen te maken met externe zaken die invloed hebben."

Hiddink ontwikkelt een groot verantwoordelijkheidsgevoel. "De ouders die vaak met een pot bier in de hand naar het voetballen stonden te kijken, waren voor die kinderen best streng. Die zeiden gerust: 'Als die van mij lastig is, dan sla je 'm maar vast tussen het wandrek.' Ik heb dat ook wel gedaan, hoor. Schoppen en slaan, dat kon nog. Iemand een hengst geven, daarvoor werd je niet voor de rechter gedaagd."

"Kinderen willen het liefst puur fysiek bezig zijn. Ik gaf altijd veel levensvormen. Heel simpel: lopen, springen, draaien, klimmen, rollen, vallen. En trefbal. Meteen als ze binnen kwamen. Omdat er zoveel energie in die kinderen zat, die moest eruit. Trefbal zonder beperkingen. Niet zeggen: 'je moet vijf meter afstand nemen' of 'je mag niet op de kop gooien.' Zulke beperkingen hebben geen zin, want als ze in een drift raken, denken ze niet na over hoe en waar ze gooien. De kwetsbaren hield ik wel bij me, die schermde ik wat af, maar die jongens gooiden elkaar bijna letterlijk tussen het wandrek."

"Wat ik deed was in zekere zin pedagogisch totaal onverantwoord. Maar wel mooi, omdat je veel sneller tot de kern kwam. Andere leraren zochten me vaak op; de onhandelbare leerlingen bespreken. Jantje is zo moeilijk of zo dom of zo dit of dat. Vaak had ik een heel ander karakterbeeld van zo'n jongen of meisje. Dan zei ik: 'Kom nou eens kijken in de gymzaal, misschien krijg je een ander beeld.' En dat gebeurde ook. Omdat ze in een emotionele sportsituatie helemaal zichzelf waren. Die is de minst gemaakte, de meest echte. Zeker bij deze kinderen. Als je op de havo lesgeeft, heb je vaak te maken met leerlingen die relativeren. Zij niet."

Tien jaar lang geeft Hiddink les aan de Beatrixschool in Doetinchem. Op zijn 36ste stopt hij ermee. "Het was een mooie tijd, maar dat leven hou je niet vol. Omdat het heel fysiek is. Kinderen die moeten kastspringen, komen wel eens een halve meter te kort of ze vliegen eroverheen. Dan moet je ze opvangen. En je hebt er ook lomperds bij van negentig kilo. In dat vak moet je continu alert zijn. Je wordt altijd aangesproken op je verantwoordelijkheid voor anderen en je kunt anderen, zeker deze mensen, niet altijd aanspreken op hún gedrag. Elk moment kan het ontploffen. En ontploffen is dan ook echt ontploffen. Fysiek was het enorm zwaar. Dat slaat terug op je mentale kracht."
"Hoe boeiend ook, ik wilde niet tot mijn zestigste kerels van honderd kilo blijven opvangen bij het kastspringen. De zekerheid beangstigde me. Nog twintig jaar hetzelfde leventje? De tredmolen, de routine, je maandelijkse inkomen? Dat is toch het leven niet? Ik wil niet hoogdravend doen of een waardeoordeel uitspreken, veel mensen vinden het prima zo, maar ik niet. Ik kreeg de kans, of pakte die, om iets anders te gaan doen. Ik denk dat heel veel mensen die kans niet krijgen of pakken en gaan verzuren. Ik was bang dat ik zou gaan verzuren."
"Ik heb altijd de drang gehad om te vernieuwen. Te breken. Een ander hoofdstuk open te slaan. Ik was 36 jaar en zat in een cruciale fase in mijn leven. Ik wilde kijken waar mijn grenzen lagen. En daarvoor moet je toch in de prestatiesport zijn."

Hoofdstuk 5

Jeugdtrainer pakt de Europacup

In 1983 gaat Guus Hiddink bij PSV aan de slag als jeugd- en assistenttrainer. Gaandeweg krijgt hij steeds meer verantwoordelijkheid. Als technisch directeur Hans Kraay in maart 1987 opstapt bij PSV, wordt Hiddink hoofdtrainer. Veertien maanden later staat hij met de Europacup voor landskampioenen in handen.

Hiddink heeft er merkbaar moeite mee om het naar zijn zin te hebben als jeugdtrainer van PSV. "Het eerste halfjaar had ik geen leven. Ik vond het vreselijk. Ik wilde helemaal geen trainer zijn, ik wilde voetballen. Stoppen met voetballen heb ik ervaren als een beetje doodgaan. Als een amputatie. Ik sloot een periode af die zo geweldig mooi was; er kwam een enorme leegte over me."

"Dat eerste half jaar bij PSV was ik heel matig. Slecht. Ook richting de groep waarmee ik werkte. Het ging op een verkeerde automatische piloot. Mensen zullen echt niet gedacht hebben: wat loopt daar nou? Maar voor mezelf? God, god, god. Ik miste het toetje van het weekeinde. Die wedstrijd. Niet dat ik overspannen was of depressief, maar ik voerde voortdurend een gevecht met mezelf. Er is niets fijner dan zelf te voetballen, daar haalt geen trainersfunctie het bij. Na een half jaar werd dat gevoel minder, toen kreeg ik innerlijke rust."

PSV heeft hem gehaald op voorspraak van Jan Reker, de voormalige jeugdtrainer die in 1983 de opvolger wordt van hoofdcoach Thijs Libregts. Hiddink en Reker kennen elkaar op dat moment nauwelijks. "Ik was twee jaar lang bezig geweest als jeugd- en assistent-trainer van De Graafschap. Daarmee speelden we wel eens oefenwedstrijden tegen de jeugd van PSV. Ik vond het interessant om onze spelers te meten met die van een topclub. Zo hebben we een paar keer aan de Welschapsedijk wedstrijden georganiseerd. Die sloten wij meestal wel goed af. Vooral door onze manier van spelen. Dat gaf altijd kleine uitslagen. Een gelijkspel of een minimale nederlaag. Uitslagen die niet goed waren voor PSV. Zij moesten ons ploegje eigenlijk wegspelen met 6-0 of 7-0. Dat wij zo goed standhielden, sprak wel aan. Daaruit is contact ontstaan. Jan kende me verder nauwelijks, maar er was nog een plaatsje vrij bij PSV. Hij had een assistent nodig. Kom maar, zei-ie."

"PSV lag niet in de lijn der verwachtingen. Ik had daar verder geen relaties meer of zo. Maar PSV was natuurlijk wel een van de weinige clubs waar ik als jeugdtrainer de kost kon verdienen. De meeste clubs hadden geen fulltime jeugdtrainers. Ik zag PSV als een grote club. Een mooie kans."

Drie jaar lang is Hiddink werkzaam als assistent van Reker. Na de benoeming van Hans Kraay tot technisch directeur ontstaat er een driemanschap. In die periode is Hiddink zeer gewild bij andere clubs. Al tijdens zijn eerste jaar wordt hij door Roda JC benaderd om hoofdtrainer te worden. PSV houdt hem tegen en zal dat blijven doen. Kees Rijvers benadert Hiddink om bij FC Twente aan de slag te gaan. Ook manager Ad Zonderland van FC Den Bosch, zijn vroegere trainer bij De Graafschap, wil hem hebben. "Andere clubs hebben echt geen enkele kans om Hiddink aan zich te binden. Dat is een onmogelijkheid", zegt Kraay namens PSV.
Als Reker in 1986 naar VVV vertrekt, schuift Hiddink een plaatsje op: hij wordt nu volledig bij het eerste elftal betrokken. Hij moet het veldwerk gaan overnemen van Kraay. Hiddink is duidelijk meer dan een assistent. Hij leidt de trainingen en coacht het elftal tijdens de wedstrijden. "En samen maken we de opstelling", zegt hij in 1986. "Onze ideeën lopen daarbij parallel, wat niet zo verwonderlijk is als men bedenkt dat Kraay en ik samen verantwoordelijk zijn voor het aankoopbeleid. Het is dus niet zo dat ik zit opgescheept met het team van Kraay. Was dat wel het geval geweest, dan had ik het bestuur gezegd: zo kan ik niet werken."
Opmerkelijk in die tijd is zijn heldere visie op PSV. Enkele statements:
"Als PSV internationaal wil meetellen en domineren, heeft het twee kanjers van spitsen nodig."
"Als libero kan Ruud Gullit uitgroeien tot de beste van de wereld."
"Met balvaste jongens als Koeman, Thoresen, Vanenburg, Valke en Gerets moet wervelend voetbal mogelijk zijn."

De beginnende trainer Hiddink legt dan al een visie neer die in de loop der jaren nauwelijks zal veranderen. In de pers verklaart hij: "Van schreeuwen vanuit de dug-out hou ik niet. Ik heb ze meegemaakt, de trainers die elke actie in het veld verbaal begeleiden. Eerlijk gezegd werd ik er gek van. Dergelijke trainers proberen hun emotie af te reageren op de spelers. Ik heb ook trainers gekend die tijdens de rust allerlei geslachtsdelen door de kleedkamer gooiden. Dat werkt één keertje, maar na drie keer lach je erom. Als coach moet je in de rust nuchter en concreet organiseren of reorganiseren."
"Vanaf de kant kan ik nauwelijks invloed uitoefenen op het acute verloop van het duel. We proberen de spelers vooraf een goed concept en het juiste verantwoordelijkheidsgevoel mee te geven. Zij hebben daarbij een eigen inbreng. Iedereen wordt zo happy mogelijk gemaakt om het publiek optimale resultaten voor te schotelen. Maar wie gemakzuchtig dreigt te worden, krijgt de wind keihard van voren." Hiddink spiegelt zich op dat moment aan de filosofie waarmee bondscoach Rinus Michels bij het Nederlands elftal werkt. "De ideeën van Michels zijn

gebaseerd op realisme", zegt hij in 1986. "Wij Nederlanders kunnen niet zeggen: 'We zijn de Chinezen van Europa en hebben lak aan de andere spelstijlen in de wereld', want we hebben internationaal jaren de boot gemist. Michels predikt positief resultaatvoetbal met Oranje, wat tot successen moet leiden. Zijn die goede prestaties er weer, dan kan men misschien denken over een uitbouw naar een mooier schouwspel."
De jeugdopleiding is daarbij van wezenlijk belang, betoogt Hiddink. "Wij willen van Eindhoven een voetbalbolwerk gaan maken. Een plaats waar het voetbal als vak geleerd wordt. Een club als PSV moet volgens twee sporen werken. We zullen ons uiteraard moeten versterken met goede spelers, maar zelf ook aan de opleiding moeten werken." Hij pleit daarom voor de combinatie van een 'gewone school met een voetbalschool' voor spelers vanaf twaalf jaar.

De handelwijze die volgens Hiddink ook nu nog eigen is aan sommige geledingen van de club manifesteert zich halverwege de jaren tachtig al. "PSV is natuurlijk altijd een reactieve vereniging geweest. Reageren óp een situatie. Een beetje erachteraan lopen. Ik probeer proactief te zijn. Door iemand aan te geven wat-ie kan en waar-ie heen zou moeten. Toen ik zelf nog tegen PSV speelde, was de houding vaak: je moet ze aanpakken, dan gaan ze mauwen. De pers deed daar ook aan mee. 'Dat Brabantse clubje', zoiets. Toen ik trainer werd, was een van de eerste dingen die ik zei: niet zeiken. Als je wilt zeiken, dan zeik je maar op jezelf."
"In die periode, zo rond 1985, hing er een sfeer van klagen. Ten opzichte van de buitenwereld, het westen vooral. Scheidsrechters waren altijd tegen, de pers was op de hand van Ajax en Feyenoord – er heerste echt een calimerogevoel. Ik weet nog dat we voor de Europacup een keer tegen Bayern München lootten in de eerste ronde. Daarvan werd meteen gezegd dat wij pech hadden en dat Ajax het allemaal nog maar had moeten bewijzen als het meteen ook zo'n kanon had geloot. Die kinnesinne. PSV had de ambitie om de Europese top te halen; dan dien je ook in staat te zijn om in de eerste ronde met Bayern af te rekenen. Klaar. Soms bespeur ik het nog wel in Eindhoven, dat calimerogevoel. Zij zijn groot en ik ben klein. Niet in de groep zelf, maar meer bij wat daar dienstverlenend of bepalend omheen hangt. Ik vind dat PSV-onwaardig."
"Gelukkig had Jan Reker daar in die eerste jaren geen last van. Jan was een commando, een man van aanpakken. Die deed nog meer dan de spelers. Ik herinner me een zondagochtend waarop we zouden trainen. Er lag sneeuw op het veld. De dooi was al ingetreden en de sneeuw zou snel verdwijnen. Maar Jan ging met kruiwagens sjouwen om al die sneeuw op te ruimen. Liefst samen met de spelers. Die liepen natuurlijk te klooien en te dollen. Maar Jan is een aanpakker. Geweldig."

De werksfeer verandert als het duo Reker-Hiddink te maken krijgt met de supervisie van Hans Kraay. "Zijn komst was een initiatief van voorzitter Jacques Ruts. Hij wilde graag een grote naam halen. Kraay had overal al gezeten. Hij kwam in een bestaande situatie met Kees Ploegsma als commerciële man en dat wrong al vrij snel. Dat trok naar elkaars stoel toe en je kon erop wachten dat het ten koste van de een of de ander zou gaan."

Ook op het veld kiest PSV voor een andere, hardere aanpak. Ruud Gullit wordt losgeweekt bij concurrent Feyenoord. "Ruud was de eerste speler van PSV die iets uitstraalde van: jongens, niet zeuren hier in Brabant. De impact van Gullit was enorm. Hij kwam letterlijk en figuurlijk binnen als een grote jongen. Intern pakte hij de boel flink aan. Normaal gebeurt dat een beetje half-half. De essentie vermijden, zo van: krijgt hij geen pijn als ik iets zeg? Gullit was daarin heel open en direct. Hij stelde hoge eisen aan de anderen. Er ontstond een hardere relatie onderling. Professioneler. Dat gaf wel een verlichting, een vernieuwing in die groep."

"Van Breukelen en Gerets waren ook nieuw. Van Breukelen had in Engeland met Brian Clough gewerkt, een grote naam. Hans kwam binnen met dat Engelse gedrag. Groot en stoer. In rondootjes ging hij zich direct manifesteren. Na twee keer zijn we daarmee gestopt. Hans vloog er direct op. Van voren mag dat, want dat zie je aankomen. Maar hij zette zijn tackles nog in als die bal al twee stations verder was. 'Ja', zei-ie dan, 'Clough vond altijd dat ik heel goed was in die dingen'. Hans gaf ook bloed aan het team, maar dit was een beetje gevaarlijk."

"Gerets was een paard, een Arabische volbloed. Hij was wel te raken in de emotie. Dat gaf vuur. Er kwam heel veel vuur. Je kreeg een beetje een situatie die vergelijkbaar was met die jaren op school. Als leidinggevende moest je verdomme gaan opletten. Je wist: die twee liggen elkaar niet, dus pas op dat het niet over de rand gaat. Van der Gijp en Gerets bijvoorbeeld, dat zijn twee tegengestelde naturen. Van der Gijp dacht vaak: nou, die linksback pakt Gerets wel op. Dat ging niet goed. Van der Gijp kon echt heel goed voetballen, heel erg goed. Tegen AZ maakte hij een van de mooiste goals ooit in het Philips Stadion, maar hij kon net niet de pijn lijden die nodig was om de top te halen."

"Natuurlijk was het lachen met Van der Gijp. Met Kraay had hij een haat-liefdeverhouding. Op een gegeven moment lag er een dode kat in de kofferbak bij Kraay. Dat werd een beetje stresserig voor Hans. Dus dan kwam Van der Gijp een dag later vrolijk met een dode muis aanzetten. Op een training hebben die twee een keer in bokshouding tegenover elkaar gestaan. René moest voorzetten geven van de zijkant en dan elke keer terug naar de middenlijn lopen. Dat waren hele afstanden, zeker voor Van der Gijp. Dus ging hij smokkelen. Kraay kon daar niet tegen en die stuurde hem weg. Van der Gijp naar binnen, maar Kraay erachteraan! Ik mee, Ruud Gullit ook. Stonden die twee in de kleedkamer elkaar écht als boksers naar het leven."

Hiddinks rol wordt gaandeweg prominenter. "Ik kreeg steeds meer de verantwoordelijkheid voor de training en de samenstelling van het team. Kraay miste vaker wedstrijden, doordat de spanning hem te veel werd. Toen Reker er nog zat, was Kraay zelfs nog een keer naar het hek gelopen om hem aanwijzingen te geven. Zo wilde ik niet werken. Het kon natuurlijk niet zo zijn dat ik beneden of binnen aan Hans ging vragen of ik mocht wisselen. Dat gebeurde ook niet."

"Ik mocht Hans best. Omdat-ie inging tegen de grote jongens die hun bekkie klaar hadden. De samenwerking was bevredigend. Het is niet belangrijk of je gearmd door de gang loopt, maar wel dat je goed als professionals kunt samenwerken. Kraay hield misschien iets te veel afstand. Ik had behoefte aan een intenser contact. Meer onderling vertrouwen. Hans voelde natuurlijk dat zijn positie moeilijk werd. Het klikte ook steeds minder met Ploegsma. Het werd een spel van volwassen mannen. Van posities en landjepik. Even een mesje prikken en een rechte lijn of juist geen rechte lijn trekken. Dat escaleerde."

"Het was vervelend om Hans zo onmachtig te zien worden. Dat kun je sneu vinden, maar sneu bestaat niet in het voetbal. Daar wordt tenminste niet naar gehandeld. Terwijl hij nog meer leed dan je eigenlijk veronderstelde. Als je daar later wat dieper in probeert te kijken, is zo'n proces natuurlijk wel triest. Hij was de baas, was ook dominant aanwezig, maar onder dat grote pantser van dominantie schuilt dan toch een mens bij wie onderhuids heel veel dingen speelden."

"Wat dat precies was, weet ik niet. Hans was een man die niks naast zich duldde wat zich voor zijn gevoel als gelijke manifesteerde. Je maakte nooit eens mee dat hij en ik lekker een uurtje met de benen op tafel over voetbal konden lullen. Er zat een zeer sterke hiërarchie op, zeer sterk. Ik hoefde niet zo nodig gelijkgetrokken te worden, maar hij stelde het wel zo: het was baas en tweede man. Toenadering was heel moeilijk. Hij liet zich niet graag zien."

"Je ziet die dingen vaak in werksituaties. Veel mensen staan graag alleen op een heuvel. Wat de heuvel op komt rennen, wordt als bedreigend ervaren. Terwijl dat vaak helemaal de intentie niet is van diegenen. Zij willen zich juist optrekken aan een ander, een bijdrage leveren. Ik was helemaal niet bedreigend voor Kraay. Hij was technisch manager, ik had mijn eigen verantwoordelijkheid bij PSV. Pas later heb ik Hans beter leren kennen. Toen was alles veel genuanceerder, prettiger. Heel aangenaam is hij dan, charmant ook. Vol humor. Ik heb twee totaal verschillende kanten van hem ervaren."

Hiddinks bestaan verandert na de 'affaire Gullit'. De speler forceert via de pers een breuk met PSV. Hij wil - en gaat later - naar AC Milan. Zeven dagen na een geruchtmakend interview in *Nieuwe Revu*, waarin hij forse kritiek uit op de club, blijkt dat het bestuur van PSV niet van plan is Gullit te straffen voor zijn uitspraken en stapt Kraay op. Hiddink neemt op 14 maart 1987 de technische leiding over.

Kraay verdenkt zijn assistent er publiekelijk (want in *Voetbal International*) van dat hij aan zijn stoelpoten heeft gezaagd. Hiddink: "Ik heb toen een gesprek met hem aangevraagd. Ik was beledigd, wilde weten wat ik dan achter zijn rug deed, maar dat was niet bespreekbaar. Op dat moment knapte er iets in me. Zo kan ik niet werken, dat vind ik geen gezonde basis. Ik heb geen leedvermaak gehad na zijn vertrek, maar ik heb er ook geen moment wakker van gelegen."

"Iemand moet het overnemen, de voetballerij gaat door. Je moet daar altijd een kleine morele toets langs leggen - zijn de zaken met je voorganger goed afgehandeld? - maar uiteindelijk is de voetballerij vrij hard. Dan denk je dus ook: mooie kans voor mij. Daar moet je eerlijk in zijn. Solidariteit, echte solidariteit, is er alleen als jouw voorganger, althans de man met wie je samenwerkte, zware schade is berokkend. Dat was niet het geval, vond ik. Ik voelde ook dat ik die kans écht moest pakken."

Met Hiddink aan het roer verovert PSV in 1987 opnieuw de landstitel. "Een titel zonder enige allure", meent de coach. Er is veel onrust bij de club. Naast de affaire-Gullit zijn er de problemen die Van Breukelen heeft bij Oranje, er is de onderlinge frictie tussen Gerets en Van der Gijp en er zijn frustraties bij de bankzitters Valke en Arnesen. Hiddink noemt de situatie 'vrij onwerkbaar'. Zegt: "Ik ben niet wars van conflicten, ga ze niet uit de weg. Maar dat seizoen voelde ik me net een brandweerman die van het ene binnenbrandje naar het andere rende. Ik heb te veel energie in het randgebeuren gestoken en kon me te weinig bezighouden met de verfijning van de details van het spel. Dat is doodzonde. Belangrijke zaken zijn erbij ingeschoten."

Na de breuk met Kraay wil PSV opnieuw een 'grote naam' aantrekken. "Ruts wilde voor het komende seizoen Ome Rinus binnenhalen. Michels. Ik mocht het seizoen afmaken, maar er zou een nieuwe sterke man komen. Toen ben ik met Ploegsma een keer naar Amsterdam gegaan om met Ome Rinus te praten. Kijken of we met zijn allen door één deur konden. We hebben bij hem thuis een middag zitten praten. Tante Wil kwam allemaal chocolaatjes aandragen, heel gastvrij. Ome Rinus had er ook best trek in. 'Maar het moeten wel vier handen op één buik zijn', zei hij. 'En die buik, dat is mijn buik.'"

“Natuurlijk kon ik veel opsteken van Michels, na wat hij allemaal al had gepresteerd met Ajax, Oranje en Barcelona. Maar hij had ook zijn schade opgelopen bij FC Köln, waar hij totaal niet kon gloreren. Het leek mij op voorhand heerlijk werken met die man en daar had ik me ook volledig en met veel plezier aan geconformeerd. Alleen: die laatste vier maanden was er wel wat gebeurd. Ik ben niet achterover gaan zitten, wachten op de komst van Ome Rinus. Ik ben d'r op gegaan, ik probeerde een stempel te drukken in plaats van defensief te zijn. Die periode was heel bepalend voor mijn positie binnen PSV. Ik vond: nu is het moment om uit de schaduw te treden. Om te zeggen: blijf je voor eeuwig de assistent, de tweede man, en ga je daarna een keer naar MVV, Roda JC, noem maar op, óf ga je je aan de top manifesteren.”
Hiddink wint in vier maanden tijd het vertrouwen van het bestuur. “Ik vormde een sterk koppel met Ploegsma. We vroegen ons af welke functie Michels zou moeten gaan bekleden. Ik denk dat Michels zich ook afvroeg wat hij precies moest gaan doen bij PSV. Eigenlijk was er geen reden meer om hem binnen te halen. Dan zie je dat in voetbal zaken een vreemde wending kunnen krijgen. Ik had in de ogen van de beleidsmakers toch iets bewezen, en met name Ploegsma zat natuurlijk niet te wachten op een nieuwe Kraay-situatie, waarbij aan elkaars stoelen werd gezaagd. Dus daar lag intern wel een botsing. Ruts kwam op de proppen met Ome Rinus en Kees dacht: ik kan mijn dingen prima doen met de trainer die er zit. Voor hem hoefde die extra ballast niet. Ik denk ook wel dat Kees het echt scherp heeft gespeeld.”
“Ik heb nooit het gevoel gehad dat er twijfel was over mij of dat ik moest knokken voor mijn positie. Het prikkelde me wel om tegen het idee van ‘die beginnende coach’ te vechten. Wij voetbalmensen hebben vaak toch ook iets arrogants tegenover de beleidsmakers uit het bedrijfsleven. Die kunnen dan bij Philips of waar ook nog zo succesvol zijn geweest, wij hebben iets vechterigs, iets guerrilla-achtigs. ‘Dit is ons terrein.’ Zoiets. En dan krijg je spelletjes. Kees en ik tegen de andere orde. Ruts vooral. Van Raaij was slimmer, die luisterde en reageerde nooit primair. Harry kon vaak met een totaal andere benadering, een heel scherpe visie, de discussie een andere wending geven. Hij is meer beschouwend. Uiteindelijk denk ik dat Kees in die kwestie ook de steun van Van Raaij heeft gehad. En dat Michels daarom niet is gekomen.”
“Het was heel prettig dat ik het vertrouwen kreeg van het bestuur, al wist ik zelf wel dat ik het aankon. Ik had vrij frequent conflictsituaties meegemaakt. Natuurlijk had ik op mijn bek kunnen gaan. Als trainer had ik nauwelijks achtergrond en als speler een vrij matige achtergrond ten opzichte van die jongens. Toch kon ik me wel manifesteren. Daarvóór was er in de begeleiding van die groep een

vrij geforceerde situatie. Dat gaf altijd spanning. Verkeerde spanning. Je kunt wel spanning hebben of creëren, maar die is dan geënt op wedstrijden. Nu was het echt een pikorde. Wie is de baas? Die vraag speelde altijd. Wie domineert wie. Dat zijn ongezonde gevechten. Kraay ging aan die spanning bijna ten onder, ik vond een bepaalde spanning juist een voorwaarde om te gaan presteren. Het klimaat werd zodanig dat prestaties niet konden uitblijven."

Ondanks de wisselingen in de top en het vertrek van Gullit wil Hiddink in de zomer van 1987 niets weten van een tussenjaar, waarover wel gesproken wordt. "Philips kan ook niet zeggen dat het over vier jaar een supergloeilamp op de markt brengt en in de tussentijd stilzitten. Ik heb Europese overwintering toen als een duidelijke doelstelling neergelegd. Niks tussenjaar. Sommigen in het bestuur vroegen zich wel af: maar wat als het niet goed gaat? Ja, zei ik, dán krijgen we de scherpe vragen. Dat is voor later. Zo is sport. Je moet vol ambitie erin gaan en dan maar kijken of je in vergelijking met andere teams genoeg te bieden hebt. Ik heb liever dat je het honderd procent probeert en dan op je bek gaat dan dat flauwe. En dat je wordt afgerekend, ja, dat hoort erbij. Klaar."
"We wisten allemaal dat het een moeilijk seizoen zou worden. Het vertrek van Gullit woog toch zwaar. Hij kon ook beslissend zijn als hij eens slecht speelde. Daarom maakten we toen een keuze voor een specifieke kwaliteit die ons handelsmerk zou worden: mentale conditie. De kracht moest meer vanuit het collectief komen. PSV mocht niet meer afhankelijk zijn van één man, Gullit, of de bevliegingen van Van der Gijp."
"Ik heb me in die tijd wel laten inspireren door Zuid-Europese teams. Daar keek ik vaak naar, die deden wat met me. Italië op het WK van '82, daar zat een bepaalde wil om te overleven op die ik heel mooi vond. Het gaf zulke teams een uitstraling van onoverwinnelijkheid. Ik genoot van teams die niet te intimideren waren. Ik wilde dat graag een beetje terugzien in mijn ploeg."
"PSV had goeie voetballers, maar wist niet hoe het moest spelen aan de rand van de wetten die internationaal gesteld werden. Als het echt moest gebeuren, was het altijd net niet. Mooi, prachtig voetballen, maar in de hardheid van de Europese overleving ontbrak er wat. Onze eerste aankoop was Sören Lerby. Hij was eigenlijk al over de heuvel. Na een goede periode bij Bayern München was hij gaan uithobbelen bij AS Monaco. Vond iedereen. Ik wist dat Willeke Alberti, zijn toenmalige vrouw, bij Polygoon werkte. Dat was een onderdeel van Philips. PSV was daarom best bereid iets meer te doen dan normaal. In het voorjaar van 1987, het was echt terrasweer, ben ik bij Monaco een keer onaangekondigd tussen het publiek gaan staan om eens te kijken: hoe is hij nou eigenlijk? Is hij die aanjager

nog? Of is hij een mooi leventje gaan leiden?"
"Ik stond in een overhemdje op de tribune. Ik was er vroeg, wilde per se de warming-up zien. Die zegt mij vaak meer dan een wedstrijd. Ik zag die Fransen allemaal mooi een balletje rondspelen en hoog houden, maar de enige die een heel serieuze warming-up deed was Lerby. Heel geconcenteerd. Ik dacht: verdomme, díe moeten we hebben! De wedstrijd hoefde ik niet meer te zien. Ik heb hem wel bekeken, maar ik wist: ook al is Lerby zelf niet meer honderd procent zoals hij was bij Ajax en Bayern, hij kan wel de rest beter laten gaan. Zo'n speler zocht ik, iemand die eisen stelt in het veld. Vooral internationaal. Vrij snel daarna is ook Kieft gekomen vanuit Italië. We hadden Gillhaus al, en Kieft was een jongen waar de anderen omheen konden spelen maar die natuurlijk ook altijd zelf zijn doelpunten zou maken. Zo iemand misten we eigenlijk nog, na het vertrek van Gullit."

"Er ontstond een mooie mix, gebaseerd op mijn eigen ideeën en ervaringen. Ik hou van mooi voetbal, maar als speler had ik dat andere ook. Ik kon een heel vervelende voetballer zijn. Als het me niet zinde, was ik kribbig en bokkig. Ik denk ook wel dat ik iets van mezelf, van mijn eigen karakter, heb toegevoegd aan PSV. Ik genoot als ik die instelling terugzag in mijn ploeg. Het moest meer zijn dan mooi en leuk en Positiespel met hoofdletters geschreven, want anders wordt het middel een doel op zich. Nog simpeler: dan moet je de doelen eigenlijk weghalen. Maar die staan er niet voor niks. Die zijn er neergezet om te winnen."
"Ik stoor me enorm aan mensen die dat winnen relativeren. Die tevreden kunnen zijn met een mooie wedstrijd. Daarvan hadden wij er voorheen wel een paar. Van der Gijp natuurlijk, Brylle eerder. Mooie mensen, prachtige voetballers, lachen, een biertje na de wedstrijd, en als het een keer niet gaat, óók gezellig. Dat is een uitgangspunt, maar het strookt niet met wat top vraagt en wat je als topclub moet uitstralen. Top is namelijk helemaal niet leuk. Top is hard. Het is veel leuker om lekker met Van der Gijp een mooie tijd te hebben."
Hiddink ontdekt snel wat er van een toptrainer, of een trainer aan de top, verwacht wordt. "Het is zijn taak om de eisen van topvoetbal te bewaken. Wat je eigenlijk doet: je bepaalt een ondergrens die alles uitsluit wat contraproductief is voor presteren. Ik wilde niet meer in de kranten lezen dat de scheidsrechter tegen ons was, dat *De Telegraaf*, het *Algemeen Dagblad* of *de Volkskrant* tegen ons was – dat gezeik moest afgelopen zijn. Ook al wás het feitelijk een keer zo, dan nog: kop dicht!"

“Die ondergrens ontstond natuurlijk mede op basis van het karakter van de spelers. Dat is altijd zo. Het kan zijn dat je elkaar niet mag, binnen een groep. Dat kan. Maar die groep zat zo sterk in elkaar dat dat nooit een excuus was voor mindere prestaties. Er waren enorm veel verschillende karakters, maar één ding hadden de spelers gemeen: een enorme drang om te presteren.”

De hiërarchie in dat seizoen is redelijk complex. “Er was sprake van een verdeelde macht. Koeman stond wel bovenaan, met Gerets. Later kwam Lerby daarbij. Toen kreeg je de lijn Lerby-Kieft. Die was goed. Zeker om dat calimero-gevoel nog verder uit te bannen. De groep was heel conflictief, als je de karakters gaat duiden. Van Kieft tot Gerets, van Van Breukelen tot Heintze, van Vanenburg tot Koeman en van Lerby tot zelfs Nielsen.”
“Die karakters zijn alleen maar in de hand te houden door resultaten te boeken. Dat kun je als coach niet helemaal beïnvloeden en soms zelfs helemaal niet. Tussen de middag was het vaak alleen maar: mekaar opzoeken en kijken waar het gaat botsen. En toch, hoeveel ruzie we ook maakten, de basis was altijd dezelfde: niemand verzaakt in de prestatie. We sloegen elkaar bij wijze van spreken de hersens in, maar we gingen nooit zeuren. Geen Calimero. Ruzie is goed, maar verdomme: niet zeuren. Dat gaf een enorme energie, een enorme geladenheid in die groep. Dan worden spelers venijnig. Zijn ze te raken in hun eer. Dat was mooi.”
“Mijn bagage groeide snel. Ik maakte die gevechten elke dag mee en kon terugvallen op de basis die ik vanuit het onderwijs had meegekregen. Sec in je werk is het verschil niet zo groot tussen een moeilijke groep op school en een moeilijke groep topvoetballers. Je weet: met die moet je vechten en met die niet, want dan gaat het fout. Die jongens voelen wel aan of je daar naturel mee omgaat.”
“Het grote verschil is dat bij PSV het werk enorm wordt uitvergroot. Camera’s, bestuur, toeschouwers – externe factoren zijn dan ineens heel bepalend. Voor de beeldvorming. Maar in de kern gaat het om de vraag: hoe kan ik Gerets nu wél zover krijgen dat-ie zijn energie omzet in rendement? Hoe krijg ik die groep nou wel zover dat Vanenburg zijn fantastische spel kan tonen? Vanenburg die ervoor moet zorgen dat Gerets zijn offensieve kwaliteiten kan etaleren en Gerets die misschien anderhalf keer zo hard zal moeten werken om Vanenburg te ontlasten. Die afstemming gold ook voor Nielsen/Koeman. Nielsen kon fantastisch een op een spelen, waardoor Koeman topscorer werd. En voor de combinatie Kieft/Romario later. Het gaat eigenlijk om het besef, heel simpel, dat grote voetballers – sporters – elkaar nodig hebben om als team sterker te worden. Bij totaal uiteenlopende karakters is dat heel moeilijk te realiseren, eigenlijk.”
Hiddink hanteert vaak een ogenschijnlijk eenvoudig model. “In een groep kun

je heel simpel lijntjes trekken. Groene lijntjes voor wederzijdse affectie, blauwe lijntjes voor productie en communicatie. Daar waar het hapert moet je ingrijpen, zeker als het gaat om de blauwe lijntjes. Dat had je met Van der Gijp en Gerets. Die dachten van elkaar: hem zal ik eens effe naaien, hij krijgt van mij die bal niet. Zulke elementen speelden in het team. Daar moet je dan keihard op inspelen. Dan moet één van de twee weg. Of desnoods allebei."

"Het afstemmen van die lijnen is essentieel geweest in de totstandkoming van het team in 1988. Het klinkt wat obligaat, maar zó normaal is het niet dat mensen in een team iets voor de ander overhebben. Zeker niet als je werkt aan de rand van de emotie of als de prestatiedruk enorm groot is. Dan komen er bij mensen wel kantjes naar boven, ego's vooral, die het allemaal wat minder vanzelfsprekend maken. Heel eenvoudig: als hij niet voor mij werkt, doe ik dat ook niet voor hem. Stardom zit daar vaak bij, aan de top. Gun je de ander het spotlight? En weet je dat je intern gewaardeerd wordt, óók als die schijnwerper niet op jou gericht staat?"

Het successeizoen 1987-1988 begint met een voorbereiding waarin het van geen kanten loopt. "We speelden op een toernooi in Manchester tegen Atlético Mineiro. Werden we buitenkant voet aan alle kanten weggetikt. Ook tegen Manchester City verloren we met 3-1. Toen was het 's avonds in het hotel wel even schrikken. We waren behoorlijk in paniek, want dat toernooi was superslecht. Een paar dagen voor het begin van de competitie vraag je je toch af: doen we het goed? Of moet er nog wat gebeuren binnen de ploeg? Toen liep ik wel even met zó'n kop rond. Ondanks de titel van het seizoen daarvoor was ik natuurlijk toch nog een beginnelingetje."

"Dan krijg je, met Lerby als aanvoerder van de meute, gemorrel. Met die vorige generatie, even generaliserend gesteld, zouden we daar zo overheen zijn gestapt. Ach, een toernooi... Maar nu niet. Lerby zorgde voor onrust. En als beginnend trainer vraag je je af hoe je zoiets oplost. Hoe je een team zodanig aan het voetballen krijgt dat er ook daadwerkelijk resultaten komen. Daar kun je behoorlijk onzeker van worden. Ik wist dat het goed was wat we hadden binnengehaald, maar het moet dan nog wel gaan draaien zoals je in gedachten hebt. Dan ontstaat er een raar fenomeen. Je haalt dat over-mijn-lijk-gedrag erbij, maar zo gauw de resultaten tegenvallen, wordt het een oncontroleerbare kookpan. Uitgerekend door de man die jij erbij hebt gehaald. Dan kan het zich snel tegen je keren. En als die resultaten blijven tegenvallen, gáát het zich ook tegen je keren. Of je ze nou gehaald hebt of niet."

Na dat toernooi in Manchester moet er wat gebeuren, weet Hiddink. "De groep verwacht op zo'n moment dat je wat doet. Zo zou je als speler zelf ook denken.

Spelers kijken naar je. *Hé, trainer, wat gaan we doen?* Als leidinggevende móet je reageren. Doe je dat niet, blijf je in die onrust passief, dan roep je de problemen over je af. Desnoods doe je het fout, maar ga niet in de hoek zitten, want dan slachten ze je. Het vervelende is dat geen enkele speler denkt: haal mij er maar af. Ik kan me herinneren dat Louis van Gaal bij Sparta een keer tegen Barry Hughes zei: 'Trainer, je moet wat doen.' 'Oké', zei Barry, 'kom er maar af, jij.' Vond ik geweldig."

"Bij ons ging het ten koste van Willy van de Kerkhof. Vlak voor de competitie speelden we nog even tegen KV Mechelen. Toen heb ik in de rust wat wisselingen gemaakt: Van de Kerkhof eruit, Koot erin, Van Aerle op het middenveld en Koeman in een totaal vrije rol. Het team reageerde onmiddellijk. Gelukkig voor mij, voor PSV, in de goede richting. De eerste competitiewedstrijd was tegen Den Bosch en die wonnen we met 6-1. Daarna volgden nog zestien wedstrijden op rij die we wonnen, met heel grote uitslagen. Zo'n ingreep pakt dan goed uit. Voor hetzelfde geld krijg je complete paniek in de tent. Door de resultaten ontstond het besef dat niemand een ander door die ondergrens liet zakken en dan groeit er een ploeg die heel erg moeilijk te kloppen is."

De kracht is in elke linie even groot, PSV is prachtig in balans. "We hadden natuurlijk jongens achterin, Van Aerle, Nielsen, Heintze, die konden met veertig, vijftig meter in hun rug voetballen. Als er al eens iemand doorheen glipte, zetten zij de turbo er wel op. We konden heel ver naar voren spelen, waardoor Koeman als libero 22 goals kon maken. Je maakte heel grote uitslagen. In dat jaar was 3-0 eigenlijk al een heel normaal resultaat."

Zijn eigen rol dat seizoen is een aansturende. "Ik denk wel, nu, in alle rust, dat het mijn kwaliteit is om in te schatten hoe competent mensen zijn, om van daaruit net vijf tot tien procent meer uit een individu te halen. Het gaat dan eigenlijk maar om één ding: wat kun je vragen en wat kun je niet vragen? Dat laatste is óók belangrijk, want juist daarin gaan velen over de kop. Je mag nooit onmogelijke eisen stellen."

Ook in Europa blijkt PSV nu wel de bagage te hebben om ver te reiken. Al gaat dat gepaard met de nodige meevallers. "We begonnen thuis tegen Galatasaray. Dat was een goede wedstrijd. Vlak voor tijd wordt het nog 3-0, door die knal van Koot via de onderkant van de lat. In Istanbul werden we van alle kanten geïntimideerd. Onrust rond het hotel, voetballen in een heel compact stadion met veel rumoer. Gezangen, uren van tevoren al. Hoewel sommigen al een WK hadden meegemaakt, werd het daar een dubbeltje op zijn kant. We kwamen heel snel met 2-0 achter, waarna Vanenburg een of twee keer een bal van de lijn haalde. Gebeurt dat niet, dan ben je weg. Dan wordt het 3-0 en gegarandeerd binnen vijf minuten

ook 4-0. Drie minuten voor tijd tikt Nielsen met zijn uitschuifbare benen nog een bal corner, waarvan wij aan de kant zeiden: dáág. Zo'n moment beslist of je later een finale speelt of dat je de gesjeesde club bent. Dus nee, die wedstrijd was niet overtuigend."
"Rapid Wien was een gemakkelijke tegenstander. Van Aerle scoorde vrij vroeg, we wonnen daar met 2-1 en thuis nog eens met 2-0. Het leuke van die wedstrijd was dat ik in Wenen van dichtbij meemaakte hoe enkele jonge spelers ontgroend werden. Omdat we gewonnen hadden, gingen Kieft en Lerby na de wedstrijd nog wat drinken en ze namen Viscaal en Yilmaz mee. Zij hebben het stadsleven even leren kennen, dat was goed. Ook goed van Kieft en Lerby dat ze niet alleen de gevestigde jongens wilden meehebben, maar die gasten erbij namen. Als kinderen aan het handje werden ze meegetrokken. Even een beetje streetwise maken. Wat ze dan doen en hoe laat ze thuis zijn, dat wil ik dan even niet weten. Ik wilde geen Linder voor ze zijn. Door ze even te laten gaan, kunnen die jongeren ook groeien. Als mens en dus als voetballer."

De winter is overleefd. In het voorjaar stuit PSV op de Franse kampioen Girondins de Bordeaux. "Niemand geloofde nog echt in succes, in een finale. Bordeaux was een zware, gerespecteerde tegenstander met veel internationals die op het EK van '84 en het WK van '86 succesvol waren geweest met Frankrijk. Bordeaux was misschien wel de meest tricky tegenstander in die reeks. Op dat niveau zijn details vaak beslissend. We wisten dat zij de tweede paal vaak vrijlieten bij corners en dan komt het goed uit dat Kieft die bal daar binnenduwt."
"Bordeaux thuis was een grote wedstrijd. Er hing een deken van spanning over beide ploegen. Eigenlijk waren we de hele wedstrijd veel te angstig. Dat er spanning op een ploeg zit is logisch, maar die moet na een minuut of tien wegvloeien. Nu bleef het puur angst. Je had natuurlijk ook net daarvoor de uitspraak van Koeman gehad over die 'doodschop' van Gillhaus tegen Tigana. Hij noemde dat klasse. Hans kon scherp een tackle inzetten en dat werd goedgekeurd door Ronald. Ik denk dat die overtreding over de rand was. Het was belangrijk voor ons dat Tigana eraf ging. Als coach heb je dan een dubbele standaard. Je mag het niet goedkeuren, maar het is de vieze wet van de topsport dat het daarna gemakkelijker werd voor ons. Dan ben je zelf wel zo schijnheilig dat je niet Gillhaus eraf gaat halen. Je laat het aan de scheidsrechter. Het was toen ook geen dilemma voor me. Later, wanneer je als coach wat meer bagage hebt, ga je daar wellicht anders mee om. Als je voelt dat iemand een ander echt wil blesseren, treed je sneller op. Toen Addo voor Roda JC speelde en bij PSV op de loonlijst stond, maakte hij een keer een zware tackle op Van Bommel. Twee weken later kwam Addo op De Herdgang;

toen heb ik hem weggestuurd en gezegd: 'Dat moet je echt nooit meer flikken.' Wat Addo deed was heel bewust. Gillhaus was half bewust, half felheid."

De uitspraak van Koeman levert hem een schorsing op voor de halve finale tegen Real Madrid. "We gingen daarheen met een gevoel van: jezus, nu komen de echt grote jongens. Wie speelden er niet allemaal? Michel, Sánchez, Butragueño, Sanchís, Hierro, Gordillo. Die ploeg was helemaal klaar om Europees kampioen te worden en Leo Beenhakker dacht: mooie loting, PSV! Prachtig voor ze."
"Wij hebben in Madrid heel goed gespeeld. Onze beste wedstrijd van het seizoen. Toch deerde dat gelijkspel in Madrid hen niet zo. Foutje, kunnen we wel rechtbreien. In Eindhoven vond ik Real het eerste half uur echt wereldklasse. Als Butragueño of Sánchez er toen een in had gelegd, was dat verdiend geweest. Maar Van Breukelen verrichtte twee fantastische reddingen, onder meer op een bicyclekick van Sánchez. Het bleef 0-0. Die spelers van Madrid gingen na afloop helemaal door het lint. Voor mij was het een van de mooiste overwinningen uit mijn loopbaan."
De finale tegen Benfica beleeft Hiddink als in een roes. "We kwamen uit de halve finale tegen Madrid en dat ging in één ruk door. Ik was een relatief jonge trainer en zat niet bij een club die elke twee, drie jaar wel een keer aan de finale kan ruiken. Dat heb je wel als je tot de top vier, vijf van Europa hoort. Dan word je gelouterd. Voor mij, voor ons, was het echt een roes. Je zit eigenlijk in een soort tunnel waarin veel dingen je overkomen. Je hebt dan nog niet de ervaring dat je de omstandigheden kunt gebruiken of naar je hand kunt zetten."
"De wedstrijd tegen Benfica was heel neutraal. Beide ploegen ontliepen elkaar niet zoveel. Benfica gokte een beetje op de counter en wij hadden niet zoiets van: nu gaan we eens in het mes lopen. In het begin kregen we een, twee kleine kansen, maar het was qua attractiviteit niet de fijnste wedstrijd om te zien. De mensen zullen niet gedacht hebben: daar spelen nou een paar ploegen, die blijven ons nog lang bij."
PSV verstaat inmiddels wel de kunst om grote wedstrijden tegen gelijkwaardige ploegen naar zich toe te trekken. De spanning is maximaal en Hiddink laat niet los. Omdat hij weet dat de nederlaag dan om de hoek ligt. Het is zowat zijn handelsmerk geworden: in wedstrijden die er werkelijk toe doen, valt het dubbeltje vaak zijn kant op. "Een team moet leren aanvoelen wanneer een wedstrijd neutraal is en wanneer je kunt toeslaan. In de wielrennerij zijn er ploegen die dat heel goed beheersen. Dat fascineert me. Hoe je soms niet dominant kunt zijn, gecontroleerd wordt door je tegenstander, maar toch de overwinning kunt pakken. Er komt onderweg altijd wel een moment dat je iets kunt doen. Of het nou met een

wissel is of door een gebeurtenis bij de tegenstander. Dus: als je niet goed bent, moet je niet slecht zijn. Geen schade oplopen. Vaak ga je lopen forceren als het niet lukt. Daardoor word je juist slecht. Die beheersing is het moeilijkste van topvoetbal."

"In zulke wedstrijden ben je jezelf niet aan het vermaken als trainer. Je vermaakt je als de strategie lukt. Dan wel. Maar je weet dat het evenwicht wankel is. Wedstrijden op dat niveau zijn altijd neutraal. Je voelt en je ruikt vaak dat een tegenstander het moment afwacht waarop hij ineens dodelijk kan zijn. Het beste voorbeeld daarvan was Arsenal, in mijn latere periode bij PSV. Het gaat er dan om dat het team die dreiging leert voelen. Zodat een speler dus niet een prachtige opening gaat maken over vijftig meter, maar kiest voor tien meter breed. Een bal over vijftig meter kán niet meer. Iedereen is tegenwoordig zó atletisch: als die bal vertrokken is, zijn er al twee mensen op de aankomstplek. Gegarandeerd balverlies dus. Als een speler daarop kan doordenken, dán kan er een collectief bewustzijn ontstaan van hoe je die grote wedstrijden aanpakt. Omdat je bepaalde fouten uitsluit, zal het dubbeltje wat vaker de goede kant op vallen."

Op trainingen is daaraan goed te werken, meent Hiddink. "Je moet spelers steeds attent maken op de consequentie van een beslissing. De rechtsback besluit een aanval te gaan ondersteunen: bal kwijt en het veld ligt open. Dat kan dus niet. Misschien had-ie wel gescoord als-ie was meegegaan, maar dat risico kun je niet lopen. Want de kans dat je scoort is kleiner dan de kans dat je schade oploopt. Je bent namelijk altijd een paar seconden uit positie. Dus dan zeg ik: de grote jongens lossen de situatie dáár maar op, jij, rechtsback, moet hier attent zijn. Die momenten probeer je ze te laten herkennen. Daar hamer ik constant op. Maar zo'n proces kun je als trainer niet alleen leiden. Je hebt een paar spelers nodig in je team die dat beseffen. Van die spelers hadden we er in '88 behoorlijk wat."

Evenwichtiger dan de finale in Stuttgart kan een wedstrijd niet zijn. Vooraf houdt Hiddink al rekening met een beslissing via strafschoppen. "Ik werk altijd vanuit een paar scenario's. Je anticipeert overal op, ook op strafschoppen. Je kunt wedstrijden niet naar je hand zetten, maar in voetbal kun je toch redelijk verwachten wat er allemaal gaat komen. Als je ook de negatieve scenario's doorneemt, kun je snel reageren en soms zelfs voorkomen dat het misgaat."

"Je weet ook dat je na 120 minuten nooit meer met je basisteam speelt, dus moet je goed beredeneren hoe je wisselt met het oog op die strafschoppen. Zo zat Anton Janssen er ineens bij als nummer zes. We hadden onze vaste jongens. Kieft, Lerby, Koeman, Vanenburg, Nielsen. Die hoef je niet aan te wijzen, dat weet je. Die zeggen nooit 'nee'. Anderen moeten net hun veter vastmaken als je ze aankijkt. Ik

taxeer altijd een of twee dagen van tevoren wie ik ga aanwijzen. Als het eventueel, wie dan...? Zo. Dan is het: óf geen probleem, óf liever niet. En sommigen moet je gewoon dwingen. Het zijn vaak de wat ongecompliceerde types die er het best in zijn. Valckx of Van Aerle: altijd laten nemen."
"Strategen halen zich te veel in hun kop. Die gaan lopen piekeren: hij zal wel weten dat ik 'm de vorige keer links heb geschoten, dus nu... Zoiets. Er gaat zoveel door iemand heen op zo'n moment. Minder gecompliceerde types hebben daar minder last van. Die zitten er misschien niet eens zo mee als ze een keer missen."
Het veel gememoreerde strafschoppenboekje van Jan Reker kent Hiddink zelf niet. "Jan had wel een boekje, waar vrij veel in stond. Maar ik heb verder met hem geen contact gehad over die penalty's. Het zegt me niet zoveel om te weten dat Veloso van de laatste vier penalty's er twee links en twee rechts heeft geschoten. Misschien dat Van Breukelen hem gesproken heeft."

Als Veloso de linkerhoek heeft gekozen, en Van Breukelen dezelfde, lijkt Hiddink wel verdoofd. De spelers van PSV trekken een lange sprint richting doelman, maar de coach weet even niet waar hij zijn gevoel van geluk moet zoeken. "Het heeft bij mij echt een tijdje geduurd voordat ik me realiseerde wat er allemaal gebeurd was. Zelfs 's avonds in het hotel, toen daar een grote polonaise gaande was met Ton Harmsen (bestuurslid van Ajax en de KNVB) en weet-ik-veel-wie, voelde ik niet wat de impact van zo'n Europacup is."
"Tijdens het feest zelf was ik gecontroleerd blij. Ik vier dat nooit – nou nooit, alsof ik hem elk jaar win - heel erg op de voorgrond. Die jongens staan in de schijnwerpers, zij moeten het vieren, ik bekijk het graag van een afstandje. Om in alle stilte te kunnen genieten. Ik ben wel spontaan blij, hartstikke trots ook, maar het podium is voor de jongens. Mijn vreugde komt later."
"Pas toen ik met mezelf terugging in de tijd kwam een bijzonder gevoel bij me naar boven. Je realiseert je dan dat je het één jaar eerder nog geweldig zou vinden om een keer kampioen van Nederland te worden. Dan lukt dat en denk je: als je toch eens de kwartfinale van de Europacup kunt halen! En dan win je de finale. Daar droom je van. Letterlijk: daar fantaseer je over. Als dat realiteit wordt, maak je een prachtig soort van roes mee. En besef je wie er allemaal met die cup in de handen hebben gestaan. Alle groten uit de voetbalwereld: van Alfredo Di Stéfano tot Eusebio. Rivera, Suárez, Puska , Charlton, Best, Gento, Cruijff. Dus toen we in het vliegtuig zaten, Ploegsma en ik op de eerste rij, met die grote cup tussen ons in, ja, toen beseften we wel hoe enorm bijzonder het was. Dan raak je in een prachtig vacuüm. Je gaat het meer waarderen als je er een paar uur overeen laat glijden."

"Een kampioenschap verveelt nooit. Het is elke keer weer fantastisch, ook nu nog. Ik geniet er enorm van, maar diep vanbinnen ben je veel liever zo succesvol als voetballer. Een voetballer heeft een droom. Die koester je je hele leven, van kinds af aan. Succes als sporter komt uiteindelijk voort uit de kern van het spelen. Je bent ooit begonnen met spelen. Daarin de allerbeste zijn, of de top bereiken, geeft een heel gelukzalig gevoel. De toppen van je kunnen ervaren, dat gevoel is niet te beschrijven. Soms merk je het in een bepaalde beweging, een actie of de manier waarop je een bal raakt. Als dat helemaal lukt, beleef je een volkomen tijdloos moment. Een speler heeft die momenten veel vaker dan een coach. Slagen als topvoetballer is het mooiste wat er is. Het zou ook mooi zijn als ík daarin geslaagd was. Maar het is als met zoveel topsporters. De schaatser die twee tienden te kort komt, ziet ook een droom voorbijgaan."
"Coachen is toch vooral een kwestie van manipuleren. Het is doordachter. Het spontane ontbreekt, het gevoel dat je als kind had, heb je niet meer. Je baalt als je niet wint, maar het is toch vaak iemand anders die niet wint voor jou. Iets meer secundair, een beetje surrogaat. Ook als je wint. De staat van gelukzaligheid ontbreekt. Coachen is veel meer een spel in je geest. Je probeert een tegenstander te pakken waar hij zwak is. Je bent bezig met strategieën. Dat brengt niet die gelukzaligheid. Eerder bevrediging, omdat de dingen redelijk lopen zoals jij ze van tevoren had uitgedacht. De explosie ontbreekt dan. Dus ook de extatische vreugde, althans bij mij. Wij hebben andere jubelmomenten. Die komen vaak later. Als er met het team een avondje georganiseerd wordt, waarbij lekker gegeten en gedanst wordt, dan ga ik wel los."

Hoofdstuk 6

Afscheid in voetbal is zelden glorieus

Het verval van PSV dient zich aan. Nadat de wedstrijd om de wereldbeker in Tokio verloren is gegaan, verdwijnt stilaan de eenheid binnen het team. Kleine scheurtjes worden diepe kloven. In het voorjaar van 1990 kondigt Guus Hiddink zijn vertrek uit Eindhoven aan.

Met de Europacup in de prijzenkast is het gemakkelijk praten. PSV wil na de triomf in Stuttgart een nieuwe stap vooruit maken en aast op een centrumspits van internationaal kaliber. Romário de Souza Faria heeft nog nooit van PSV gehoord, maar als Guus Hiddink hem de hand schudt, weet hij dat hier de trainer van een Europacupwinnaar staat. Dat spreekt aan.
Het bestuur van PSV heeft Hiddink in oktober 1988 met manager Kees Ploegsma naar Zuid-Amerika gestuurd. "Met als enige opdracht: Romário ophalen. Hij was net topscorer geworden tijdens de Olympische Spelen van Seoul en dus zaten er meer clubs achter hem aan. Real Madrid, FC Porto en Benfica, meen ik. Kees en ik zijn via Argentinië naar Rio de Janeiro gereisd en hebben Romário daar na zijn terugkeer uit Seoel letterlijk aan de vliegtuigtrap staan opwachten."
Hiddink is de eerste Nederlander die Romário spreekt. "Dat ging toen nog met handen en voeten, maar we konden toch met hem in contact komen. Op het vliegveld hebben we een kopje koffie gedronken en de eerste contacten gelegd."
PSV heeft een delegatie van Philips Brazilië ingeschakeld. De onderhandelingen krijgen al snel een serieus karakter. "We wilden snel zakendoen, maar dat valt niet mee in zo'n land. Toen we er met Romário uit waren, doken er allerlei randfiguren op, die ook nog moesten mee-eten uit de ruif. Daardoor duurde het uiteindelijk nog vrij lang."
De missie slaagt. Hiddink bouwt een bijzondere band op met de vedette uit Rio. "Maar ik claim niet dat alleen ik de methode heb om Romário te laten renderen. Helemaal niet. Ik had wel zijn vertrouwen, natuurlijk, omdat ik hem vanaf de eerste dag begeleidde. Ten opzichte van Romário was ook mijn assistent Hans Dorjee heel belangrijk. Ik moet niet elke dag als een vervelende zeur tussen die spelers zitten, want dan denken ze al snel: daar heb je hem ook weer. Juist in dat proces van begeleiden spelen assistenten een voorname rol. Die kunnen vaak net andere dingen zeggen dan een coach. Hans had die rol heel sterk."
"Bij PSV heb ik altijd gezegd: we hebben Romário niet gehaald om hem te modelleren naar de winterse omstandigheden van Nederland. Je moet rekening

houden met zijn cultuur. Je zet de grote kwaliteiten niet opzij voor een paar minpuntjes. Vedetten hebben andere kabels door hun hoofd lopen dan een doorsnee voetballer. Ik heb wel iets met zulke types. Omdat ik zelf vrij dwars kan zijn, voel ik intuïtief vaak aan wat er in die mensen omgaat."

Het spel met de vedette is er een van loven en bieden. Hier geef je wat, daar krijg je wat. "Romário kreeg aanvankelijk kritiek, maar ik ook. Tegen alle stormen in heb ik hem gehandhaafd. Men vond dat ik hem te veel de hand boven het hoofd hield. Hij van zijn kant heeft alles opgepikt wat we hem hebben aangereikt. Het gaat vaak om subtiele zaken. Als een spits niet scoort, wordt hij vaak wat onrustig, maar Romário was in zulke situaties juist wel relaxed. Dan stak hij een duim naar je op, alsof hij wilde zeggen: maak je geen zorgen, trainer. Zondag maak ik er twee. En dat deed hij dan ook. Maar dat luistert natuurlijk wel nauw. Zo'n speler die de beslissingen in wedstrijden brengt, heeft ook zijn minpunten. Als het met een ploeg slechter gaat, krijg je al snel een reactie van: Romário werkt niet hard genoeg. Met name de werklustige middenvelders roepen dat. Terwijl je weet dat hij voorin scherp en effectief kan zijn, omdat hij daarvoor zijn krachten spaart. Het extra heeft vaak minpunten, meestal in het normale. Dat kan heel gevoelig liggen bij een team. Je mag daarom ook niet teveel tolereren van de vedette. Zeker niet buiten het veld. Een vedette mag nooit boven de wet staan."

De Europacupwedstrijd tegen Steaua Boekarest wordt een hoogtepunt voor de spits. Hiddink weet Romário te prikkelen door hem drie dagen eerder, uit tegen RKC, buiten de ploeg te laten. "Ik heb toen heel bewust een spelletje met hem gespeeld. Romário kwam altijd op het allerlaatste moment de kleedkamer binnen. We zouden om twaalf uur verzamelen voor een bespreking en ik had mijn horloge een minuut later gezet. Romário kwam binnen en ik liet hem mijn horloge zien. Te laat. Toen heb ik hem weggestuurd. Hij was verbouwereerd, maar accepteerde zijn straf. Ik wist: nu is hij getergd. Romário ging naar huis, we hebben drie dagen niet met elkaar gesproken. Voor de wedstrijd tegen Steaua Boekarest was hij er weer bij. Ik heb niks gezegd, alleen zijn naam op het bord geschreven."

Romário keert die dag helemaal in zichzelf. "Hij wilde 's middags even weg uit het trainingskamp dat we in Oisterwijk hadden belegd. Samen met masseur Mart van den Heuvel is hij toen naar een kapelletje in Moergestel gegaan om te bidden. Dat duurde een paar uur. Zonder een woord te zeggen keerde hij terug. Die avond scoorde hij drie keer. In de kleedkamer keken we elkaar aan. Hij had het begrepen en ik ook. Echte toppers voelen zoiets aan. Het is een spel. Maar wel een gevaarlijk spel. Je kunt het maar één keer spelen, want geen enkele speler zal zoiets vaker accepteren."

Hiddink weet het ego van Romário goed te masseren. "Je zag wel eens iets door de vingers, maar alleen als het kon. Ik weet nog dat we met de hele groep een weekend naar België zijn geweest om even een 'break' in te lassen. 's Nachts bij het vertrek uit Antwerpen ontbraken de heren Romário en Stan Valckx. Zij waren het uur vergeten. Die hebben we toen laten staan. Hoe zij in Eindhoven zijn gekomen, weet ik niet. Op zulke gezellige dagen interesseert me dat dan even niet. Met Stan was bovendien ook de werkafdeling vertegenwoordigd."
"In de kern was Romário helemaal niet zo'n moeilijke jongen. Hij maakte ook goed onderdeel uit van het team. Ik kan er helemaal niet tegen als spelers een doelpunt maken en collega's wegduwen. Dat vind ik min. Zo'n speler spreek ik aan op zijn gedrag, want hij zegt eigenlijk dat hij boven de groep staat. Hij moet beseffen dat zijn doelpunt een resultaat is van teamwerk. En dus moet je dat ook delen met je team. Romário was juist helemaal niet egocentrisch in zijn vreugdebeleving. Die liet zich haast verlegen feliciteren. Na een korte uitbarsting ging het kopje wat naar beneden."
"Echte toppers, ook in het bedrijfsleven, zijn vaak eenvoudige mensen. Niet simpel maar eenvoudig: in de fijn positieve zin van het woord. De problemen liggen bij de subtoppers, de mensen die net tegen de top aankijken. Ik weet ook dat Romário mij wel waardeerde. Toen ik later bij Valencia werkte en hij bij Barcelona speelde, maakte hij vlak voor de aftrap een keer een sprint van vijftig meter om mij een kus te geven. Het was zijn spontane geste van waardering. Ik voelde dat het geen theatraal gebaar was. Het deed me wat."
Toch blijft het opmerkelijk dat PSV mét Romário, de man van een doelpunt per wedstrijd, uiteindelijk minder presteerde dan voor die tijd. "Als je puur sec naar de resultaten kijkt wel, maar de jaren daarna speelden we nog wel fantastische wedstrijden tegen FC Porto en Steaua Boekarest. We gingen eruit tegen Real Madrid, na verlenging. Dat was opnieuw heel close en dan zie je hoe klein de kans is dat je zo'n beker wint. Ook met een vedette als Romário."

De bron van de uiteindelijke verwijdering zit dieper. De eerste keer dat er binnen het team grote irritatie ontstaat, is op 11 december 1988. PSV heeft zojuist in Tokio, met Romário, het duel om de wereldbeker voor clubteams gespeeld. De ploeg komt tegen Nacional Montevideo twee keer op voorsprong, maar moet met een gelijkspel (2-2) genoegen nemen. Strafschoppen worden PSV fataal. Lerby knalt de bal op de lat.
"In het team heerste na afloop een behoorlijke downstemming. Als je later hoort en leest hoe spelers dat ervaren hebben, dan blijkt daaruit een enorme teleurstelling over het mislopen van die wereldbeker. Ronald Koeman had dat idee heel

erg: wereldbeker gemist. En meerderen. Later heb ik zelf gelukkig de kans gehad om met Real Madrid die beker te pakken. Als je er zó dichtbij bent, dan wil je 'm hebben ook. Dus dat kwam wel aan, toen met PSV."

"Ik vond de hele benadering van die wedstrijd niet goed. We zaten in een verkeerd hotel, een plek die door Ruts was geregeld omdat hij zoveel voor Philips naar Japan reisde. Een hotelletje waar iedereen in en uit kon lopen. Beneden zat je samen met de andere gasten een vorkje te prikken. Het was een soort cafetaria-achtige open ruimte zonder enige privacy. Het leek wel een wedstrijdje even tussendoor, qua voorbereiding. Ruts die zelf met een camera achter het doel zat, nog net niet met een petje op. Fotootjes maken. Heel toeristisch."

Het verval van PSV kondigt zich aan. Tussen maart en mei 1989 werpen tal van gebeurtenissen hun schaduw reeds een jaar vooruit.

Op zondag 19 maart komt Ajax naar het Philips Stadion. Ajax is na de breuk met trainer Johan Cruijff nog altijd op zoek naar zichzelf. De voorsprong van PSV bedraagt zes punten; met nog tien wedstrijden te gaan lonkt een nieuwe titel.

Die middag eindigt in een catastrofe voor PSV. De jeugdige Amsterdamse ploeg, met aankomende talenten als Winter, Roy, Witschge, Bergkamp en de broertjes De Boer, zegeviert met 1-4. De klap is extra hard voor PSV. Vier dagen eerder was de Europese kwartfinale tegen Real Madrid na verlenging met 2-1 verloren gegaan. Twee keer verlies in één week, dat was Hiddink nog niet eerder overkomen. In de kleedkamer gaat manager Ploegsma onderuit. De spanning is hem te veel geworden.

Op de achtergrond wordt intussen aan een nieuw team gesleuteld waarin geen plaats meer is voor Ronald Koeman. Hij vertrekt naar FC Barcelona. Lerby is minder dynamisch dan voorheen en Romário ontpopt zich stilaan als een sensatie. Van Breukelen, Nielsen en Kieft zijn langdurig geblesseerd.

Er ontstaat ruimte voor een nieuwe hiërarchie, die uiteindelijk de val van Hiddink zal inleiden. De uitschakeling door Real Madrid is, gezien alle geblesseerden, niet eens onlogisch, maar intern komt er kritiek los. Zijn de aankopen die Hiddink deed, zoals Anton Janssen, Hendrie Krüzen en Jozef Chovanec, wel zo gelukkig geweest? En wat kan PSV nog met de miljoenen van Koeman? De drie reglementair toegestane plaatsen voor buitenlanders zijn al bezet door Lerby, Romário en Chovanec. Voor een vierde is geen plaats. Als opvolger van Koeman wordt daarom Michel Boerebach gecontracteerd.

De nieuwe landstitel komt er toch, zij het op uiterst moeizame wijze. Intussen gaan andere geruchten rond. KV Mechelen wil Hiddink aantrekken. Die twijfelt. Over zijn toekomst en over de beslissing van het bestuur om Kees Rijvers terug te halen. Officieel als jeugdcoördinator, maar qua takenpakket (scouting, opleiding) lijkt hij meer op een technisch directeur. Hiddink gaat met Mechelen praten. Hij noemt het aanbod uit België 'in financieel opzicht uniek, de kans van mijn leven.' Hiddink vraagt het bestuur van PSV om ontbinding van zijn contract, maar krijgt een duidelijk 'nee' te horen.

Er gaat een zomer voorbij waarin iets wezenlijks verandert. Er ontstaat belangstelling voor Gerald Vanenburg, die naar AS Roma dreigt te vertrekken. PSV kan twaalf miljoen gulden vangen, maar voorzitter Ruts wil geen geld. Hij benoemt Vanenburg tot de nieuwe 'Vaandeldrager' van het team en biedt hem een 'contract voor het leven' aan, dat de speler verzekert van een riant inkomen tot aan zijn zestigste levensjaar.

De nieuwe hiërarchie is daarmee formeel bezegeld. Het duurt niet lang of Vanenburg verheft zijn stem in NRC *Handelsblad* door te zeggen 'dat het eigenlijk niet meer kan, met Lerby.' De giftige kiemen die gezaaid zijn, komen vroeg in het jaar 1990 tot bloei. Hiddink is met de clubleiding in gesprek over een nieuw tweejarig contract. Dit keer is hem, vanwege hernieuwde belangstelling van KV Mechelen, een flinke opwaardering van zijn salaris in het vooruitzicht gesteld. Beide partijen komen mondeling tot een akkoord.

Op 16 januari, een dag voor de bekerwedstrijd tegen Feyenoord, kloppen Vanenburg en Van Breukelen aan bij manager Ploegsma. Ze willen een gesprek. Vertellen hem: er is onrust binnen de ploeg. Ook pleiten ze voor het meespelen van nieuweling Povlsen; hij zou een beter koppel vormen met Romário. Kieft moet uit de ploeg verdwijnen, vindt Vanenburg.

Hiddink reageert emotioneel. In *Nieuwe Revu* vertelt hij later: "Toen ik hoorde dat Vanenburg bij Kees over de opstelling had geklaagd, voelde ik me als door giftige ratten besnuffeld. Ik wist niet wat ik hoorde. Spelers horen niet bij de manager te praten over technische zaken, er moet een strikte scheiding zijn tussen kleedkamer en kantoor. Ik voelde me geflikt, vreselijk geflikt. Er zit een erecode op de kleedkamer en die code had Vanenburg op grove wijze geschonden. Met de mens Vanenburg heb ik grote moeite gekregen. Hij heeft de vertrouwensrelatie geschonden."

Het bestuur van PSV reageert nogal vreemd op de stap van Vanenburg, meent Hiddink. "Ze hadden iets schouderophalends. Zo van: 'O, vind jij dat raar?' Niet prettig."

De ploeg valt uiteen. Kieft kondigt direct zijn vertrek aan. "Verdere samenwerking met Hiddink is voor mij onmogelijk", zegt de spits. Ook Lerby wil stoppen. Nielsen twijfelt. Hiddink reageert half verdoofd. Hij zegt: ik wil Kieft hoe dan ook

GUUS HIDDINK MET MANAGER KEES PLOEGSMA

niet kwijt. Gerets reageert emotioneel. "Wat mij betreft, wordt voortaan iedereen die de club schade berokkent eruit gegooid." Heintze, Romário en Povlsen zitten op de lijn-Vanenburg.

Op 22 januari vindt er een gesprek plaats, waarbij Lerby, Kieft, Vanenburg, Van Breukelen, Gerets, Ploegsma, Dorjee en Hiddink aanwezig zijn. "Ik heb tegen Vanenburg gezegd dat dit soort gekloot het begin van het einde is", vat Hiddink samen. Na een nederlaag tegen Roda JC, op 2 februari, brengen Ruts en Van Raaij een bezoek aan De Herdgang. Hiddink: "Gezien de manier waarop ze binnenvielen, leek het er niet op dat het geheim moest blijven."

In *Panorama*, de grote concurrent van *Nieuwe Revu*, verschijnt een artikel van de journalist Bob Heerkens, tevens zaakwaarnemer van Vanenburg, waarin Hiddink aldus wordt geciteerd: "Het is beter dat ik na dit seizoen vertrek bij PSV."

Over Heerkens zegt Hiddink: "Het is schande dat een adviseur informatie die hij verkrijgt uit hoofde van zijn adviseurschap gebruikt onder een journalistieke pet."

Bij Hiddink ontstaat na de nederlaag tegen Ajax, half februari, de gedachte om het nieuwe tweejarige contract niet te tekenen. "Ik had het gevoel dat het bestuur een onwerkbare situatie creëerde."

Het spel is op de wagen nu. De titelrace wordt een hachelijke als Romário op 4 maart tegen FC Den Haag zijn kuitbeen breekt. Rijvers wordt door Ruts en Van Raaij gevraagd om de problemen binnen de selectie te inventariseren. En Hiddink wordt, diezelfde week, gevraagd om deze problemen met Rijvers te bespreken. Hiddink weigert. Hij vindt dat Rijvers hem op de hoogte had moeten brengen

van het gesprek dat de jeugdcoördinator met het bestuur heeft gevoerd.
Een dag na de Europese uitschakeling tegen Bayern München bevestigt Van Raaij dat het vertrouwen in Hiddink afgenomen is. "Wij hebben gezegd dat we hetzelfde respect hebben, maar dat het vertrouwen wat minder wordt als je uit vier uitwedstrijden maar één punt haalt. Hiddink heeft ons toen gezegd dat we het alleen maar als rekenmeesters bekeken."
Weer een dag later, op 23 maart, eist de club duidelijkheid van Hiddink en Dorjee. Bestuur en trainers vergaderen vier uur lang. Van Raaij herhaalt: "Het contract ligt klaar om te tekenen. Als ze het onvoorwaardelijke vertrouwen vragen van ons, zullen ze dat niet krijgen. Het respect is er. Dat kan in de zes weken sinds we het contract overeenkwamen niet verdwenen zijn. Aan het vertrouwen van het bestuur in de technische staf is wel geknaagd."
Van Raaij verwijst naar een nieuwe flirt van Hiddink met KV Mechelen als hij zegt: "We voelden al een paar weken dat er iets in de lucht hing." PSV maakt bekend dat het beide trainers aan de mondeling overeengekomen afspraken houdt en uitgaat van een nieuwe tweejarige verbintenis. Hiddink reageert: "Een aantal zaken bij PSV stoort me. Die verhinderen dat ik goed kan werken. Het steekt me dat ik me door deze affaire moet bewegen als een rechercheur of een politicus. Je moet je zo concentreren op wat je zegt tegen iemand, je mag geen komma verkeerd plaatsen. Ik eis uit de mond van Ruts en Van Raaij absoluut vertrouwen, er is vertrouwen of er is geen vertrouwen. Minder vertrouwen bestaat niet, ook niet op basis van vier slechte wedstrijden. Van Raaij maakt daar nu blijkbaar een punt van, die wil nog steeds niet zijn vertrouwen uitspreken. Van Raaij vindt dat hij best mag zeggen dat er soms geen vertrouwen is, dat vindt Ruts eigenlijk ook wel. Daarom zijn we er 23 maart niet uit gekomen."
De meeste spelers hopen dat de storm snel gaat liggen. "Het zou ongelofelijk zijn als zo'n man weg zou gaan", meent Lerby. Maar hij zegt ook: "Ik zie het als een trein die op gang is gekomen en niet meer te stoppen is."
Hiddink geeft aan dat hij wil doorgaan. "Kees Ploegsma en ik trekken de zaak. Natuurlijk is het moeilijk samenwerken met mensen die badinerend en schouderophalend praten over voor jou essentiële problemen. Maar tegelijk denk ik: ik heb nauwelijks met ze te maken en laat me niet bij de eerste sterke storm in drie jaar omwaaien. De club mag gewoon niet toestaan dat spelers achter de rug van de trainer hun beklag komen doen. Als men zich kan vinden in het achterwege laten van gezagsondermijnende activiteiten en als iedereen rigoureus optreedt tegen spelers die een voet tussen de deur willen zetten, zal ik tekenen."
Het interview in *Nieuwe Revu* maakt alle grieven van Hiddink helder en leidt tot de breuk. Het bestuur verklaart de mondelinge overeenkomst nietig en legt

Hiddink vanwege zijn uitspraken een boete op van tienduizend gulden. Op zaterdagavond 8 april, na de wedstrijd tegen Volendam, barst de bom. In het kantoor van Ploegsma wordt duidelijk dat het bestuur niet tegemoet wil komen aan de voorwaarden die Hiddink stelde.

Zestien jaar later kan hij de zaak afstandelijk beschouwen. "Voor mij was het onbespreekbaar dat er een gesprek met Kees Rijvers zou komen. Zeker niet toen publiekelijk bekend was dat het bestuur daarop had aangedrongen. Het was manipulatie van het bestuur in mijn richting. Los van het feit dat ik Rijvers waardeer als vakman heb ik dat nooit willen doen. Omdat het je positie in de groep verzwakt. Altijd. Waarschijnlijk heeft dat het afscheid ook wel versneld."
"Ik was zeer teleurgesteld. Die spelers hadden bij mij moeten aankloppen. Ik stond daar open voor, al trek je altijd je eigen lijn. Dan kom je op het punt: óf ik ga eruit, óf dat kleine groepje. Voor een club is de keuze dan niet zo moeilijk. De spelers vertegenwoordigen een grote economische waarde."
Soms voelde hij zich verloren. "Ergens voelde ik wel aan wat er allemaal speelde, maar ik doorzag het niet zo snel als later. Je moet die mechanismen ook niet altijd wíllen zien, want dan ga je ernaar op zoek. Dan word je zo'n schichtige man. En dat is het laatste wat ik zou willen: paranoïde gedrag vertonen. Ik zie in feite niet zoveel vijanden. Ik zal ook nooit achter iedere boom gaan zoeken of er nog eentje is. Maar het beïnvloedt wel je denken natuurlijk. Het is net als met een jachthond, die slaat ook alles op uit het verleden. Binnen de club zijn er wel mensen met wie je ook later rekening blijft houden. Kees was prima, maar Jacques Ruts was voor mijn gevoel een bestuurder die haast allesbepalend was. De man ook van de grote namen. Michels, Kraay. Harry van Raaij stond daar wat anders in. Dat was toen meer het stille brein. Het cement tussen die twee anderen."

De breuk met Wim Kieft achtervolgt Hiddink nog lange tijd. "Dat heeft me echt pijn gedaan, ik heb daar vrij lang last van gehad. Ploegsma had Povlsen net binnengehaald, hij kwam in de winter van FC Köln. Prima. Maar we hadden ook Romário en Gillhaus nog. Kieft zat in een moeilijke fase, net na de winter. Willem begint altijd moeilijk aan een seizoen. Dan komt er in september, oktober een betere fase, in de winter moet hij weer opstarten vanwege de kou, en vanaf maart, als het zonnetje begint te schijnen, gaat-ie weer. Zo pakt hij 20, 25 goals per jaar. In de winterperiode speelde Willem in mijn ogen - en ik moet beslissingen nemen - niet goed. Povlsen was binnen, dus ik besloot hem een kans te geven. Wat ik niet wist was dat Van Breukelen en Vanenburg dat spel in mijn rug speelden. Dat ging volledig aan me voorbij. Die twee gebeurtenissen vielen wel samen en ik kon dat naar Willem toe niet meer herstellen. Voor hem was één en één makkelijk twee. Ik kan me voorstellen dat hij lange tijd dacht dat ik onderdeel was van het complot. Het was een samenloop, ik moest hem duizend keer uitleggen hoe het zat."

"Willem kreeg het idee dat ik gemeen zat te doen. Dat ik manipuleerde. Dat laatste is niet erg, manipuleren doe je altijd. Je wilt dingen naar je hand zetten. Maar hoe Willem het zag, dat vond ik wel heel erg. Daar zat ik mee. Ik kreeg er zelfs haaruitval van. Ik zie het nog voor me: ik stond onder de douche en haalde hele plukken haar van mijn hoofd. Ik begon echt te kalen. Nou was ik altijd gezegend met een behoorlijke haardos, dus daar schrok ik van. Want hoe oud was ik? 42? Niet eens. Het frustreerde me gewoon enorm dat ik niet kon bewijzen dat ik geen gemeen spel had gespeeld. Dat was voor mij als trainer de eerste en enige keer dat ik het in moreel opzicht echt moeilijk had. Ben je rottig, dan zeg je: 'Weg allemaal, niet zeiken, kop houden en voetballen.' Maar het vrat aan me."

"Gelukkig kon ik het met Willem snel weer uit de wereld helpen. Ik vond het logisch dat hij zo over mij dacht, echt logisch. Toen het opgelost was en ik weer bij mijn kappertje was, zag hij weer wat nieuwe haartjes groeien. Er was dus wel degelijk een directe link tussen beide gebeurtenissen. Ik nam dat mee naar huis, leed daaronder. Omdat mijn integriteit in het geding was. Ik wilde het aanpakken. Al wist ik diep van binnen wel dat die integriteit niet aangetast was. Als je weet dat je echt fout zit, is het herstel niet zo gemakkelijk. Gelukkig kon ik die lijn naar Willem weer zuiver maken."

Niettemin was de breuk met PSV onvermijdelijk. "Gezien de problemen binnen de spelersgroep was er geen basis meer om verder te gaan. Er was gewoon te veel gebeurd. Los daarvan was ik ook wel toe aan een nieuwe stap. Zeven jaar PSV was mooi geweest. Je kunt niet tien Europacups winnen, er komt altijd een andere golf." Hij herinnert zich zijn laatste werkdag. "Die was wel bijzonder. Ik heb getraind, mijn tas gepakt en dat was het. Ik was daar toch wel emotioneel onder. Barend en Van Dorp hadden een mooie foto in de *Nieuwe Revu*. Hoe ik De Herdgang afliep. Helemaal alleen. Dat was geen goed afscheid, achteraf. Na zoveel jaren van titels en bekers en een Europacup ervoer ik dat als koud. Er was niemand die even zei: bedankt voor de jaren. Niet dat je dát nou wil - ja, eigenlijk wil je dat wél - maar er was geen bestuur te bekennen. Ik was teleurgesteld in mensen met wie ik goed gewerkt had. Natuurlijk, zij bepalen. En wederzijds begrip zal er niet zijn. Maar dan denk ik toch: wees kerel. Doe het goed. Doe het met klasse. En ga niet als een kouwe beleidsmaker reageren. Maar ik kende inmiddels de wetten wel. Een afscheid in het voetbal is zelden glorieus."

Hoofdstuk 7

Ontgroening in Istanbul

Guus Hiddink zoekt een nieuwe toekomst in het Aziatische gedeelte van de Turkse hoofdstad Istanbul. Hij tekent bij Fenerbahçe een contract voor twee seizoenen. Na acht maanden van ontgroening komt er een einde aan het avontuur.

Een week na de breuk met PSV voert Hiddink in Düsseldorf een eerste gesprek met een delegatie van Fenerbahçe. De Turkse topclub gaat mondeling akkoord met alle voorwaarden die Hiddink stelt. De nieuwe president Metin A ik, die de voorzitterszetel voor tien miljoen D-mark gekocht heeft, wil met Hiddink aansluiting vinden bij het Europese topvoetbal.
Hij had evenzeer naar KV Mechelen of Sporting Lissabon kunnen gaan. Die laatste club eist een landstitel van hem. "Maar dat was ze in zeven jaar niet meer gelukt. Zou het dan met mij meteen wel lukken? Ik had daar mijn twijfels over." Ook de KNVB gooit nog een visje uit: hij zou kandidaat zijn om Thijs Libregts op te volgen als bondscoach. De bond is te laat, meent Hiddink. "Ik had best willen praten als de KNVB me eerder had benaderd. Met een goed beleid voor de komende jaren, in ieder geval tot en met het EK in Zweden, had ik er wel oren naar gehad."
Half mei gaat Hiddink naar Istanbul. Hij bezoekt vier wedstrijden van 'Fener' en dat maakt indruk op de club. Zijn salaris wordt bepaald op 800.000 D-Mark netto; een enorme vooruitgang dus. "Die onderhandelingen gingen erg snel," zegt Hiddink, "en allemaal heel kort door de bocht. Je hebt een Europacup gewonnen en dús ben je goed of pas je bij die club. Ik had niet zoveel keuze, toen. Er waren wel wat gesprekken geweest met een paar clubs, maar er moest ook brood op de plank. Bij PSV verdiende ik iets van 250.000 gulden bruto. Fenerbahçe was en is natuurlijk een grandioos grote club."
Hiddink krijgt, aan de Zee van Marmara, een volledig ingericht huis met twee woonkamers, twee badkamers en zes slaapkamers; hij heeft een zwembad en een tennisbaan in de tuin, een auto, gratis vliegtickets naar Nederland en er wacht een mooie kampioenspremie. Voor het geval dát. Ook mag hij zijn eigen assistent meenemen en kan hij de club inrichten naar westers model.
"Ik ben daarheen gegaan met een buurman van me, Frits Pauw, oud-burgemeester van Volendam. Hij deed mijn administratie. Frits heeft multiple sclerose en zit af en toe in een rolstoel. Het contract zouden we laten deponeren bij een advocaat uit de wijk Galatasaray, de grote rivaal van Fenerbahçe. Wij dachten: een

'vijandelijke' advocaat zal bij onenigheid harder tegen Fenerbahçe vechten dan een jurist uit de eigen wijk. Dat zeiden ze daar ook: als je ontslagen wordt en een zaak hebt, laat het voorkomen in Galatasaray en je wint het altijd."

"Die onderhandelingen waren een mooi spel. We spraken af dat het salaris grotendeels, zeventig tot tachtig procent, vooruitbetaald zou worden. Dat was akkoord. Maar toen we op het punt stonden te gaan tekenen, had ik nog niks gezien. Niet contant, maar ook niet bij de ABN-bank in Istanbul. 'Teken nou maar,' zeiden ze, 'dat komt wel.' Na de vakantie zou alles geregeld zijn. Ik zei: nee, nú laten zien dat het er bij de ABN op staat."

"Dan krijg je het: 'O, dus u vertrouwt het niet?' Meteen gaan ze contra zoeken. 'Dus we zijn níét akkoord?' Zo'n houding. Ik zei: 'Luister, het is nu half elf, om drie uur vliegen we met Lufthansa naar Düsseldorf. Dan moet het geregeld zijn. Ik wil het geld zien.' Zelf schrok ik wel even van mijn opstelling, maar ik hield voet bij stuk."

"De president stuurde de tien bestuursleden weg. Ieder ging zijns weegs en een uur later werden de Turkse kranten opengevouwen en zag je de Duitse marken over tafel gaan. Stapeltjes biljetten van twintig, vijftig, honderd. Dat hele pakketje verdween in een grote koffer. Frits zat in zijn rolstoel met die koffer op zijn schoot. We kwamen aan bij het vliegveld en ik had geen zin in gezeik. De mensen van de douane herkenden me en begroetten me. Er was verder heel weinig volk. Ik deelde speldjes van Fenerbahçe en handtekeningen uit, had Frits zijn paspoort bij me en gaf hem een geweldige duw door de douane heen. Natuurlijk, ik wist niet of dat geld wel mee mocht, zo. Maar we hadden geen tijd meer om nog naar de ABN te gaan. Bovendien was alles netto, de club zorgde voor de fiscale afdracht."

De eerste twee maanden vliegen voorbij. Hiddink zit in een hotel en neemt de tijd om Istanbul te leren kennen. "Een auto met chauffeur wilde ik niet. Het was heerlijk om met je eigen auto door de stad te rijden. Naar de Blauwe Moskee of de Grand Bazaar. Daar róók je het Midden-Oosten. Istanbul is de poort naar Azië. Ik vond het mooi om zoveel jaar na Amerika weer eens in een heel andere wereld te zijn. Dat maakt je ook weer nieuwsgierig naar nóg meer andere culturen."

Na die twee maanden betrekt hij zijn huis. "Dat was toch wel erg wennen, moet ik zeggen. Ik zat daar prachtig, keek uit op vier eilanden, maar door omstandigheden zat ik daar wel alleen. Mijn vrouw en kinderen waren thuisgebleven. We hadden een hond in zijn laatste levensfase. Rakker, een Duitse staander. Die hadden we als puppy opgehaald, ergens in de Achterhoek. Een prachthond. Hij was zestien jaar oud, terwijl een jachthond normaal twaalf wordt of zo. Ien en

ik konden het beiden niet over ons hart verkrijgen om hem een spuitje te laten geven. Je zegt niet: ik moet zo nodig naar het buitenland, dus de hond een spuit en wegwezen."
"In Istanbul heb ik veel eenzame avonden gehad. Dan maken zwembaden en luxe keukens allemaal weinig uit. Die verdrijven de eenzaamheid niet. Het zijn gewoon heel vervelende, heel unheimische uren dan. Als ik me zo alleen voelde, vond ik het altijd heerlijk om hard te gaan werken. Ik ben niet het type om bij de pakken te gaan neerzitten. Laat mij maar lekker veel uren maken, dat deed ik bij PSV ook. Verder ging ik veel vaker dan normaal uit eten met kennissen van de club. En 's avonds voetbalden we regelmatig met oud-spelers van Fenerbahçe. Partijtjes zes tegen zes, die gingen tot één uur 's nachts door. Daaraan deed iedereen mee, van de president en ex-vedetten tot terreinknechten en keukenhulpjes. Waar het normaal heel hiërarchisch toegaat binnen een club, was daar op het veldje niets van te merken. Dan vallen al die verschillen in status weg. Dat is fantastisch in Turkije. De Turken zijn heel erg gezellig met elkaar. Ik heb daar toch een mooie tijd gehad."

De negen maanden in Turkije kennen veel hoogte- en dieptepunten. De golfoorlog maakt het leven niet altijd aangenaam. "Er werden regelmatig autobommen geplaatst bij mensen die connecties hadden met landen die Amerika steunden in Kuwayt. Nederland hoorde daar ook bij. Ik was redelijk bekend in Turkije, dus waarom zouden ze mij niet kunnen pakken? Ik wel regelmatig met die angst geleefd. Dat je 's ochtends in de auto je sleuteltje omdraait en even denkt: kan ik dat wel doen? Uiteindelijk draai je hem toch om. Vreemd. Ik heb zelf nooit bedreiging ervaren, maar dat was wel beangstigend."
"Mijn eerste ervaringen bij de club waren natuurlijk ook niet positief. We begonnen de competitie met een thuisnederlaag tegen Aydınspor. Het werd 1-6, mijn zoons waren er nota bene bij. Ik heb een halve dag in het stadion zitten wachten om naar mijn hotel te kunnen gaan. Zo gaat dat daar. Als we een uitwedstrijd wonnen en je ging op weg naar het hotel of het vliegveld, dan schoof je altijd de gordijntjes in de bus dicht. Anders gingen de keien tegen de ruiten. De eerste keer lette ik daar niet op en hebben ze de glassplinters uit mijn gezicht moeten halen."
Glorie en vernedering liggen dicht bij elkaar. "We schakelden Atalanta Bergamo uit in het UEFA-cuptoernooi en ik werd letterlijk van het vliegtuig tot mijn auto op schouders gedragen. Ik heb de grond niet aangeraakt, toen. Die extremen, binnen drie weken. Dan leer je snel om het wat beschouwender te bekijken. Die cultuur is gewoon heel dubbel. Aan de ene kant dat extreem euforische, aan de

andere kant dat nederige, waarvan ik af en toe niet goed werd. Turkije is zo lang een dictatuur geweest dat de angst voor repressie er nog steeds in zat. Een keer liet een speler voorzichtig blijken dat hij het niet helemaal met mij eens was. Hij werd onmiddellijk gecorrigeerd door de groep. Tegen de *hoça* (baas) mag je niet in gaan. Ik was blij dat eindelijk eens iemand zijn mond tegen me wilde opentrekken in plaats van achter mijn rug te gaan fluisteren. Als ik meespeelde in een partijtje vond ik het ook prima als ze mij eens een schop gaven. De eerste weken had ik op het veld een zee van vrijheid, want iedereen bleef op meters afstand van mij. Uiteindelijk was er eentje zover dat-ie mij een keer raakte. Die werd gelijk rood van schaamte."

Hiddink beklaagt zich over het niveau van de selectie. "Ze hadden me een spelersgroep in de maag gesplitst waarmee ik eigenlijk geen kant op kon. We hadden wel veel vedetten maar geen goede ploeg. Tactisch gebeurden er vreemde dingen. Onze rechtsback liep in het begin zomaar als linksbuiten te voetballen. Als hij dan een keer op doel schoot en net miste, kreeg hij een groot applaus en een dag later een prachtige recensie in de krant. Alsof hij had geschitterd. Het duurde even voordat de spelers begrepen wat ik van ze verlangde."

"De selectie was samengesteld door de diverse bestuursleden. Iedereen bezat wel een of twee spelers. Eigenlijk waren die jongens stuk voor stuk horigen van een mooi gefortuneerd driedelig pak. In mijn contract had ik wel laten vastleggen dat ik de opstelling zou bepalen en wie er in de selectie zaten, maar na een paar weken kwam er natuurlijk toch wel eens een bestuurslid naar me toe met vragen. 'Hé, trainer. Erhim? Hoe is het daarmee? Speelt niet veel, hè?' Of ze geven je gewoon een opstelling, op de achterkant van een sigarendoosje. Op een gegeven moment herken je de lijnen en weet je welke speler bij welk bestuurslid hoort. Het gevolg is natuurlijk dat allerlei colonnes hun werk doen. Ik was daar niet gevoelig voor, kon me ook totaal losmaken van die invloeden."

Op zoek naar een assistent hoeft Hiddink niet. Hij is amper aan de slag bij Fenerbahçe of een man meldt zich in zijn hotel. "Ik zei: 'Hé, Blok!' Stond Ger daar ineens." Ger Blok, voormalig jeugdtrainer bij de KNVB, is op dat moment in dienst van de Turkse tweededivisieclub Mersinspor. De reglementen van de bond verbieden Blok op het veld werkzaam te zijn, hij is technisch directeur. "We kenden elkaar nauwelijks, maar Ger riep gelijk: 'Ik word jouw assistent!' Ger was een interessante man en ik had nog wel iemand nodig. Ik zei: 'Man, kijk nou eens hoe je eruitziet!' Hij was dik, vét gewoon. En hij dronk veel te veel whisky. Ik zeg: 'Als je dát nou laat staan en acht kilo lichter bent, wil ik erover nadenken.' 'Oké', zei Ger."

"Een maand of twee later stond hij weer voor me. Hij zag er puik uit. Geweldig! Ik kon er niet meer onderuit, natuurlijk. Ger had geleefd als een monnik. Hij kwam naar Istanbul gereden – dat was wel iets van 1500 kilometer – in een oude, groene Mercedes 180 waarbij zijn koppie net boven het stuur uitstak. De hele huisraad erin. Ger had zes-, zevenhonderd mark onkosten gemaakt. Laat het duizend geweest zijn."

Blok gaat direct aan de slag bij Fenerbahçe. "De eerste de beste training – hij was uitgelaten! Hij had twee jaar niet op het veld gestaan. Ik zei: 'Jij leidt de training, ik ben jouw assistent.' Ger sprak een paar woorden Turks. Die jongens gingen oefeningen doen, maar binnen twintig seconden blies hij op zijn fluitje: stop! Vijf minuten uitleggen en dertig seconden bezig. Stop! En zo ging dat maar door. Na anderhalf uur vroeg-ie: 'En, hoe was het?' Ik zeg: 'Ger, wil je dat ik een beetje slijm of dat ik de waarheid vertel?' 'Vertél', zei-ie. 'Ger, het was helemaal niks. Helemaal nul! Je hebt tien minuten gewerkt en de rest heb je staan lullen'. Normaal wordt iemand dan boos, maar Ger zei: 'Wat ben ik jóú dankbaar! Wat ben ík jóú dankbaar! Hier kan ik mee verder.' Zo was Ger."

"Je kon geweldig lachen met Ger, maar hij kon je ook helemaal gek maken. Soms belde hij om vier uur 's nachts op om over de opstelling te filosoferen. 'Ik ben d'r uit', riep-ie dan. 'Ik ben d'r uit! Als we die nou daar neerzetten en die daar, dan kan die daar'. Ik zeg: 'Ger, zullen we hier morgenvroeg over praten?' En dan hing-ie weer op."

"Hij kwam ook een keer met een schaap aanzetten. Op de training. Er werd een tribune geopend en volgens een ritueel gebruik wordt er dan een schaap geofferd. Je moet daarbij een vingerpuntje bloed op je voorhoofd drukken. Maar Ger deed het op zijn manier, die smeerde zijn hele kop in. Alles zat onder het bloed. Wat een man!"

"Later kreeg ik een conflict met Ger. Ik ging weg bij Fenerbahçe, hij werkte door. Een paar weken nadien werd hij alsnog op non-actief gesteld. Omdat ik naar Valencia ging, had ik met die club een afkoopsom geregeld. Ger kon die laatste twee maanden salaris natuurlijk vergeten. Toen heb ik hem die twee maanden gecompenseerd. Tienduizend mark per maand schoon, toch een goed salaris. Maar Ger wilde ook nog die duizend mark onkosten, van toen hij uit Mersin naar Istanbul was gekomen. En een week later belde hij dat het 2500 gulden moest zijn. Wéér een week later liet hij 's nachts bellen. 'Goedenavond, ik ben de advocaat van de heer Blok, de heer Blok krijgt nog achtduizend mark van u.' Toen dacht ik: nu moet je niet vervelend gaan doen, Ger. Later is dat wel uitgesproken."

Het voortijdige vertrek uit Turkije komt eigenlijk volkomen onverwachts voor Hiddink. "Ik had een tweejarig contract met Fenerbahçe, waarin stond dat ik na één jaar weg kon als er een Italiaanse of Spaanse club zou komen. In maart belde een bestuurslid van Valencia, Alberto Miguel de Navarro, mij op. Of ik volgend seizoen trainer wilde worden. Ik vond Spanje fantastisch en ben meteen naar Metin A ik gegaan, de grote president van Fenerbahçe. Ik heb toestemming gevraagd om te gaan praten. We waren snel rond, ik wilde mijn contract gewoon uitdienen, maar hij vond toch dat het beter was om maar meteen te stoppen. Ik zei: 'Wij Hollanders kunnen best met heel veel toewijding het seizoen afmaken. Is geen probleem.' Nee, Ger moest het overnemen."

Er zijn nog enkele wedstrijden te gaan voor Hiddink zijn koffers pakt. "We speelden de tweede halve finale van de beker tegen Ankaragücü, ik zat die zondag op de tribune. Uit hadden we met iets van 1-0 gewonnen, nu verloren we met 1-3. Nou, dat gaf me een volksopstand! Maar die richtte zich tegen hém, de president. Achteraf gezien deed hij dat niet slim. Als ík die wedstrijd had verloren, had ík ook alle blaam gekregen. Win je, dan is het heel normaal. Het was eigenlijk een kwestie van die negentig minuten volmaken."

"Los van zulke incidenten heb ik daar een goede tijd gehad. In die wereld, rondom de Middellandse Zee, heerst nog de wereld van Machiavelli. Van verdeel en heers. Prachtig. Het eerste woord dat ik leerde was *toplanti*. Vergaderen. Maar van vergaderen kwam weinig. Voordat de discussie begon, vlogen ze elkaar al naar de strot. En dan die fluistercultuur ook. Het behaag- en likgedrag. U kunt mij wel vertrouwen, maar met hem en hem moet u oppassen. Ik had een paar assistenten die al die lijnen kenden, die precies wisten hoe de mensen zich in dat theater bewogen en staande hielden. Als je dat kunt bekijken en beschouwen, dat is ongelofelijk prachtig. Maar dan moet je wel immuun zijn voor invloeden. Want anders ga je verkeerde spelletjes spelen. En dat hou je nooit vol. Onafhankelijkheid van externe invloeden is de basis van presteren. Je voelt zelf wel wat zuiver is naar de groep toe, en die groep is toch altijd het belangrijkste voor je. De rest is mooi, hangt erbij uit clubliefde óf om financiële redenen óf om gezien te worden, maar staat buiten de eigenlijke kern van je werk. Is feitelijk dus aanhangsel. Zo gauw je voelt dat mensen willen inbreken in je team, moet je het meteen afkappen. Als je in die wereld overleefd hebt, bezit je een aardige bagage. Dan groei je snel."

Hiddink krijgt voor het eerst in zijn leven te maken met een agressieve benadering van de pers. "In Turkije weet je: iedereen volgt je. Fenerbahçe was en is de onbetwiste volksclub van het land. Het heeft iets van vijftien miljoen aanhangers en die zijn verspreid over het hele land. Als de kranten op een dag géén nieuws brengen over Fenerbahçe, gaat de oplage meteen met tienduizenden omlaag, zeggen de journalisten daar. De trainer van Fenerbahçe is daar een heel groot iemand, of je dat nou wilt of niet. Je bent het boegbeeld van een zeer grote club. Dus moet je je geconditioneerd gedragen. Trainer van Fenerbahçe ben je 24 uur per dag. Dat is heel extreem."

"Als je in een restaurant zit te eten, dan belt de restauranthouder zélf de kranten. Dan zie je nog wel eens een struik opzijgaan en hoor je de camera's klikken. Ik was natuurlijk niet veel gewend. Ik kwam uit een ideale perssituatie in het rustige Nederland, waar ze je privé behoorlijk met rust laten. In Turkije gaat het hard tegen hard tussen de kranten."

"Je moet constant op je hoede zijn, dat maakt het enerverend daar. Toni Schumacher was onze doelman en hij had natuurlijk een grote naam. Ik weet nog dat ik een keer een individuele training met hem deed, achter op het veld. De pers was aanwezig, maar staat altijd te lullen langs de kant. Meestal met de rug naar het veld. Ze kijken niet welke oefening je doet, dat interesseert ze niet. Dat was bij het Nederlands elftal ook zo. Ze staan gewoon gezellig bij mekaar, wat te kletsen, maar altijd met de rug naar het veld. Voetbal is ook niet écht hun vak, natuurlijk."

"Met Schumacher ontstond rumoer nadat hij een bal op zijn gezicht had gekregen. Hij had een bloedneus en ik zei: 'We gaan een stuntje uithalen'. Dus we deden heel vijandig tegen elkaar en wat zie je de volgende dag? Kranten vól! Ik had Schumacher op zijn gezicht geslagen. Prachtig. Ja, waarom doe je dat? Omdat je met een geintje die dagelijkse wilde, schreeuwende krantenkoppen wilt relativeren."

De omgang met de Turkse pers is een les voor het leven. "Ik heb natuurlijk leergeld betaald. In Istanbul ben ik een keer geweldig *geframed*. Geluisd. Dat was met een dame, die me een keer bij haar thuis uitnodigde om een kop koffie te komen drinken. Ze deed zich voor als een fan van de club, het was een keurige dame in een roze truitje en ik zou met haar en haar ouders een keertje koffie gaan drinken. Ik ben daarheen gelopen, 's avonds, en toen ik de deur opendeed om weer naar huis te gaan, stond de *yellow press* al klaar. Pats, pats, pats! Zo een paar camera's die me vastlegden."

"Achteraf bleek die mevrouw een buikdanseres te zijn. Na die gebeurtenis ging ze ineens zevenhonderd in plaats van driehonderd mark verdienen. Ik heb haar later nog eens gesproken en gezegd: 'Gefeliciteerd, dat heb je goed geflikt.' Maar ik liep natuurlijk wel in mijn eigen val. Mijn voorganger, Pál Csernai, hebben ze een keer *geframed* in een homobar, waar hij heen gelokt was. Een homo als trainer, dat was natuurlijk helemaal not done in die tijd."

"Na dat akkefietje ben ik meteen naar de voorzitter gegaan, want ik wist niet wat ik ermee aan moest. Hij zei: 'Maak je geen zorgen, dit is onze wereld. Welkom in

Turkije'. Hij vond het eigenlijk wel mooi. Ze vinden dat stoer, mannelijk. Achteraf was het toch een soort van ontgroening voor me. Zulke fouten maak je één keer. Het beste wat je kunt doen is rustig poseren met alles en iedereen. Met kinderen en ook met blondines die een dikke boezem hebben. Ik ging er na verloop van tijd minder schichtig, minder spastisch mee om."

De sportpers in Turkije heeft een andere plaats in de maatschappij dan bij ons, ervaart Hiddink. "De journalistiek daar is heel erg verweven met bepaalde clubs. Ze zijn zogenaamd onafhankelijk, maar de lijnen tussen kranten als *Hürriyet* en *Milliyet* en bepaalde presidenten zijn sterk. Het is veel politieker bepaald dan bij ons en dat wordt ook door iedereen geaccepteerd. Met welke krant Fenerbahçe gerelateerd was, zou ik niet weten. Daar heb ik nooit onderzoek naar gedaan en het heeft me ook nooit geïnteresseerd. Ik ging heel erg mijn eigen gang. Volgde mijn eigen lijn. Dat maakt je ook minder kwetsbaar voor negatieve of positieve commentaren. In die zin is zo'n ervaring in Turkije ook wel erg vormend. Je laat nog minder je oren hangen naar mensen."

"Ik ga nu niet heel stoer roepen dat kritieken me nooit iets doen. Zoals Afellay en Aissati het leuk vinden als de kranten positief schrijven, zo heb je dat als jonge trainer ook. Het is toch een vorm van erkenning, herkenning, bevestiging. Als ze elke dag schrijven: 'Wat een klootzak, het wordt tijd dat-ie oprot' dan werkt dat ergens toch mee."

"Vertrouwen, zelfvertrouwen, is nodig om goed met kritiek om te kunnen gaan. Ik heb inmiddels de ervaring dat een bepaalde manier van werken tot resultaten leidt, vaak, en dan ga je daar anders mee om. Dan denk je niet meer zo snel: zou die of die mij wel goed vinden? Dat heb je in je eerste fase wel. Dan is het mooi als je wordt bevestigd. Het gevaar daarvan is weer dat je sneller over de kop slaat. Omdat je maar weinig gewend bent."

"Ik heb geleerd niet zo gauw meer ondersteboven te raken van kritiek. Tenzij er grove onwaarheden verteld worden. Dan kan ik nog wel eens giftig worden. Bij Valencia gebeurde dat een keer. Ik woonde pal aan het strand en ik had me verslapen, iets wat me nog nooit was gebeurd. Die nacht waren de batterijtjes van mijn wekkertje leeggelopen. Ik zou dus te laat op de training komen. De afspraak was: op tijd beginnen, ook als sommigen er niet zijn. Niet afhankelijk zijn van één persoon. Dat wilde ik nooit hebben. Dus ik belde mijn assistent en de masseur en zei dat ik niet naar de club zou komen en vanuit mijn kantoortje in het hotel zou werken. Maar elke dag om twaalf uur is daar live radio. Antena 3 en Cadena Cope hebben dan uitzending en dat beconcurreert mekaar natuurlijk in de berichtgeving, zeker als het om de voetbalclub gaat. Dus ja, de mister is er niet. Wat nu? De een verzon dat ik met een hartaanval in het ziekenhuis was opgenomen en de ander wist dat ik de avond daarvoor dronken op het strand had gelegen. Die verhalen - ik kon er nog niet eens zo boos over worden. Maar de voorzitter nam het ook mee. Die liet zich helemaal opfokken door die radio. Zulke mensen gaan snel mee in de wervel en de waan van alledag. Ik had dus wel wat uit te leggen."

"Kwalijker is het wanneer er bewust een bepaald negatief beeld van je wordt gecreëerd. In mijn KNVB-tijd ben ik woest geworden op Ger Stolk, die persvoorlichter was. Ik kreeg steeds vaker opmerkingen van journalisten die zeiden: 'Wat ben je arrogant geworden, Guus. Waarom heb je nooit meer tijd voor interviews?' Ik wist nergens van. Bleek dat Ger aanvragen stelselmatig achterhield. 'Ik heb het maar afgewimpeld en gezegd dat je d'r niet was. Ik hou je wel uit de wind.' Dat zei-ie. Dus die Ger had mij maandenlang zogenaamd uit de wind gehouden. Zo is het verhaal ontstaan dat ik in die tijd nauwelijks in Zeist aanwezig was. Dat was echt onzin, ik zat daar vier dagen in de week op kantoor en ging dan in het weekeinde nog drie, vier wedstrijden bekijken. Zaterdagmiddag de Bundesliga, een keertje Engeland, 's avonds vaak PSV en dan op zondag weer een wedstrijd. Dat vond ik heerlijk."

"Er gebeurden in Zeist dingen waar ik geen vat op had. Het frustreerde me dat ik daar de vinger niet op kon leggen. We hadden wel eens een vergaderingetje op maandag en 's woensdags stond in *Voetbal International* precies te lezen wat daar besproken was. Toen heb ik een keer een fakenotitie aan Ger gegeven en viel alles samen. De inhoud weet ik niet meer, maar het stond wel in VI. Toen heb ik gezegd: wegwezen. Zo gaan we niet met elkaar om. Ger is toen naar de amateurafdeling gegaan. Rob de Leede kwam binnen en vanaf dat moment ging het prima."

"Pers kan carrières maken en breken. Zeker. De voetballerij is in het aannemen en afstoten van personeel vaak opportunistisch. Ook beleidsmakers zijn gevoelig voor verhalen. Er zijn best voorbeelden van mensen van wie de loopbaan ernstig beïnvloed is door de pers. Bijvoorbeeld die van de zogenaamde kroonprinsen. Geen enkele kroonprins is ooit koning geworden. Het is dus eigenlijk een ironische titel. Op het moment dat je kroonprins wordt, heb je vaak al een bepaald gedrag vertoond dat daartoe leidt. Daar moet je niet de pers de schuld van geven, het heeft vooral te maken met jezelf. Geloof je in het beeld dat van jou geschetst wordt of kun je dat naast je neerleggen? Vaak zie je dat trainers zich nét iets anders gaan manifesteren als het eens een keertje goed gaat. Dan is de valkuil dichtbij, vaak sta je er zelfs al met één been in. Er zijn er ook die dat gedrag niet vertonen. Bij PSV natuurlijk Erwin Koeman en Fred Rutten, maar daarbuiten zijn er ook genoeg. Foeke Booy, bijvoorbeeld. Die gedraagt zich normaal en krijgt zo'n predikaat minder snel. Ron Jans is ook zo iemand. Het zijn vaak toch de wat ijdele

mensen die zoiets overkomt."
"Omgang met de pers is iets wat je echt moet leren. In moeilijke tijden krijg je beschouwingen, kritische noten en tv-programma's over je heen. Dat weet je. Juist op zulke momenten moet je heel sterk vasthouden aan je eigenlijke doelstelling. Zelf ben ik nooit op het hellend vlak terechtgekomen of zowat over de kop geslagen. Van nature ben ik iemand die intens geniet van het spel, van de trainingen zelf. Dan sluit je je sowieso al wat gemakkelijker af. En ik heb een behoorlijke nuchterheid over me. Ik weet niet of dat streekbepaald is. Achterhoekers zijn boerenknuppels die raar kunnen doen, maar daaroverheen wel een blik naar zichzelf hebben van: stel je niet zo aan, man. Het voetballeven is hartstikke fijn, hartstikke mooi – de ene keer lach je en de andere keer huil je, maar ik raak er niet door van de leg. Ook niet door wat anderen van me vinden."

Hoofdstuk 8

Het geluk gezocht en gevonden

Na het voortijdig afgebroken bestaan in Turkije gaat voor Guus Hiddink een droom in vervulling. Hij wordt trainer in Spanje, bij Valencia. Tussen 1991 en 1994 beleeft hij een periode vol hoogte- en met enkele dieptepunten. Hiddink voelt de diepe pijn van de ontslagen voetbaltrainer, maar keert later glorieus terug.

De zomer van 1991 voltrekt zich voor Hiddink aanvankelijk in grote stilte. Samen met zijn gezin zoekt hij in juni van dat jaar de rust van Terschelling. "Het was een vakantie met de kinderen erbij en ik kon daar in alle rust een cursus Spaans doen. Dus ben ik aan het stampen gegaan. Uren- en urenlang. Ook als ik in de auto zat. Altijd bandjes draaien. In mijn PSV-tijd volgde ik zo al een cursus Italiaans als ik van Eindhoven op weg was naar Zelhem. Ik vond en vind het allebei mooie talen."

"Die Spaanse lessen gingen vaak door tot vier uur 's nachts. Veel luisteren, veel herhalen. Als ik me ergens op stort, kan ik me heel goed afsluiten. Ik wilde me per se verstaanbaar kunnen maken in Spanje. In mei had ik bij Valencia een eerste persconferentie gedaan. Dat was met een tolk, maar die heb ik in augustus niet meer meegenomen. Vlak voor de eerste training deed ik mijn eerste persconferentie in het Spaans. Weliswaar telegramspaans, maar dat vonden ze toch mooi."

"Na een maand of twee leek het net of ik een chip kreeg ingeplant. Ik had de slag te pakken en ging ook in het Spaans denken. Toen verdween het gehakkel en werd het praten. Ik had er ook wel gevoel voor. Ik ben geen bètaman: wiskunde, meetkunde en algebra zijn niks voor mij. Natuurkunde en scheikunde ook niet. Talen, het ritme van talen, vond ik als kind al mooi."

"Ik ben enorm veel van Spanje gaan houden. Omdat ik daar heel veel fijne mensen heb leren kennen. Het stereotiepe beeld van de kustplaatsen rond Barcelona – met het Broodje van Kootje - had ik ook op het netvlies. Maar als je daar werkt en het land écht leert kennen, is Spanje een enorme verrijking. Heel anders ook dan Italië. Ruwer misschien, boerser in de goede zin van het woord. En heel warm. Maar ook met al zijn intriges, met alle Latijnse dingen die daarbij horen. Ik was meteen verkocht."

Hiddink betrekt een voormalig staatshotel, Parador El Saler, op tien kilometer van Valencia en honderd meter van het strand. "Het was een prachtige omgeving. Ik had eigenlijk een heel klein kamertje, van vier bij vier of zo. Met een heel simpel badkamertje, een heel klein bureautje en een heel klein televisietje. Ik had geen enkele behoefte om groot te wonen. We waren wel wezen zoeken naar een huis, maar toen we daar in dat hotel kwamen was het gelijk goed. Ik was er kind aan huis. Eten deed ik meestal in de keuken. Samen met de kok een omelet bakken. Tachtig procent van het personeel van toen werkt daar nu nog."

"Valencia was en is een prachtige club. Ik kom er nog steeds, en erg graag. Dan zie je weer al die mensen die helemaal gek zijn van de club. Voetbal is daar zeven dagen in de week pure passie. Liefde. De voetbalsfeer zoals ik die in Valencia aantrof, gaf me een enorme energie. Wedstrijden die 's avonds om half elf beginnen, terrassen die de hele avond vol zitten met drukdoende supporters, 's nachts na een wedstrijd om half twee het restaurant in om nog wat te gaan eten. Bij vijfentwintig graden. Heerlijk. Dan komen de mooie grote hammen op tafel. En overal foto's aan de muur, van de grote stierenvechters en voetballers."

"Valencia is een gróte club, vergis je niet. Er hebben natuurlijk ook zeer goede voetballers rondgelopen. Mario Kempes, Faas Wilkes. Als je ziet hoe groot Faas Wilkes daar nog is... Ik wist wie Faas was, maar ik had hooguit een keer een flits van hem gezien op de Vijverberg. Toen speelde hij al bij Xerxes, tweede divisie. Dus zijn grootheid als speler kende ik niet. Maar bij Valencia – een respect! Fenomenaal. Ik had destijds het plan om hem een keer mee te nemen naar het stadion. Helaas kon dat toen niet doorgaan vanwege zijn gezondheid."

Eenmaal aan de slag neemt Hiddink vrij snel een zware beslissing. Hij zet routinier en aanvoerder Arias uit de ploeg. Ook de dure spits Rommel verliest zijn plaats. "Vooral Arias was een grote jongen daar: hij had een paar keer in de nationale ploeg gespeeld, meer dan vijfhonderd wedstrijden voor Valencia op zijn naam, maar was ook een echte ausputzer. Eentje die het liefst twintig meter achter zijn verdediging speelde. Ik dacht: hoe krijg ik dit bolwerk nou omver? Ik heb Camarasa, die hij zelf beschouwde als zijn opvolger, toen libero gemaakt. Met hem konden we wat verder naar voren verdedigen. Dat maakte het voor Arias gemakkelijker te accepteren, dat er voor hem geen plaats meer was. Op die manier heb ik het geluk gezocht en ook gevonden. Eenvoudig was dat niet, want in die landen moet een vedette – volgens de begrippen van de club – bijna zélf zijn afscheid kunnen bepalen."

"Voor een trainer is het altijd lastig om zoiets te doen. Maar je moet het wel aanpakken, anders ben je niet geschikt voor je job. Ik wilde bij Valencia niet binnenkomen als de flinke nieuwe trainer die even de sokkel van een regionale held omver kwam duwen. Ik wilde hem het bolwerk laten blijven dat hij in die

streek was, maar heb wel het proces versneld. Later heb ik hetzelfde moeten doen met Ahn, die in Zuid-Korea een echte vedette was. Dat ging wat pittiger, omdat er rond hem een cultus was ontstaan. Hij wentelde zich in de wetenschap dat hij als eerste Koreaan naar Italië was gegaan. Ging zich daarnaar gedragen, met auto's, Armani-pakjes, horloges en kettinkjes. Maar het presteren was er niet naar."
De omgang met vedetten blijft hem fascineren. Hij ontdekt: "Echte vedetten staan nooit zo ver van hun eigen kern af. Dat kenmerkt deze mensen. Ze zijn vrij eenvoudig, maken het waar op het moment dat het gevraagd wordt en voelen feilloos aan hoe het eigenlijk werkt in het voetbal. Een vedette imponeert nooit door zichzelf op te pompen. Daarom moet je als trainer in de top ook nooit geforceerd gaan doen. Een trainer die stoer doet, die veinst, daar wordt doorheen geprikt. Die wordt geparkeerd door de groep. De spelers krijgen dan een houding van: we hebben er geen last van, laten we hem maar gedogen. Dat is dodelijk, maar trainers hebben dat vaak niet eens door. Ik heb gelukkig met heel wat van die 'echten' mogen werken: veel Nederlandse internationals natuurlijk, waaronder Cocu en Bergkamp, Mijatovic bij Valencia, Hierro bij Real Madrid, Raúl in zijn scherpe tijd, Viduka ook."

Mijatovic is zijn enige grote aankoop bij Valencia. "De club had geen geld in die periode en Mijatovic kostte toch een behoorlijk bedrag, een miljoen dollar. Dat was een heel zware rib uit hun lijf. Ik heb hem, wat eigenlijk fout is, puur op basis van videobanden gekocht bij Partizan Belgrado. We durfden niet naar Belgrado te gaan, omdat in Joegoslavië toen de burgeroorlog woedde. Maar het pakte wonderwel goed uit, we hebben twee jaar op rij UEFA-cupvoetbal gehaald. Dat was ook de doelstelling van de club."
Mijatovic is de onomstreden vedette van het team. "Hij was echt een grote voetballer en in de kern heel goed, heel sociaal naar anderen toe. Mijatovic heeft een zwaar gehandicapt zoontje, had privé heel veel problemen, maar gedroeg zich altijd zoals het hoort."
"Een vedette is in wezen, zonder dat hij het zelf weet, de bewaker van de kern van het voetbal. In de kleedkamer, maar ook op televisie. Cruijff en Van Hanegem zijn daarvan natuurlijk prototypes. Ook zij voelen haarfijn de kern van het spel aan, dat waar het om draait. Willem kan op televisie ooit heel scherp zijn en dingen goed benoemen, maar heeft niet de intentie mensen te beschadigen. Mensen vóélen zich misschien wel beschadigd, maar dat is onzin. Dat komt dan doordat ze worden aangesproken op zaken die in de kern van het voetbal fout zitten. Daar legt hij negen van de tien keer de vinger op. Als hij over PSV sprak en zaken signaleerde die fout zaten, voelde ik me nooit in de wiek geschoten. Hij gaat puur

in op de materie. Dat vind ik mooi."
Veel vaker botst de trainer Hiddink met de pseudo-vedette. "Die wordt vaak gemaakt door de media en gaat zich naar dat beeld gedragen. Door gemakzuchtig te worden en niet meer datgene te presteren wat in de kern wel mogelijk is. Zulke spelers stellen zichzelf niet meer de vraag: waaróm ben ik eigenlijk zover gekomen? Wat heb ik daar, jaren geleden, allemaal voor moeten doen? Ahn was daar een voorbeeld van. Nee, Seedorf en Davids zeker niet. Die jongens hebben natuurlijk hun eigen gedragingen gehad, zo rond het EK van '96, maar van hen kun je niet zeggen dat ze buiten hun karakter treden. Of je het nou leuk vindt of niet: ze zijn wel authentiek en hebben natuurlijk wél gepresteerd. Bij mijn terugkeer naar PSV had je wel wat spelers die misschien een beetje buiten hun eigen beperkingen rekenden en zich als een vedette gingen gedragen. Maar dat is de laatste jaren helemaal verdwenen. Iedereen hunkert natuurlijk naar een status waarbij er waardering voor zijn inbreng in het veld. Daarom moet je als coach juist de mindere spelers heel goed begeleiden en laten voelen wat hun belang is voor het elftal."

In Valencia bouwt Hiddink een vrij hechte relatie op met Cruijff. "Rond de wedstrijden tegen Barcelona had ik steeds een goed contact met Johan. Onze wedstrijden waren ook altijd erg spectaculair. We boekten een keer een sensationele bekerzege op Barcelona, in het seizoen dat zij de Europacup wonnen. Met Koeman, Laudrup, Stoitsjkov – alle grote jongens. Maar het werd ook wel 4-2 of 3-4. Mooie clashes. In die tijd zijn we wat meer met elkaar in contact gekomen."
Door de manier van spelen, die voor Spaanse begrippen vernieuwend is, ontstaat er een band tussen de twee. "Er was een bepaalde affectie, zonder dat er sprake was van afhankelijkheid. Ik kan niet zeggen dat het belangrijk is om 'onder Cruijffs paraplu te acteren', om het zo maar te noemen. Ik heb ook nooit iets ervaren van: als je goed bent met Cruijff word je beschermd of gedekt. Nooit. De manier van het voetbal benaderen kwam overeen. Omdat je ook wilt genieten van mooi spel. Het is prachtig als je op het veld terugziet wat je tijdens trainingen als ideaalplaatje voor ogen hebt."
"Later, ik zat inmiddels weer in Nederland, ontmoette ik Johan een keer tijdens een trainingskamp van Barcelona in Papendal. Was wel mooi, ik kon tijdens de lunch gewoon aanschuiven bij de groep. Die middag zou ik met Riemer van der Velde gaan golfen. Johan wilde mee. Barcelona moest trainen, maar Johan vertelde heel relaxed tegen zijn assistenten Bruins Slot en Rexach dat-ie ging golfen. Hij zei: Ronald wil misschien ook wel even mee. Tijdens de lunch staat-ie op en roept: 'Ronald, vanmiddag even balletje slaan met Guus. Spullen pakken,

om half drie slaan we af.' 'Is goed', zei Ronald. En niemand die daar een punt van maakte. De rest ging gewoon trainen. Dat zou hier nooit kunnen. Maar Johan had daar maling aan. Eigenlijk is hij een heel gemakkelijke, toegankelijke man. Ook helemaal geen vedetteneigingen."
Hiddink en golf. In Valencia wordt het zijn nieuwe passie. "Ik heb er lang over gedaan om golfen leuk te gaan vinden. Mijn hotel in Valencia stond midden op de golfbaan. Vanaf mijn balkonnetje zag ik die oude mensen daar staan klungelen. Van die mannen en vrouwen in een geruite broek. Ik dacht: da's niks voor mij, zo'n spelletje waarin dikke mensen ook nog aardig meekunnen. Op die baan werkte een pro, met wie ik af en toe een wijntje dronk in het hotel. Pepín Cabo heette hij. Hij was de nummer vijf van Spanje en zei: 'Je moet eens gaan spelen.' Ik zeg: 'Ga weg, golf is een spelletje voor bejaarden en ontslagen trainers. Die hebben tijd'."
"Op een gegeven moment pakte hij me vast en zei: 'En nu gaan we afslaan.' Ik sputterde nog tegen en zei: 'Het is toch een gemakkelijk spel, man. Voetbal, dát is moeilijk. Met tegenstanders die je tegen je poten schoppen, snel handelen, weinig ruimte. Bij golf ligt dat balletje stil en je hebt alle ruimte om het weg te meppen.' We zaten elkaar flink op te naaien en hij nam me mee. Wij de *driving range* op. Ik slaan. Twee, drie, vier keer. Dan weer stuiterde die bal twee meter weg, dan vloog-ie helemaal naar rechts, dan maaide ik finaal over de bal heen. Hij lachen: 'Lukt niet, hè?'"
"Daarna gaf-ie me twee aanwijzingen. Handen zó houden en je kop zó. Ik kan het vrij snel overdrachtelijk binnen laten komen, en van de tien ballen gingen er ineens drie, vier heel mooi de lucht in. Diezelfde dag ben ik nog uren doorgegaan. Pepín was inmiddels weg, maar ik had het virus te pakken. De volgende dag gingen we de baan op. Ik werd zo fanatiek dat ik voortaan 's ochtends om zes uur de wekker zette en vóór de training twaalf holes ging lopen. 's Nachts stond ik om één uur nog te putten. Super."

"Golf is een perfecte barometer van je geestestoestand. Als je lekker golft, is je hoofd leeg. Andersom: met een vol hoofd kun je niet lekker spelen. Als ik golf, verkeer ik in een andere geestestoestand. Dan leer je weer hoe belangrijk of onbelangrijk hetgeen is waarmee je vaak bezig bent. We maken ons allemaal heel druk met het bestrijden van elkaar, met pers en bestuur, maar als je golft weet je weer waar het om gaat: om spelen. Sec spelen. Zo ontspannen mogelijk. Dan ben je ook op je best. Daarom zijn kinderen vaak ook zo goed. Kinderen die spelen gaan helemaal op in het moment. Dan zijn ze heel serieus, heel geconcentreerd, en zie je ze de dingen vaak ook heel goed doen. Die denken niet geconditioneerd na over invloeden van buitenaf. Die zijn er niet, die bestaan nog niet."

"Als je later allerlei littekentjes hebt opgelopen, moet je kijken of je daarnaar kunt terugkeren, naar dat kind in je. Dat lukt nooit helemaal, maar ik probeer het als coach wel in te bouwen in het presteren. Er moet een ambiance zijn waarin de spontaniteit zo groot mogelijk is. Door te spelen en te laten spelen kom je daar heel dichtbij. Veel mensen hebben op latere leeftijd geen levendige, geen lenige geest meer. Jan Timmer is zo iemand. Die zie je zelden even een grapje maken tussendoor. Of zichzelf relativeren. Iedereen is anders gebekt, maar ik kan hem nooit eens betrappen op een lachje. Veel oudere mensen die kennis hebben gemaakt met veel geld en prestige laten zelden nog iets van een kind zien."

Na twee goede jaren komt Hiddink in de herfst van 1993 in de problemen bij Valencia. "Er waren malversaties. De penningmeester had er een rommeltje van gemaakt en het bestuur-Tuzón moest vallen. Dan ga je in de val mee. Tuzón had mij aangesteld en als zijn laatste daad trok hij mij nog omver. In de oppositie zat Paco Roig, een financieel en politiek sterke jongen. Die volgde Tuzón op. Met weer zijn eigen kabinet. Zo gaat dat daar: in elke club heb je altijd een grote oppositie, een schaduwkabinet."
"In die wereld zie je prachtige bewegingen, omdat een voetbalclub veel meer is dan hier. Bestuurslid zijn van Valencia verschaft je status en ook de mogelijkheid om zakelijk succesvol te zijn. Al die lui zijn stuk voor stuk helemaal begaan met de club, maar ze zijn er ook constant op uit om mekaar het leven zuur te maken. Dat gaat veel verder dan een vijfde colonne, zoals je die in Nederland hebt. Hier staan ze vaak wat aan de bar, sponsors en bestuursleden gek te maken. In Spanje zijn het echt machtsblokken, te vergelijken met politieke partijen bijna. Er zit altijd frictie in, ook binnen het bestuur. Er is altijd wel een bestuurslid of een vice-president die een stapje hogerop wil. Om nóg meer aanzien te verkrijgen of nóg meer orders voor zijn bedrijf te vergaren. Dat loopt daar allemaal door elkaar heen. Dat kan zeer destructief worden."
"De verhouding met Tuzón was al onder druk komen te staan. Ik was geen type dat bij een bepaald kamp wilde horen. In oktober '93 heb ik een aanvaring met hem gehad toen ik voor een wedstrijd een spandoek met hakenkruisen uit het stadion had laten verwijderen. Dat was daar neergehangen door wat jongeren, waarschijnlijk achteloos. Vanuit de vroegere historie van Spanje, met het fascisme van Franco en de onderdrukking van Catalonië, lag dat natuurlijk heel gevoelig bij oudere mensen. De journalistiek sprong daar op in. Er kwam een spin-off die ik nooit verwacht had. Van een paginagroot artikel in *El País* tot waardering vanuit het Europees Parlement. Maar de junta van Tuzón was venijnig. De president zei tegen me: 'Mister, u moet zich alleen met het veld en die jongens bemoeien.' Ja

hallo, ik ben een normaal denkend mens en als ik het gevoel heb dat ik zoiets moet doen, dan doe ik dat. Zonder dat ik uit ben op grote demonstraties of wat ook. Maar zij namen me dat wel kwalijk. Dat gaf al iets weer van dat machtsdenken. Zeker in een subcultuur als het voetbal heb je dat daar. Meer dan in de normale maatschappij. Het voetbal is nog echt een ouderwetse arena, waar zulke krachten zich veel gemakkelijker kunnen manifesteren."

"Ik heb daar bestuursvergaderingen meegemaakt, dat was niet normaal meer. Zoals die mensen tekeergingen tegen elkaar, dat kennen wij in Noord-Europa niet. Wij zouden elkaar voor het leven niet meer aankijken na zulke confrontaties, want die waren niet zakelijk maar héél persoonlijk. Maar daar? Die mensen liepen na een vergadering gewoon weer arm in arm naar een restaurant."

"Je leert daar snel mee omgaan, je moet wel. Ik heb voor het bestuur een keer een rapportje gemaakt voor het volgende seizoen over spelers die moesten blijven of vertrekken. De inhoud daarvan hoorde ik diezelfde avond op mijn autoradiootje. Tot in detail! Hoe dat er precies aan toe gaat is niet te doorgronden. Ik was des duivels want ik moest de volgende dag weer met die spelers aan de slag, maar die maakten daar eigenlijk geen probleem van. Zij waren dat wel gewend. Je leert dan ook heel snel om in persconferenties met lange zinnen niks te zeggen. Je moet wel. Niet omdat ik wantrouwend ben, helemaal niet zelfs, maar je bent voorzichtig met het geven van informatie. Zeker als de concurrentie tussen de diverse media zo enorm groot is, weet je dat ze alles doen om nieuws te brengen."

Een desastreuze avond in Duitsland bespoedigt het einde van Hiddink. "In de periode van die malversaties verloren we in het UEFA-cuptoernooi met 7-0 van Karlsruher SC, nadat we thuis met 4-1 hadden gewonnen. Op dat moment voelde ik dat iedereen zich letterlijk distantieerde van me. Dat is heel, heel erg vervelend. Dan zit je wel erg alleen. Ik weet nog dat ik op het vliegveld belaagd werd door mensen van de club. Je bent nog net geen *hijo de puta*, maar verder krijg je van alles over je heen. Veel vuur, zogezegd. Ik zie nu nog de priemende, prangende ogen en de verbale en non-verbale agressie op me afkomen. Van mensen uit de club, sponsors en supporters. Dat was vrij bedreigend. Ik was ook totaal alleen. Letterlijk én voor je gevoel. Er was niemand. Totale eenzaamheid. Op datzelfde moment overheerst bij die ander de emotie. Ik weet nog dat ik toen dacht: je mag boos zijn, maar kom niet fysiek aan me. Raak me niet aan. Iedereen heeft zijn eigen cirkel en die is zo groot als je iemand toestaat. De apathie sloeg ineens om in adrenaline. Ik voelde mijn linkervuist zich ballen."

"Een paar dagen later verloren we 0-3 van Madrid en was het over en sluiten. Ik hoorde dat die ouwe Paco Real, een jeugdtrainer, nog een rapportje over mij had geschreven. Dat was een beetje een arme ziel, die op zijn zeventigste nog bij de club rondslofte. Hij was nauwelijks bij trainingen aanwezig geweest, maar zijn bevindingen werden wel gebruikt om mij eruit te gooien. Vervolgens wordt de eindafrekening opgemaakt. Dat gaat daar heel snel en normaal. 'Mister, morgen even samen met de penningmeester naar de bank, hè?' Dat was de fini quito, dan kreeg je je geld mee. Heel sympathiek, eigenlijk. Zij stappen heel makkelijk over zo'n ontslag heen."

Het is de eerste keer dat hij aan de kant wordt gezet. Het ontslag grijpt hem aan. "Ik vond het heel vervelend en heel zwaar te verteren. Voor jezelf weet je dat er een politiek spel gaande is en dat je niet de macht heb om je daartegen te verzetten, maar van dat ontslag heb ik toch wel een paar maanden last gehad. In wezen wordt je iets ontnomen. Voel je je aangetast in je beroepseer. Elke trainer wordt in zijn leven ontslagen. Mij is het twee keer gebeurd. Bij Valencia en later bij Real Madrid. Dat heeft gewoon een grote impact. Het was toch een klap."
"Ik was verslagen. Voelde me afgesneden. Dat maakt wonden. Ik ben destijds meteen naar mijn hotel gegaan. Een mooi oord om even af te kicken. Een paar dagen later ben ik naar huis gegaan. Met de auto. Valencia-Doetinchem. Dat was een vreselijke tocht. Dik tweeduizend kilometer in mijn eentje. Ik kreeg van de meisjes in het hotel een lunchpakket mee en een grote thermoskan koffie. Van een rijke supporter kreeg ik een zeer mooie, tweeduizend jaar oude Romeinse vaas, die ik op de achterbank verstopte. Officieel was dat een kunstschat, dus ik mocht die eigenlijk niet meenemen. Met wat trainingspakken eroverheen ging het wel."
"Na een reis van achttien uur kwam ik in Doetinchem aan. Die laatste tweehonderd kilometer heb ik mijn raampje ver opengezet om wakker te blijven. Vaak hield ik mijn kop uit het raam. Eigenlijk totaal onverantwoord, want het was midden in de nacht. Eenmaal thuis was ik helemaal versleten. Van alle emoties, vooral. Ik liep wezenloos rond. Weken. Het enige wat ik dan altijd probeer te doen om mezelf aan te jagen, is het verrichten van fysieke arbeid. Anders ga je zitten. Staren. Televisiekijken waar je niks te zoeken hebt. Lezen kun je niet, omdat je geest er niet voor openstaat. Als je fysiek bezig gaat, beginnen alle systemen weer een beetje te lopen en word je weer schoon. Ik rookte toen ook nog behoorlijk. 's Ochtends lagen er vaak uitgedrukte sigaretten op m'n nachtkastje. Dan lag je dus te slapen in die vieze stank van een dooie asbak. Absurd. Ik kan me daar nu niets meer bij voorstellen."

"Ik was passief, raakte van de ene cirkel in de andere. Ik ben geen drinker, ben dus nooit in de alcohol gevlucht. Maar er komen heel veel films voorbij. Het was een verkeerd soort leegte. Aan het eind van een seizoen ben ik ook altijd leeg, maar dat is normaal. Dan slaap je drie dagen, bijna aan één stuk door, en is het over. Loop je mooi leeg. Nu liep ik leeg van frustratie, teleurstelling, bitterheid. Dat slaat op je lijf. Als je niet oppast ga je nog meer roken, en je moet uitkijken dat je niet excessief gaat eten."
"Verstandelijk kun je het allemaal wel beredeneren waarom dingen zo lopen. Maar je ratio is niet opgewassen tegen dat negatieve gevoel. Je weet: trainers wórden nou eenmaal ontslagen. En toch: als het je overkomt, is het zwaar. Dan hebben wij nog altijd de hoop op een nieuwe kans. Kun je nagaan wat mensen voelen die dertigduizend euro per jaar verdienen en na zoveel jaren worden ontslagen in Born, Drachten of Wildervank. Dat hakt er écht in. Is tien keer zo zwaar."

"Dit leven is veeleisend, je wordt letterlijk vaak opgeëist. Ik heb mezelf wel aangeleerd om eens in de zoveel tijd een goede schoonmaakbeurt, een soort van catharsis te doen. Ik doe dat door heel fysiek bezig te gaan en me lichamelijk af te reageren. Vroeger kon dat nog door op maandag actief mee te trainen. Dan zei ik: vandaag ben ik vervelend of ik ben leuk, want vandaag ben ik speler. Dan ga je werken, ga je zweten en daarna douchen en dan ben je klaar. Ik ontspan eigenlijk door me in te spannen. Door het lichaam te laten werken."
"Wat ik graag doe is tennissen of paddelen. Dat is een combinatie van tennis en squash. Vaak deed ik dat met Theo Lucius, die was daar erg goed in. Ik vond het heerlijk. Dan gaf je hem zondag op de donder, of hij was boos op mij, en een dag later stond je mekaar af te matten. Ik heb dat nodig. Als het maar spel is. Niet op die machines. En ook niet op hometrainers. Dan liever de natuur in. Het moet spontaan zijn; als het gecontroleerd is, ga je toch weer denken. En je moet niet denken, je moet spelen. Dat maakt schoon."
"Toen ik me fysiek wat beter voelde, klom ik er weer uit. Maar je zelfvertrouwen had toch een tik gekregen. Omdat je ook je eigen functioneren kritisch beschouwt. Ik wilde niet vluchten in: de organisatie deugt niet, die mensen deugen niet. Ik wilde kritisch naar mezelf kijken, maar ik kwam daar niet echt uit. Het was toch een politiek-strategisch spel geweest. Dat bleek ook wel, want drie maanden later belde Paco Roig. 'Mister, je moet komen. De zaak redden.' Nou, ik zát al in het vliegtuig. Hij wilde nog over geld praten, maar ik zei: ik hoef niks meer. Het hele seizoen is al geregeld, ik heb alles al gehad. Interesseert me geen moer."
"Binnen een dag was ik weer daar. Mijn terugkeer in Valencia, in februari, was een geweldige happening. Drie-, vierduizend mensen stonden op Paterna, het

trainingscomplex, om me te ontvangen. Paco Roig was een straatvechter, samen zijn we aan de slag gegaan. De ploeg was flink naar beneden gekelderd, tegen degradatie aan. Uiteindelijk haalden we nog bijna Europees voetbal. Als ik nu in Valencia kom, praten de mensen daar nog over. Omdat we toen eigenlijk een heel goeie ploeg hadden. Een van de best voetballende ploegen van Spanje. Met Leonardo, Penev, Mijatovic, Roberto, Quique Flores. Heel mooi."

"Ik ging terug op rancune. Dat kun je één keer doen, als het voor korte tijd is. Rancune kan een heel goede drijfveer zijn, maar niet een carrière lang. Na vier maanden had ik het wel gezien. Het was mooi zo, er waren ook geen mogelijkheden om de ploeg flink te versterken. Valencia was nog niet de topclub, in economische zin, die het later zou worden. Ik had het kunnen afsluiten zoals ik dat wilde. De keuze die ik toen maakte had niks met geld te maken. Geld kan ook niks goedmaken in zo'n geval."

"Geld heeft me nooit echt gedreven. Ik heb het goed, ik leef gemakkelijk, maar ik heb niet het idee dat ik daar anders van word of ben geworden. Ik heb ook tijden gekend dat ik heel weinig verdiende. Als semi-prof van De Graafschap had ik een paar duizend gulden per maand en moest er wel eens een kredietje worden afgesloten, wat je nog jarenlang aan het terugbetalen was. Als Valencia naar me toe was gekomen en ze zouden om allerlei redenen veel minder kunnen betalen, had ik het óók gedaan. Geld is maar een middel. Vraag je heel weinig, dan denken ze: dat zal wel niet veel zijn. Ik vind het daarom wel leuk om mooie contracten af te laten sluiten. Dat hoort bij het spel. Ik kon daar verder weinig met dat geld. Overmaken. Opmaken deed je niet. Beleggen, dat kwam niet in me op."

Tegenover de mooie bankrekening staat een offer. "Je betaalt een prijs. Die drie jaar in Valencia heb ik hoofdzakelijk zonder mijn gezin doorgebracht. Dat is een behoorlijke prijs, want je ziet je kinderen nauwelijks. Mijn zoons waren natuurlijk al wat ouder en hadden ook hun besognes. Zijn waren toen begin twintig, dus dan lopen ze niet maar aan het handje. Ze hadden hun eigen leven, het was dus een bewuste keuze. De gedrevenheid voor het vak drijft je toch voort. Plus de ontdekking van wéér een ander land."

"Toen ik mijn karwei geklaard had, wilde ik echt een tijdje een sabbatical. Die had ik hard nodig. Drie jaar Spanje hakken er toch in. Ik heb daar met heel veel plezier gewerkt. Wat ik bij PSV voel, heb ik bij Valencia ook. Fantastisch, warm. Gecompliceerd maar warm. De hectiek daar is niet te vergelijken met wat wij in Nederland meemaken. Daar is het zeven dagen per week voetbal, voetbal, voetbal. Er zijn vijf, zes landelijke kranten en een aantal regionale en die moeten elke dag vol. Wat we bij PSV meemaakten, die kleine persconferentie op vrijdag, is daar

elke dag het geval en dan vijf keer zo groot."
"Op dat moment kreeg ik ook geen goede acute aanbiedingen. Ik ben wel even bezig geweest met Athletic Bilbao. Mooie club, hoor. Jupp Heynckes was er geweest. Ze hebben vaker buitenlandse coaches, maar werken alleen met Baskische spelers. Heel extreem. Bilbao is een stoere club, staat bekend om zijn goede jeugdopleiding en doorstroming van talenten. Recht voor zijn raap, ruw. Een beetje zoals Heerenveen. De man die mij wilde hebben, ik ben zijn naam kwijt, verloor de presidentsverkiezingen met een paar stemmen verschil. Ik had daar best willen werken, in de kathedraal van San Mamés. Atlético Madrid speelde ook nog een beetje. Ik heb een paar keer gesproken met de zoon van Jesús Gil y Gil. Maar daar kwamen we niet uit. Ik zat ook niet echt op Atlético te wachten, eerlijk gezegd. Het is daar net het Romeinse Rijk, met al zijn polemieken en gevechten. En dan vanaf het bordes kijken wat zich beneden afspeelt."
In de luwte voelt Hiddink zich uitstekend, gedurende die laatste maanden van 1994. "Ik bleef het Spaanse voetbal lekker volgen voor Canal+. In de weekends deed ik een wedstrijd als co-commentator, samen met Sierd de Vos, Arno Vermeulen, John van Vliet of Jan Roelfs. Dat deden we live. Vond ik heel leuk, lekker met de auto vanuit Madrid naar die wedstrijden toe. Naar Zaragoza of Barcelona of Valladolid. Het was heel relaxed om ook de andere kant eens te zien. Zonder enige verantwoordelijkheid. Totaal anders. Het is gewoon echt héérlijk om zonder enige druk een voetbalwedstrijd te bezoeken. Ik kan het iedere trainer aanraden om er af en toe een half jaartje uit te stappen."

Hoofdstuk 9

Het gevecht met Edgar Davids

Na een pauze van een halfjaar wordt Guus Hiddink per 1 januari 1995 aangesteld als bondscoach. Met veel pijn en moeite leidt hij het Nederlands elftal naar het EK in Engeland. Daar escaleert de heersende onvrede van enkele Ajacieden. Het conflict leidt tot de verwijdering van Edgar Davids uit de selectie, maar vormt ook de basis voor latere successen.

In het najaar van 1994 staat Hiddink voor een dilemma. "Bill Maeyer belde me. Hij was voorzitter van PSV en Aad de Mos was er net uit gegaan. Maeyer vroeg of ik wilde terugkomen bij PSV. Ik voelde me zeer gestreeld door mijn mooie club en heb daar ook een tijdje over nagedacht. Het was eigenlijk: ja. Maar nee. Willen graag, maar het was nog te kort na mijn vertrek. Ik was net vier jaar weg. Toen is PSV uitgekomen bij Dick Advocaat, die bondscoach was. Jos Staatsen, de voorzitter van de KNVB, heeft daarop samen met medebestuurder Karel Jansen gesteld: oké, Dick kan naar PSV als wij Hiddink op het Nederlands elftal kunnen krijgen. Zo is de driehoek ontstaan. Bij mijn weten is daarbij op de achtergrond geen strategisch spel gespeeld."

"De KNVB die ik aantrof was een bolwerk van jarenlang gevestigde namen en reputaties. Ik denk ook dat de ouderen in Zeist aanvankelijk grote moeite met mij hadden. Je had een bestuur met heel verschillende mensen. Staatsen natuurlijk, die niet uit het voetbal kwam. Theo Aalbers en Gerard Bouwer, die door de wol geverfd waren. Theo van Duivenbode en Peter Groeneweg, een mooie ronde Rotterdamse havenbaron, en natuurlijk Sylvia Tóth. Tóth was altijd zo van: 'Jongens, vandaag een half uur vergaderen. Langer niet! En niet dat ouwemannenvergaderen!' Zij kon prachtig de knuppel in het hoenderhok gooien. En die mannen: als hondjes werkelijk. Klein en kwispelend. Als een man zoiets zegt, gaan de koppen gelijk tegen mekaar aan. Zit er een vrouw bij, dan valt het machogedrag snel weg."

Bij de KNVB gaat Hiddink gelijk op met Peter Vogelzang, de nieuwe algemeen directeur. "Peter was de drijvende kracht achter een bepaalde vernieuwing binnen de bond. Hij was de denker; een zeer initiërende, innoverende man. Nooit verkeerd aanwezig, maar wel sterk in het aansturen. Van hem kreeg ik ook alle vrijheid om mijn team van medewerkers samen te stellen. Hij leerde me beslissingen te nemen die misschien heel onlogisch leken, maar juist daarom bepaalde processen op gang brachten. Zodoende ben ik na het EK van '96 bij Hans Jorritsma terechtgekomen als teammanager van Oranje. Het was toen helemaal not done om iemand uit de hockeywereld binnen te halen. Voetballers reageren altijd heel spastisch op hockeyers. Dat zijn watjes. Mislukte voetballers. Jongens die wel graag hadden gewild maar niet mochten omdat ze naar vioolles moesten. Al die clichés worden daarop losgelaten."

"Jorritsma had bijzonder veel ervaring met grote toernooien, hij had vaak in slechte omstandigheden gewerkt en was in mijn ogen een echte teammanager. Het klikte goed tussen ons. Hans was onconventioneel. Ging zijn eigen gang, ondanks alle tegenwerking. Dat deed hij al binnen de hockeywereld. Hij creëerde omstandigheden waardoor top gepresteerd kon worden. Het was goed dat Hans kwam, hij zit er nu nog. Destijds, na het EK van 1996, moest de organisatie echt geprofessionaliseerd worden."

"Voor die tijd kon er weinig. Ik sprong op een rijdende trein, de voorbereiding op het EK was niet geweldig begonnen. Rinus Israel werd mijn assistent, hij had altijd met Dick gewerkt. Rinus was heel zuiver, direct en ongecompliceerd. Je had Rinus Michels natuurlijk, die niet meer in functie was maar wel geregeld met zijn oude Mercedes naar Zeist kwam om een kopje koffie te drinken. Bert van Lingen zat er. Vond ik toen een drijvende kracht achter de visie van Michels. Bert heeft inhoudelijk veel aan Ome Rinus toegevoegd. Michels' oefenstof kwam grotendeels van Bert. Hij is de man die trainingsvormen als vier tegen vier en vijf tegen vijf voor de jeugd introduceerde. Over oefenstof kon je met Bert heel goed discussiëren. Bert was een goede voetbaldenker, een zeer intelligente jongen. Hij werd nog wel eens gestigmatiseerd omdat hij coach was van het vrouwenteam. Als je met vrouwen werkte, werd je in onze machowereld gelijk afgeserveerd. Maar Bert was in Zeist heel sterk de voetbalbewaker. Zijn rol is onderbelicht. Hij kreeg kritiek van journalisten die zich totaal niet in de materie verdiepten. Dat was niet terecht."

Hiddink kent in Zeist een moeizame start. "Het begin van mijn periode als bondscoach was erg slecht. We hadden net afscheid genomen van Koeman, Gullit, Rijkaard en Wouters, die allemaal voor of na het WK hadden bedankt. Vier topspelers weg, maar de verwachtingen van de mensen bleven hetzelfde. De groep spelers waarmee ik werkte, vond ik te volgzaam. Het waren veelal lieve, aardige jongens. Het voetbal was oppervlakkig en ik wilde terug naar de dominantie van vroeger. Dan kun je niet aan de slag gaan met een houding van: we moeten de jonge talenten de tijd geven om te rijpen. Dat past niet. Is me te flauw. We mochten ons nergens achter verschuilen: Nederland moest zich weer scharen bij de toonaangevende Europese voetballanden."

"De samenwerking met Ajax verliep stroef. Vanwege hun dominantie was je afhankelijk van die club. Oranje speelde, in grote lijnen, net zoals Ajax dat in die jaren het Nederlands voetbal vertegenwoordigde en domineerde. Op zich is dat niet erg, maar wat gebeurt? Voor mijn tweede wedstrijd als bondscoach, thuis tegen Portugal, zegt het hele team van Ajax collectief af! Ze moesten kort daarop een Champions League-wedstrijd spelen. Daar was ik des duivels over. Ik heb nog een half uur met Danny Blind, de aanvoerder, aan de telefoon gezeten maar dat had geen succes. Dat was vervelend, want we zaten nog steeds in een kennismakingsfase. Bovendien zou ik de spelers heel zorgvuldig belasten door ze maar een gedeelte van de wedstrijd te laten spelen. Dat was allemaal doorgesproken. Van der Sar zou zijn debuut maken. Nou, een debutant zegt echt niet af. Er was dus druk vanuit de club gekomen. Omdat een club zijn spelers niet kan tegenhouden, moesten de spelers zelf afzeggen."

Het Ajax van Louis van Gaal wint alles, tot en met de Champions League aan toe. "Iedereen liep met de kop in de wolken. Met het Nederlands elftal hadden we in april in Tsjechië een tik op onze neus gehad (3-1 verlies) en we moesten op 7 juni nog een wedstrijd spelen in Minsk, tegen Wit-Rusland. Die trip voltrok zich van alle kanten volgens een rampscenario. De timing was slecht, de hotels, de voorbereiding – alles! We hebben zelf landbouwplastic meegenomen naar Minsk omdat het hotel geen gordijnen had. De keuken was helemaal niks. Er was vooraf iemand heen gegaan om de boel te checken. Nou, we hebben een auto volgeladen met voedsel. Die konden we niet door Polen laten rijden, vanwege het gevaar van berovingen waarvoor we gewaarschuwd waren. Dus die is via Denemarken, Zweden, Finland en de Baltische landen naar Minsk gereden."

"Vanwege de slechte omstandigheden vertrokken we pas één dag voor de wedstrijd. We zouden dinsdag om een uur of tien vliegen. Bij het ontbijt komt dokter Frits Kessel naar me toe, samen met Dennis Bergkamp. Die had wat last van zijn lies en kon niet mee. 'Ik denk dat het beter is dat ik hier blijf', zei Dennis. Ik zei: 'Beter!?' Dennis was een sleutelspeler en er zou nog tijd genoeg zijn om hem ter plaatse te behandelen. Desnoods zouden we na de warming-up beslissen of hij mee kon spelen. Maar dat ging niet, zei Dennis. Dat ging niet. Uiteindelijk kwam het erop neer dat hij vliegangst had en niet de kist in wilde."

"Op dat moment was ik woedend. Ik vond dat hij de ploeg in de steek liet en voelde me voor het blok gezet. Later heb ik met Dennis gesproken en geprobeerd met hem het probleem te tackelen. Via de KLM, via British Airways – ik wilde kijken of die vliegangst te behandelen was. Het zou relatief gemakkelijk te verhelpen zijn, zei men, maar hij wilde er zelf niet aan. Hij durfde er ook niet over te praten. Ik weet nog dat ik zei: 'Kom er maar mee naar buiten. Want die dingen lekken toch uit.' O nee, alsjeblieft niet! Dat wilde hij niet."

"Later begreep ik dat Dennis op het veld vaak enorm verkrampte door die vliegangst. Als hij met Inter een uitwedstrijd speelde, dacht-ie tijdens de wedstrijd vaak al: shit, straks moet ik dat vliegtuig weer in. Achteraf denk ik dat hij ook in Tsjechië al ontbrak vanwege vliegangst. Hij had zich toen afgemeld met een buikgriep. Het probleem was latent dus al een tijdje aanwezig. Ik vermoed dat het is ontstaan tijdens het WK van '94, toen er twee keer problemen waren met het vliegtuig. Eén keer moest de hele club naar beneden, nadat Leo Driessen niet goed was geworden, en één keer omdat Lex Muller met die grap over een bommelding kwam. Daar kan het best mee te maken hebben."

"Toen ik als bondscoach begon, wist ik niks van dat probleem bij Dennis. De wedstrijd tegen Tsjechië had hij ook al aan zich voorbij laten gaan met een blessure. Dus voor mij was dat wel een onaangename verrassing. Ook naar buiten toe kwam ik in een lastig parket. Omdat Dennis het niet wilde vertellen en het een privéprobleem betrof, brachten we naar buiten dat het om een liesblessure ging, en 'dus' reageerde ik heel boos. Al dan niet gemaakt. Maar ik moest wel, ik kon het niet over mijn kant laten gaan dat de belangrijkste speler zich afmeldde vanwege een lichte liesblessure, waar er een dag eerder nog niets aan de hand leek."

"In Minsk ging het flink mis. We verloren met 1-0, door een doelpunt van nummer 7. Gerasimets. Ook zo'n naam die je nooit meer vergeet. Iedereen wist: Nederland ligt eruit. Jack van Gelder was live op de NOS, in een tunneltje naast de kleedkamer maakte-ie me helemaal af. 'Kan niet, schande!' Hij kwam natuurlijk ook uit die mooie, prachtige Ajax-hoek. Dus iedereen werd neergesabeld. Terecht ook, als je daar verliest. Wat moet je dan nog als coach?"

"We gingen naar het vliegveld, ik was helemaal kapot. Diezelfde avond wordt nog Luxemburg-Tsjechië gespeeld. Je weet: als het slecht gaat, wordt het 0-2, gaat het normaal, dan wordt het 0-5. Ik zat alleen, daar op dat vliegveld. Je bént alleen, je zít daar alleen en je vóélt je ook alleen. Niemand komt bij je, op zo'n moment ben je echt outcast. Was wel een apart gevoel, hoor. Hoe mensen je scheef aankijken of negeren of een minderwaardige blik geven. Dat is nu eenmaal zo. Zoiets moet je ondergaan."

"Op een gegeven moment kwam er een journalist naar me toe, Marcel van der Kraan. Hij liep langs me en zei: 'Luxemburg-Tsjechië 1-0.' Ik zei: 'Man, rot op'. Die grap kón niet, op dat moment. Dus ik stuurde hem weg: 'Oprotten jij! Laat me alleen!' Maar hij hield vol: 'Het is echt waar. Geloof me nou.' Op een gegeven moment sijpelde het door in die hal en werd het bevestigd. Dat was natuurlijk een enorme ontsnapping. De wereld ziet er dan opeens héél anders uit."

De zomer van 1995 duurt lang. Het voedt de frustratie die Hiddink soms voelt bij de invulling van zijn nieuwe functie. "Ik heb het een paar keer gemerkt: als je een wedstrijd verliest, dan kún je als bondscoach niks. Je bent die spelers kwijt, de groep valt uiteen. Je wilt analyseren, de spelers iets meegeven. Maar dat gaat niet. Een clubcoach wast zijn spelers na een ketser een keer de oren, praat na, doet een stevige training en dan is hij het wel kwijt. Ik vond nederlagen heel moeilijk te verwerken, omdat je je pas veel later kunt revancheren."
"In die zomer heb ik wel voor mezelf besloten dat het anders moest. We hebben het team verder vernieuwd, zodat uiteindelijk alleen Frank de Boer en Dennis nog overbleven van de spelers die op het WK in '94 een basisplaats hadden. Onze eerste wedstrijd wonnen we thuis met 1-0 van Wit-Rusland. Aron Winter heeft ons toen gered. Hij haalde een doorgebroken speler neer en kreeg rood. Daardoor bleven we in de race. Die actie was beslissend. Supergozer, Aron. Als je hem belde om te zeggen dat-ie bij de selectie zat, zei-ie altijd: 'Ja, maar ik ga wel spelen!' Ik zei: 'Je zit bij de selectie.' 'Ja, maar ik wil spelen!' 'Aron, je zit bij de selectie.' 'Oké, ik kom.'"
"De wissel na die rode kaart pakte heel goed uit. Ik haalde René Eijkelkamp van het veld en bracht Youri Mulder erin. Plus Orlando Trustfull, die kwam voor Michael Reiziger. Ik zie het nog gebeuren: vlak voor tijd speelt Trustfull zich vrij, hij geeft een diagonaal aan Mulder en die tikt hem buitenkant rechts binnen. We wonnen met 1-0. Dat was echt een bijzondere wedstrijd voor mij. Ook een keerpunt."
"Via Malta en Noorwegen haalden we uiteindelijk die beslissingswedstrijd tegen Ierland in Liverpool. Zulke gebeurtenissen worden altijd mooier naarmate de tijd er overheen glijdt, maar dat was echt een perfecte avond. Met Patrick Kluivert en zijn fantastische goals, Ronald de Boer in topvorm. Indrukwekkend. Ook omdat de Ieren die dag afscheid namen van Jackie Charlton. Ze verloren kansloos tegen ons. De strohalm die we pakten dankzij Luxemburg betaalde zich uiteindelijk uit. Voor mij was dat ook belangrijk. Anders had ik misschien eerder gezegd: dit was het. Want je moet natuurlijk wel perspectief zien. Ik ga niet een of twee jaar lopen lummelen."

De aanloop naar het EK is moeizaam geweest. Toch groeit de overtuiging dat Oranje iets kan bereiken in Engeland. "We voelden ons wel sterk, voor het EK. Ik baalde ervan dat we Frank de Boer vlak voor het vertrek kwijtraakten met een zware enkelblessure. Toen heb ik Jaap Stam gebeld. Vanuit de bus, nota bene, na een vriendschappelijke wedstrijd tegen Ierland in De Kuip. 'Kom d'r an', zei-ie gelijk. Mooi. 'Kom d'r an.' Meer niet."
"Ook Jordi Cruijff kwam er pas laat bij. Was ook een apart verhaal, omdat de suggestie is gewekt dat ik hem erbij heb gehaald vanwege de relatie met Johan

of om bij Johan in een goed blaadje te komen. Die insinuaties raakten me wel omdat er aan mijn integriteit werd getwijfeld. Maar op zulke momenten ga ik juist koppig mijn eigen weg. Je kunt zulke reacties ook verwachten, dus als je dan doordenkt, zou je zo iemand juist níét moeten selecteren. Jordi was natuurlijk niet top-top, maar hij had toen een heel goede periode bij Barcelona en kon op veel posities heel goed uit de voeten. Het was ook goed voor hem, voor mij, dat hij later op het EK tegen Zwitserland scoorde."

"Het EK had een kroon op het clubwerk moeten zijn voor de Ajacieden. Maar het werd een podium waarop een hoop oud zeer naar boven kwam. Het begon al met Edgar Davids en Michael Reiziger, die een paar weken eerder een contract hadden getekend bij AC Milan en tot uiting brachten dat ze zich bij Ajax niet goed beloond voelden. Clarence Seedorf was een jaar daarvoor al naar Sampdoria vertrokken en later zouden ook Patrick Kluivert en Winston Bogarde naar Milan gaan. Dat gevoel van ondergewaardeerd zijn manifesteerde zich steeds sterker. De spelers hunkerden naar erkenning. Op de achtergrond had je hele gevechten tussen Sigi Lens, die net voor zichzelf begonnen was, met zijn oude werkgever de VVCS, die haar beste spelers was kwijtgeraakt. Er zat, ook vanuit de agenten, veel wrevel. Die mensen zagen ook allemaal een schip met geld, dat al dan niet aan hun neus voorbij zou gaan."

"Het was een snelkookpan, daar bij Ajax. Tijdens het EK voelden die jongens het juk vanuit de club niet meer en toen explodeerde dat. Daar in Engeland ging het deksel d'r af. Eigenlijk moet je als speler zo groot zijn dat je je grieven uit op de plek waar het hoort, bij die club. En niet een ander podium gebruiken om een oorlogje te creëren. Voor mij kwam die explosie op het EK toch echt wel als een verrassing. Ik wist niet dat het zo diep zat. Heb er ook eigenlijk nooit iets van gemerkt, de maanden daarvoor."

Het moment waarop alles samen komt is de tweede groepswedstrijd, tegen Zwitserland. "Davids zat op de bank en ik haalde Seedorf er na 25 minuten af. Hij had al geel gehad, maakte daarna nog een grove overtreding en ik was bang dat we met tien man verder zouden moeten. Clarence komt van het veld af en begrijpt dat dus niet. Hij gaat bij zijn maatje zitten. Ik ben met de wedstrijd bezig, maar heb soms ogen in mijn rug en ik zie die twee. Gesticuleren, misbaar maken. Wetende dat er camera's op hen gericht zijn. Dat is ondermijnend, provocerend. Dus ik dacht: wacht even, jullie zijn straks de mijne."

"Tijdens de rust heb ik ze genegeerd. Na de wedstrijd escaleerde het helemaal. Wij waren blij met de winst tegen Zwitserland, maar Edgar vertelde aan een Zwitserse journalist dat ik mijn kop niet in Blinds hol moest steken, iets in die geest. Ik kreeg dat later pas te horen, via Rob de Leede. In eerste instantie bescherm je de speler, maar 's avonds laat bleek het toch zo gezegd te zijn. Dat stond op band. De volgende dag heb ik het met Hans Dorjee besproken en heb ik Davids bij me geroepen."

"Wat Davids naar buiten bracht, klopte niet. In werkelijkheid lag het zo. Onze eerste wedstrijd op het EK was tegen Schotland. Blind was geschorst, Davids speelde achterin, samen met Johan de Kock. Het liep niet echt super, 0-0. Tegen Zwitserland keerde Blind terug in de ploeg. Omdat Richard Witschge het als linkshalf goed had gedaan, wilde ik hem niet offeren voor Davids. Dat was in principe de gemakkelijkste optie. Ik had Witschge opgepikt bij Bordeaux en het was heel eenvoudig geweest om te zeggen: 'Ries, ik val nu terug op de oude ploeg'. Dan kan hij zeggen: 'Maar ik heb toch goed gespeeld?' En dan had ik weer kunnen zeggen: 'Dat vind jij, ik vind van niet.' Maar de groep wist dat ik Witschge goed vond spelen, dus daar wilde ik niet aan tornen."

"Blind is toen nog naar me toe gekomen met de suggestie: 'Trainer, wil je eens kijken of Davids niet tóch kan spelen?' Die nam het dus in feite voor hem op. Maar we konden niet met twaalf man spelen. Dus ik dacht: krijg maar de hik. Ik blijf bij mijn besluit."

"Topvoetballers voelen feilloos aan wanneer een coach aan het marchanderen is. Had ik Davids opgesteld in plaats van Witschge, dan was dat terecht uitgelegd als zwichten voor de druk van buitenaf. Als coach op het hoogste niveau mag je niet sjoemelen. De spelers slachten je genadeloos af. Je kunt nog wel proberen jezelf breed te maken, je kunt gaan schreeuwen, coûte que coûte je autoriteit laten gelden, maar daar prikken de spelers doorheen en dan is het een kwestie van tijd of ze duwen je omver."

"Spelletjes spelen, aan de rand van vals spelen, mensen tegen elkaar opzetten - dat is voor mij niet de weg om een prestatief goed team samen te stellen, en zeker niet over een langere periode. Daarmee red je het niet. Ik geloof er niet in dat je als coach iets rottigs moet hebben om in de top te slagen. Het spel wordt bepaald door de spelers. De coach is een middel. Die moet spelers klaarstomen voor hetgeen hun te wachten staat. Meer niet. Als je daar niet zuiver mee omgaat, ben je een beetje min van karakter."

"Een trainer hoeft nooit toe te lichten waarom hij kiest voor een bepaalde opstelling. Maar Davids heb ik toch even apart genomen en gezegd: 'Ik start niet met je.' Toen kwam er wel wat spanning. Hij zei: 'Dan kan ik beter mijn koffers pakken.' 'Dat kan', zei ik. 'Maar of het verstandig is? Ik zou even met je maatje Seedorf gaan praten.' Dat heeft-ie gedaan. Dat gaf natuurlijk nieuwe spanning.

Een paar uur later volgde de wedstrijdbespreking en Davids was wat aan de late kant. Wel op tijd. Ik stond daar en hij moest achter me langs om zijn plaats te kunnen innemen. Toen vóélde ik de spanning werkelijk op zijn lijf én op het mijne, want ik spande ook mijn rug. Het was een soort wederzijdse lichamelijke intimidatie."
"De andere dag reisden we van Birmingham naar Londen, naar het Sopwell House. Ik had de hele gang van zaken besproken met mijn mensen en Davids op mijn kamer geroepen. Ik heb hem gezegd: 'Dan kun je nu je koffers wel pakken.' Het gesprek verliep heel normaal. De sfeer was rustig, we stonden niet als boksers tegenover elkaar. Geen machogedoe. Het duurde maar een paar minuten. Ik kon het natuurlijk niet over mijn kant laten gaan, dat was duidelijk. 'Oké', zei-ie. Carel Akemann heeft hem toen naar het vliegveld gebracht. Ik heb een korte mededeling richting de groep gedaan en dat was het. Over en sluiten."

"Davids ondermijnde publiekelijk het groepsbelang. Temeer daar het verhaal niet klopte, aangezien Blind juist vóór hem had gepleit. Ik deed dus eigenlijk juist níét wat Blind graag had gewild. En als je nog verder terugdenkt: mijn relatie met Blind was op dat moment ook niet superwarm. Ik had een paar maanden eerder Ronald Koeman nog gepolst of die soms iets voelde voor een terugkeer in Oranje. Daar was Blind niet blij mee. En ik moet zeggen dat de manier waarop dat toen ging ook geen schoonheidsprijs verdiende."
Met zijn ingreep loopt Hiddink het risico dat het collectief uiteenvalt. "Ik móést een grens trekken. In Nederland is het heel gebruikelijk dat spelers van alles vinden van een coach. Dat zul je in weinig landen zo aantreffen. Als bij ons een veertienjarig voetballertje tekeergaat tegen zijn trainer vinden we dat prachtig. Goh, dat is een leuk brutaaltje... Dan denk ik: daar zitten toch grenzen aan. Ik hou niet van het woord 'respect', zeker niet in deze context, maar in de omgang tussen een trainer en een speler mag wel iets zitten van: ik waardeer jou en jij waardeert mij. En op basis daarvan kan een speler best veel zeggen tegen mij. Als ik weet dat de prestatie positief beïnvloed wordt, kan ik heel wat hebben van een speler. Dat hoort dan bij het mechanisme. Omdat een speler zich op dat moment ook committeert aan het team en de coach. Uiteindelijk is dat ook gebeurd bij Oranje. Ik bedoel: na het EK had ik gemakkelijk kunnen doen alsof Edgar Davids niet meer bestond. Maar ik dacht: wacht even, straks Frankrijk. WK. Dat ventje heeft toch wel zoveel bloed in zijn lijf dat hij daar gaat presteren. Ik wilde dus niet rancuneus zijn en mijn neus ophalen. Dat was de gemakkelijkste weg geweest."

"In de zomer van '96 heb ik een stuk of twaalf punten op papier gezet, wat later door Chris van Nijnatten in het *Algemeen Dagblad* het 'handvest van Noordwijk' werd genoemd. Dat vond ik wel een aardige benaming. Het waren eigenlijk twaalf regels. Principes. Zaken waaraan je moest voldoen om voor Oranje te mogen spelen. Het waren onder meer omgangsvormen. Hoe ga je met de pers om? Hoe ga je met het publiek om? Hoe gedraag je je als wisselspeler? Die punten zijn besproken rond de eerste interland van het nieuwe seizoen, tegen Brazilië. Die week heb ik gebruikt om de nieuwe periode in te zetten. Eigenlijk was het heel simpel. De spelers die 'ja' zeiden tegen de regels waren welkom aan boord. Zo niet, dan was het over."

"Ik heb gezegd: Davids mag achteraan aansluiten. Ik heb nooit gezegd: Davids mag niet meer aansluiten. Voor het WK maakten we een goede kwalificatiereeks door. Wonnen met 3-0 op de Heysel tegen België, klopten Wales met 3-1 en 7-1, na drie wedstrijden waren we al bijna gekwalificeerd. In dat seizoen was Davids lange tijd geblesseerd. In de zomer van '97 ging hij naar Juventus. Na de winter zijn we begin '98 met de ploeg naar Florida gegaan, voor een trainingsweek. Daar was Davids nog steeds niet bij. Uit zijn kamp, via Sigi Lens, kwamen er berichten dat Davids wel weer wilde. Er zat natuurlijk een WK aan te komen. Maar ik wilde niet te happig zijn."

"Er was ook wel wat gebeurd, dat jaar. Ik had in het voorjaar van '97 al eens een gesprek met hem gehad in hotel Brun, vlakbij stadion San Siro. Dat was wel apart, toen. Edgar was blij dat het goed ging met het Nederlands elftal en we hadden een rustig en aangenaam onderhoud, waarin hij aangaf wel weer voor Oranje uit te willen komen. Ik zei: 'Ik zal erover nadenken, maar als jij je achter onze afspraken kunt scharen, ga ik je waarschijnlijk wel selecteren voor de komende wedstrijden.' Hij zei meteen: 'Maar dan wil ik wel spelen, hoor.' 'Hoe bedoel je?', vroeg ik. 'Ze willen alle achttien wel spelen.' 'Nee, maar dan begin ik wel. Ik wil graag starten. Spelen.' Ik zeg: 'Edgar, ik heb net uitgelegd hoe de regels zijn, dus die lijken me duidelijk. Jij bent daar dan een onderdeel van.' 'Ja ja, maar ik ga wel spelen.' 'Op voorhand dus niet, nee.' We kwamen niet verder. Toen ben ik maar gegaan. Dit had niet zoveel zin."

"Begin '98 kreeg ik een nieuw seintje van Sigi. Ik dacht: laat ik hem nu varen vanwege onze strijd of wat doe ik? Toen hebben we hem uitgenodigd in Amsterdam, bij Hans Jorritsma thuis. Aan de Lauriergracht. Bewust. Op een maandagochtend en op een tijdstip, tien uur, dat hij echt vroeg uit Milaan moest vertrekken. Dat was de laatste kans. Nou, daar kwam-ie. Trappetje op, een hoog, bij Hans. 'Goeiemorgen!' 'Goeiemorgen, Edgar!' Koffie, lekker. Heel normaal allemaal. Ik overhandig hem ons schrijven met die uitgangspunten. Hij leest dat rustig door.

En hij zegt: 'Prima! Prima! Dat hebben we bij Juventus ook!' Dat was het dan. We hebben nog een half uurtje over koetjes en kalfjes gesproken. Het was klaar. Edgar was terug. Zonder eisen."

Hoofdstuk 10

Op het randje van de dood

Met het handvest van Noordwijk in de hand kiest bondscoach Guus Hiddink na het echec van '96 voor een andere lijn. Vanaf de eerste dag streeft hij perfectie na, op alle mogelijke gebieden. Oranje reikt op het WK van 1998 tot de halve finale. Onderweg wordt Hiddink een paar keer geconfronteerd met de eindigheid van het leven.

De speelwijze van het Nederlands elftal heeft Hiddink tijdens het EK al veranderd, al valt weinigen dat op. "In die laatste wedstrijd, tegen Frankrijk, heb ik Phillip Cocu erbij gehaald als linkermiddenvelder. Daarmee kozen we voor een 4-4-2-concept. Tot die tijd hadden we altijd gespeeld zoals Ajax dat deed. Dus 3-4-3 of 4-3-3. Ik vond dat de balans niet helemaal goed was en koos voor een hangende man op links. Dat was Phillip. Het grappige was dat niemand op dat moment in de gaten had dat er fundamenteel iets gewijzigd was bij Oranje, ook de zogenaamde kenners niet. Tegen Frankrijk zag je voor het eerst de contouren van het nieuwe team dat in '98 de halve finale zou halen."

Het duel met Frankrijk krijgt een bijzondere betekenis, zeker voor de gezagsverhoudingen binnen het elftal. "We speelden eigenlijk vrij goed die dag. Vijf minuten voor tijd miste Clarence een enorme kans, anders ga je nog naar de halve finale ook. Hij stond voor open doel, op een meter of zes. Eigenlijk mag hij die kans niet missen."

Daarna de penalty's. "Seedorf zat natuurlijk niet erg lekker in zijn vel. Hij stond ook niet op het lijstje van de eerste vijf nemers, maar doordat enkele spelers waren gewisseld schoof hij een paar plaatsjes op. Van zeven of acht naar vier of vijf. Bovendien: Clarence kon altijd alles aan, toch? Penalty? Geen probleem. Heel apart... Er zijn natuurlijk niet veel spelers die een penalty *willen* nemen. Laten we wel wezen. Seedorf wilde zó graag, ergens onderweg verloor hij de controle. Dat komt voort uit een bepaalde geldingsdrang en zeker niet uit iets negatiefs. Clarence veroorzaakt nooit rellen. Hij is gewoon een heel prima, goed gemanierde, beleefde jongen. Met een fantastische carrière."

Toch was de relatie tussen coach en speler een moeizame. "Ik kon zijn karakter niet altijd even goed managen. Hij had heel veel vertrouwen, zelfvertrouwen. Ook in de aanloop naar het WK straalde hij dat enorme vertrouwen uit en ging het een keer flink mis. We begonnen de kwalificatie fantastisch met onder meer die prachtige 3-0 in Brussel, waar Seedorf erg goed speelde en een mooie goal maakte.

Daarna krijg je Turkije uit en eist hij wéér die strafschop op. Langs de kant is het moeilijk om dan nog in te grijpen. De afspraak was dat Frank de Boer hem zou nemen, maar die was geblesseerd en aarzelde. Zo waren er meerderen. Toen wilde Kluivert de bal pakken, maar die gaf hem toch maar aan Seedorf. Vervolgens ging de bal richting Bosporus."

"Los van die penalty's had ik eigenlijk niet zoveel aan te merken op Seedorf. Met zijn enorme drive gaf hij, net als Davids, de ploeg wat extra's. De donkere spelers brachten ons team een extra component boven op de technisch/tactische kwaliteiten die veel jongens hadden. Ik had ook heel snel het gevoel dat Clarence een belangrijke speler zou kunnen gaan worden."

"Op het WK kon ik met Seedorf en Jonk een goede afwisseling maken. De ene wedstrijd had je de passing van Willem nodig, in andere wedstrijden werd er meer loopvermogen en diepgang gevraagd. Ik denk dat Clarence bijvoorbeeld een cruciale rol speelde tegen Joegoslavië, toen hij tegenover Jugovic stond. Door hem te overlopen nam hij de verbinding tussen hun middenveld en aanval weg."

Hiddink moet voorafgaand aan het WK nog een paar hobbels wegnemen. Hij kiest ervoor een proactief beleid te voeren om eventuele bezwaren en obstakels op voorhand uit de weg te ruimen. Voorafgaand aan het WK richt hij een zeer professionele organisatie in. Al vroeg in het jaar reist hij met manager Hans Jorritsma naar Zuid-Frankrijk om een geschikte accommodatie te zoeken. "We hadden al flink wat hotels bezocht toen we 's avonds doodmoe in Roquebrune-Cap-Martin aankwamen. Het leek een klein hotel, aan de rand van een doorgaande weg. De ontvangst was vrij sober, met een kleine entree, het was al laat en we gingen vroeg naar bed in de veronderstelling dat we de volgende dag verder zouden kijken. Maar toen ik 's ochtends wakker werd, wist ik niet wat ik zag: een fantastisch hotel, met een heerlijk terras dat hoog boven de Middellandse Zee op Monte Carlo uitkeek. We zaten bovendien vlak bij de trainingsaccommodatie van AS Monaco in La Turbie. Dat was een paar haarspeldjes verderop."

Hiddink ontdekt dat hij niet zomaar op La Turbie terecht kan. "Hans en ik gingen daar rondkijken. Mooie velden, prachtig tegen die rotswand aan. Ik heb daar Jean Tigana gesproken. Die was trainer van Monaco en we kenden elkaar nog. Hij vond het prima, maar had er niks over te zeggen. Bij de club kwamen we niks verder, dat was allemaal kastje-muurtje. Toen hebben we, later vanuit Nederland, contact gemaakt met Prins Albert. We konden wonderwel een afspraak maken, in de haven van Monte Carlo. We babbelen wat en hij gaat akkoord. Op één voorwaarde: hij wilde graag een keer meetrainen met het Nederlands elftal. Dat heb ik toegezegd en op een gegeven moment stond hij daar met zijn voetbalschoenen."

In de sfeer van '98 is er veel mogelijk. "Het hele WK verliep vanaf het begin fantastisch. Het doel was vanaf dag één om ons zo snel mogelijk te kwalificeren. Daaraan wilde ik geen concessies doen. Iedereen had gelukkig heel goed begrepen hoe bijzonder het is om voor Oranje te kunnen en mogen spelen. Daarnaast waren de randvoorwaarden nu perfect ingevuld, met name door de inbreng van Jorritsma. De spelers hadden genoeg afleiding en er was een goede, brede staf. Roberto Tolentino deed de videoanalyses, Luc van Agt verrichte als inspanningsfysioloog goed werk en daarnaast kreeg iedereen de kans zich te laten behandelen op een manier die hij prettig vond. Voorheen werd daar altijd heel verkrampt mee omgegaan en moest iedereen zich melden bij de betreffende KNVB-arts of -fysiotherapeut. Maar omdat die mensen vaak ook vertrouwenspersonen zijn, wilde ik spelers daarin graag de ruimte geven."
"Voor sommigen van hen was het heel belangrijk dat ze door de mensen van Leo Echteld werden behandeld. Waarom niet? In Amerika is het zelfs zo dat basketballers in hun contract laten opnemen door wie ze behandeld willen worden. Uiteindelijk zijn de spelers zelf verantwoordelijk voor hun eigen fit zijn. Ik vond het allemaal heel plausibel wat de spelers vroegen. Ze wilden bijvoorbeeld ook Surinaams kunnen eten. Wie ben ik om iemand te verplichten stamppot te nemen? Intern was er wel wat verzet, omdat men dan vindt dat spelers niet moeten zeuren, maar je kunt ook andersom redeneren. Wij moeten niet zeuren dat iedereen hetzelfde moet doen. Ik zag het dus meer als meedenken van de spelers. Wij moeten zorgen dat er gepresteerd wordt. Qua belang, qua prestige zijn wij daarin ondergeschikt."

"Het invullen van de randvoorwaarden is in mijn ogen cruciaal om goed te presteren op een groot toernooi. Als dat goed voor elkaar is, committeer je de spelers aan het presteren. Dan heeft niemand meer een reden, een excuus of een uitvlucht om mindere prestaties te 'verklaren'. Je voelt als speler dat de lat hoog ligt en op dat niveau moet je mee. Vanuit die achtergrond hebben we in Frankrijk echt perfect kunnen werken."
"We hadden een hechte, goede trainersstaf met Johan Neeskens, Frank Rijkaard en Ronald Koeman. Natuurlijk, Frank en Ronald waren totaal onervaren toen. Daar werd vanuit het trainerskorps ook wel fronsend tegenaan gekeken. We hadden bij de KNVB het plan opgevat om een versnelde cursus voor ex-topvoetballers op poten te zetten. Vogelzang stond daar helemaal voor open. Je weet dat zulke spelers graag iets in het voetbal willen doen, maar zichzelf de tijd niet gunnen om drie, vier jaar intensief te studeren. Die hadden geen zin om hun EHBO-diploma erbij te halen, om het even te chargeren."

"Ik vond het zonde om prachtige voetballers als Gullit, Van Basten, Koeman, Rijkaard en Neeskens te verliezen voor de sport. Dát zijn de mensen die ons voetbal de uitstraling bezorgen. Gelukkig ging de KNVB daarin mee. Commercieel directeur Arie van Eijden zag het zitten en ook hoofd opleidingen Henk van de Wetering was enthousiast."
Van de ex-internationals reageert iedereen positief. "Behalve Marco van Basten. Die heb ik in Monaco nog eens opgezocht om over het idee te praten, maar hij zei nee. Hij vond het nog te vroeg. Hij had nog maar amper zijn loopbaan als speler afgesloten op een heel vervelende manier. De rest wilde graag en ik wilde graag een paar jonge trainers meenemen naar het WK."
Het enthousiasme wordt niet door iedereen gedeeld. "Er was zeker argwaan tegen onze plannen. Veel coaches waren van mening dat het onmogelijk was om in één jaar tijd dat vak te leren. Maar die cursus was behoorlijk pittig. Met veel stages in binnen- en buitenland. De deelnemers merkten snel hoe moeilijk het is om voor een groep spelers te staan en je gedachten te verwoorden. Uiteindelijk zijn ze er toch allemaal doorheen gekomen, en als je ziet waar we nu staan met onze coaches, is het alleen maar verheugend om te constateren dat die cursus zijn vruchten heeft afgeworpen."
De indruk bestaat dat Hiddink voor Rijkaard kiest vanwege diens Surinaamse achtergrond. "Dat is nooit een afweging geweest. Hij was hooguit een extra antenne, maar in het groepsproces speelde iedereen zijn specifieke rol. De intensiteit op de trainingen lag zeer hoog. Vooral jongens als Stam, Cocu en Davids zorgden daarvoor, omdat zij graag aan de rand trainden. Daarnaast had je enkele bepalende spelers met heel erg veel kwaliteit, zoals de broertjes De Boer, Jonk, Kluivert en Bergkamp. Dat maakte de as enorm sterk. Daaromheen waren er veel spelers die heel hard voor zichzelf konden zijn en eigenlijk constant een hoog niveau haalden: Reiziger, Bogarde, Numan, Overmars. Ik had veertien tot zestien gelijkwaardige spelers in mijn selectie."
De herinnering aan het EK van '96 is geen belemmerende factor meer. "Er was natuurlijk ook veel gebeurd bij de spelers. Iedereen was twee jaar ouder en een stuk verder in het groepsdenken. Niemand had nog het idee: ik moet op dit WK mijn naam gaan vestigen in Europa. Er was geen gezamenlijk verleden bij één club, iedereen had kennisgemaakt met andere culturen bij grote clubs in Italië, Spanje en Engeland. Dan leer je andere waarden kennen dan bij het prachtige, veilige, relatief kleine Ajax. Daar waren zij de nummers één, bij Milan zat er hiërarchisch nog wel een laagje boven, met jongens als Maldini. Er was niet meer zo'n verkeerde manier van vooraan willen staan. De spelers wisten beter hoe ze profvoetbal moesten beleven. Ook binnen Oranje waren de verhoudingen anders

komen te liggen. Blind was er niet meer bij, Frank de Boer was terug. Dat gaf andere accenten. Het oud zeer was weg."

Hoewel de 'affaire-Davids' uit de wereld is, besluit Hiddink het toernooi toch zonder hem te beginnen. "Davids manifesteerde zich goed, maar ik wilde het vertrouwen geven aan de groep die de kwalificatie had bewerkstelligd. Door die rode kaart van Patrick Kluivert tegen België kwam Davids alsnog in de ploeg. Tegen Zuid-Korea heb ik Cocu achter de spits neergezet, een beslissing waarop destijds heel veel kritiek kwam. Maar Cocu scoorde snel de 1-0. Op een manier die we exact zo hadden geoefend op de training."
"Davids was vanaf dat moment onze linkermiddenvelder. Hij speelde direct goed, zowel tegen Zuid-Korea als tegen Mexico. Dat was sowieso onze beste wedstrijd, het eerste uur tegen Mexico. We kwamen met 2-0 voor en lieten het door twee individuele fouten nog lopen. Maar de overtuiging was wel aanwezig dat we ver konden komen."
"Daarna kregen we Joegoslavië, in de achtste finale. Mijatovic miste een penalty en uiteindelijk besliste Davids de wedstrijd vlak voor tijd. Na afloop rende hij op me af en sprong in mijn armen. Zonder woorden. Je voelt dan: hier gaat het om. Daar lag een gevoel in van: we weten beiden heel goed waar het eigenlijk om gaat. Winnen."
Gesproken wordt er niet meer. "Woorden doen er dan niet meer toe, want die ontkrachten de boel alleen maar. Hij heeft in al die jaren ook nooit zijn excuses gemaakt voor die opmerking in Engeland. Moet ook niet. Het ging uiteindelijk om het effect. Misschien was het allemaal wel anders gelopen als hij eerder wél zijn excuses had gemaakt. Nu hebben we natuurlijk op een geweldige manier de spanning kunnen laten oplopen. Op trainingen ook, dat ging erop! Ik genoot ervan! Voor het team was dat geweldig. Je voelde dat iedereen nu wist waar we mee bezig waren. Er groeide iets."
"De spelers voelden tijdens het WK gaandeweg dat ze in eigen land veel respect afdwongen en dat we in één klap konden afrekenen met de slechte herinneringen aan 1996. Er zat een soort bluf in die ploeg die ze redelijk kon waarmaken. Het was geen foute bluf, de spelers waren zich gewoon heel goed bewust van hun kwaliteiten. Bovendien was iedereen op de top van zijn kunnen. Elke speler dreef de ander op naar een nóg betere prestatie. De ketting was ijzersterk. Heb je een, twee of meer zwakke schakels, dan red je het niet. Op een toernooi kan dat cruciaal zijn. Normaal selecteert zich dat vanzelf in een eerdere fase. Maar je moet wel de mensen in je ploeg hebben om die natuurlijke selectie door te kunnen voeren."

Het Oranje van Hiddink heeft over geluk niet te klagen. "Ik ben Mijatovic nog steeds dankbaar dat hij die penalty tegen de lat knalde. Vervolgens ontsnapte Dennis Bergkamp aan een rode kaart, dus dat zat ook niet tegen. Hij maakte toen toch een heel vieze overtreding. Dennis is natuurlijk een raspaardje eersteklas, maar soms gebeurden hem dat soort dingen wel."

"Tegen Argentinië hadden we aanvankelijk ook geluk. Batistuta knalde de bal op de paal en kort daarna kreeg Numan rood. Gelukkig kon Van der Sar daarna iets rechtzetten na die actie van Ortega, die ook rood kreeg. Op dat soort details wordt het beslist. Neem dat doelpunt van Bergkamp: dat was zó fantastisch mooi, zoiets overkomt je een paar keer in je carrière. En het gebeurde op die dag."

Gaandeweg het toernooi vindt Hiddink steeds bevestiging in de keuzes die hij maakt. "Als coach is het belangrijk om in zo'n fase totaal je eigen gang te gaan. Wat ik al zei: er kwam kritiek op mijn besluit om Cocu achter de spits neer te zetten. Daar heeft heel Nederland dan een mening over. Die meningen worden overal naar buiten gebracht. Het is interessant om een scherp en controversieel standpunt te huldigen. Dat levert discussie en spannende televisie op. Maar ik, als coach, moet me daarvoor afsluiten. Met je kleine groepje moet je wars zijn van alles wat er om je heen gebeurt."

"Tijdens het WK was ik enorm scherp. In mijn benadering, in mijn taalgebruik, was ik harder dan daarvoor. Harder dan ooit, misschien wel. Ik benaderde de zaak veel dictatorialer, veel korter. Dat kwam natuurlijk voort uit '96. Toen was het kleuterschoolachtig. Ik dacht: dat gebeurt me geen tweede keer. De voetballerij is geen democratische wereld en die moet je er ook niet van proberen te maken. Kan niet. Je kunt niet ergens over stemmen, je moet richting aangeven."

"Ik identificeer me niet zo gauw met andere coaches of leidinggevenden. Ernst Happel was wel iemand die me aansprak. Omdat hij op een heel mooie, eigen manier met spelers kon omgaan. Vooral de moeilijkste jongens. Dat uitte zich in een bijzondere haat-liefdeverhouding met Willem van Hanegem. Op een of andere manier was hij dé coach die Willem kon krijgen waar-ie hem hebben wilde."

Net als Happel zal Hiddink niet gauw het achterste van zijn tong laten zien. Soms gebruikt hij weinig woorden om veel te zeggen en ontwikkelingen via de pers een duwtje in zijn voordeel te geven. Of hij praat veel zonder zich te laten verleiden tot relevante uitspraken. "Vaak ontdek je pas na afloop van een wedstrijd of jouw manier, jouw weg, de goede is geweest. Gaat het fout, dan zal de kritiek alleen maar heviger zijn. Maar als er zakelijke kritiek komt, op het spel en mijn vak, dan beschouw ik dat als een mening van iemand. En dat mag. Het raakt me niet. Natuurlijk is het vreemd om je naam elke dag in de krant te zien staan en te lezen wat je wel of niet goed doet. Ik las veel, alles bijna. Maar vaak las ik de kranten een paar dagen later. Dan staan veel opmerkingen alweer in een ander daglicht."

"Uiteindelijk heb je maar één belangrijke toets: de mensen met wie je samenwerkt. Spelers, technische staf, begeleiders. Als je voelt dat je met hen lekker werkt, is al het andere onbelangrijk. Je vormt met die groep op een WK toch een soort afgesloten gezelschap. Een wereld op zich, waar niemand tussen kan komen. Dat is ook de code: we laten niemand toe. Die houding maakt je vaak heel onbenaderbaar. Als je in het gewone leven zo zou acteren, zou je voor hautain uitgemaakt worden. Maar het is een cocon, waar je in gaat zitten met z'n allen. Die cocon is nodig, al weet je dat je het niet lang volhoudt. Want het deformeert je ook. Je leeft niet meer in een gezond sociaal evenwicht met andere mensen."

In die sfeer, in die engte van het bestaan is Hiddink altijd op zoek naar tegenwicht. Dat kan een weekend Terschelling zijn ('daar voel ik me heerlijk'), muziek van de Rolling Stones of Pink Floyd, maar ook Elisabeth is daarin belangrijk. "Mijn beste eigenschap is dat ik me heel goed kan concentreren op belangrijke zaken. Schijnwerperconcentratie. Als ik bezig ben met een wedstrijd gaat het randgebeuren volledig langs me heen. Je loopt jezelf wekenlang op te pompen, die adrenaline moet af en toe worden weggenomen. Meestal is het alleen maar aanhoren. Zodat je je even vrijelijk kunt laten gaan. Een WK vreet energie. Feitelijk, als je het helemaal zuiver beschouwt, ben je helemaal alleen bezig met alleen maar dat voetbal en de beslissingen die je moet nemen. Natuurlijk, je hebt ondersteuning van zoveel mensen, maar uiteindelijk doe je het alleen. En, zonder daar verder dramatisch over te doen, daar hangt best veel van af."

"De rol van de vrouw van een voetballer of trainer mag niet worden onderschat. Die is niet gemakkelijk. Een voetballer of een trainer is haast per definitie heel egocentrisch. Je denkt dat wat *jíj* doet vreselijk belangrijk is, je staat constant in de belangstelling, dus daar moet je als partner wel mee kunnen omgaan. Qua waardering ben je als partners vaak niet gelijkwaardig. Voor de buitenwereld, althans. Dat *kán* ertoe leiden dat vrouwen denken of het gevoel hebben dat ze zich ondergeschikt moeten opstellen. Maar dat is helemaal niet zo. *Juíst* niet"

"Eén keer ben ik zowat doorgedraaid tijdens het WK. Voor de kwartfinale tegen Argentinië *blééf* ik maar videobanden bekijken van ze. Buiten was het dertig graden, iedereen had lekker een dagje vrij, de vrouwen van de spelers waren overgekomen en ik zat op mijn hotelkamer. Eigenlijk alleen maar als een gek te kijken of ik niets over het hoofd had gezien. Op een zeker moment breekt het.

Dan komt de spanning er wel even uit. Op dat moment heb je even iemand nodig. Gewoon, om weer even tot mezelf te komen. Eigenlijk is het van den zotte dat je zo in die tunnel leeft. Normaal denk je toch: leuk, we gaan vandaag een boottocht maken. Ik kon het niet opbrengen."

Hiddink wil de spanning vasthouden. Dat lukt, tot aan de laatste strafschop in de halve finale tegen Brazilië. Het is een duel dat elke speler, elke bezoeker leeg achterlaat. Het gelijkspel (1-1) is onbevredigend, omdat iedereen in Nederland vindt dat Pierre van Hooijdonk een strafschop heeft verdiend. En in de penalty-reeks falen twee spelers die zo zeker leken van hun zaak: Ronald de Boer en Phillip Cocu.

"Wij hadden een ploeg die finale-waardig was. Van Hooijdonk kán een penalty krijgen. Met een oranje bril op zeg je: hij moet hem geven. Neutraal zeg ik: hij kán hem geven. Daar moet je je bij neerleggen. Wij hadden op dat moment niet het vermogen om door te duwen. Terwijl we in de tweede helft heel erg goed speelden en met Patrick nog een mooie kans kregen. Ik denk dat we net iets sterker waren dan Brazilië."

"Dan moet je vijf mensen aanwijzen voor de strafschoppen. Cocu en Ronald de Boer schieten de bal slap in: pap in de benen. Wat ik al zei: vaak zijn het de slimmere voetballers die falen. De afstand van de middencirkel tot de elf meter is lang. Je hebt veel tijd om na te denken. Dat is geen voordeel. Onderweg naar die bal komen er toch wat chemische reacties op gang. Zal d'r wel ergens kortsluiting plaatsvinden. Vaak gebeurt het ook in de beweging zelf. Dat je weet: o nee, dit gaat fout. Maar dan kun je niet meer stoppen. Je moet jezelf in een roes brengen zodat je hem in je eigen stijl afmaakt."

"Na die wedstrijd in Brazilië was ik leeg. Helemaal leeg. Pas later komt het besef over je heen: we hebben een unieke kans laten liggen. Natuurlijk, die finale moet je dan ook nog doen. Je weet dat Frankrijk wéér een klasse extra is. Die vegen Brazilië in de finale met 3-0 van de mat. Dat gebeurt niet zomaar. Maar toch... Halve finale van een WK... Het is niet zo gemakkelijk om dat nog een keer te halen."

"Achteraf bezien heeft het wel een paar maanden geduurd voordat ik over die teleurstelling heen was. Het blijft lange tijd in je lijf zitten. Heel wezenloos. Maar ik had de kans niet, of gunde mezelf de kans niet, om dat te verwerken. Na een paar dagen vakantie ging ik alweer aan de slag bij Real Madrid. Absurd, natuurlijk."

Hij gaat door in hetzelfde tempo. Wetend dat de eindigheid van het leven soms akelig dichtbij kan zijn. Zijn assistent Hans Dorjee krijgt in december 1996 een hartaanval. Zelf komt Hiddink twee maanden later oog in oog te staan met de dood.

"Wat er met Hans gebeurde, kwam volkomen onverwacht. Rond die wedstrijd in Brussel tegen België kreeg hij op het parkeerterrein een eerste waarschuwing. Hij reed met zijn auto tegen een paaltje. Achteraf is dat zijn geluk geweest, want voor hetzelfde geld zou het drie minuten later op de autobaan zijn gebeurd."
Dorjee knapte weer op. In de zomer van 2002 kwam alsnog het slechte nieuws. "Ik had nogal een goed contact met zijn vrouw Lia. Zij vertelde me dat hij geveld was op de tennisbaan. Dat was zwaar. Heel zwaar. Hans' dood had een geweldige impact op me. De uitvaart was heel massaal, de hele voetbalwereld was er. Ik reageerde, dat doe ik altijd, in stilte. Ik was verslagen, het emotioneerde me sterk. De tranen komen dan in je eigen momenten."
"Ik ga er altijd van uit, omdat ik een sterk gestel heb, dat het mij niet kan overkomen. Dat is raar, want het kan morgen gebeurd zijn met je. Maar ik laat me elk jaar, anderhalf jaar, helemaal van onder tot boven checken. Daarom denk ik nooit: ho, voorzichtig! Minder doen! Ik heb een lage bloeddruk. Goed laag. De angst dat het zomaar over kan zijn, heb ik zelf niet zo. Nooit gehad."
Het vertrouwen in zijn eigen lichaam laat Hiddink één keer in de steek. "In februari '97 ben ik een keer aan het randje geweest. Ik zou als bondscoach op een maandag naar Turkije gaan om een wedstrijd tegen Finland te bekijken. Die wedstrijd was in het binnenland, in Denizli. 's Ochtends zou ik naar Istanbul vliegen, van daaruit naar zmir en dan met de auto het binnenland in. Op zondagavond zijn we met een paar mensen gaan eten en ik had vis genomen. De anderen niet. Die avond voelde ik me niet lekker. Ik heb toen Johan Neeskens gebeld met de vraag of hij wilde gaan."
"De pijn in mijn maag en mijn darmen werd 's nachts steeds heviger. Normaal reageer ik op vis met een vrij snelle stoelgang, maar die wás in die periode al een tijdje heel onregelmatig. Die nacht kon ik niet poepen, maar ook niet overgeven. Onze eigen huisarts was net een paar dagen weg en de volgende ochtend hebben we een vervangende arts geroepen. Die dacht dat het nierstenen zouden zijn, gaf wat medicamenten en zei dat het allemaal wel los zou komen."
"Maar die maandag ging niet goed: ik kon niet liggen, niet staan, niet hangen – ik kon niks. Pijn, pijn, pijn! Nog weer die dokter gebeld, maar het schoot niet op. Laat in de middag op dinsdag was er nog steeds niks losgekomen en toen heb ik toch maar mijn eigen huisarts gebeld. Die avond hebben ze me halsoverkop naar het ziekenhuis in Doetinchem gebracht. Ik had inmiddels een pens alsof ik negen maanden zwanger was. Helemaal opgezet. In het ziekenhuis maakten ze een foto en hebben ze me direct opengemaakt."
"De arts daar heeft mijn leven gered. Ik ging meteen naar de operatiekamer. Toen de boel open lag, bleek dat mijn darmen helemaal afgekneld waren. Er

zitten bepaalde strengen rond je darmen, en die hadden zich in de loop der tijd vastgekneld. Vandaar die onregelmatige stoelgang. Dat verergerde tot het moment dat het helemaal ging dichtzitten. Het is een soort koliek; paarden gaan er dood aan. Ik had een subileus. De dokter dacht dat er een flink stuk darm verwijderd moest worden."

Meer dan een jaar later hoort Hiddink wat er die dag nog meer gebeurde. "In Doetinchem ontmoette ik de hoofdzuster, die bij de operatie aanwezig was. Zij vertelde me dat alles al zwart was daarbinnen. Normaal is je kleur donkerrood, maar een deel was kennelijk bijna afgestorven. Toen alles openlag, heeft die hoofdzuster gevraagd of ze bij mij mocht bidden. Het was een diepgelovige vrouw. Ze zei tegen de chirurg: 'Laat mij even.' Tien minuten lang heeft ze alle krachten van God aangeroepen en toen constateerde zij een kleurverandering. Het leven kwam weer terug in mijn darmen en toen is er niet gesneden. Alles ging er weer in en het was klaar."

"Ik had het destijds allemaal niet in de gaten, maar de dokter zei later ook: 'Je hebt echt heel veel geluk gehad. Als je nog drie uur had gewacht, was je er geweest.' Dan was alles geknapt en is er geen houden meer aan. Dan was het einde verhaal geweest. Je moet er niet aan denken wat er was gebeurd als ik in de binnenlanden van Turkije had gezeten. Dat was waarschijnlijk fataal geweest."

"Ik was wel emotioneel toen die zuster dat verhaal vertelde. Dat was indrukwekkend. Ik kan het sterk waarderen dat zij dat gedaan heeft, maar ik ben zelf niet gelovig. Het was in mijn beleving ook geen bijna-doodervaring of zoiets. Ik ben een nuchtere boer die zegt: ze hebben de boel los gelegd en het bloed herstelt dat wel op het laatste moment. Toch?"

Zijn vriendin Elisabeth is ervan overtuigd dat de overlevingsstrijd van Hiddink een diepere betekenis heeft. Volgens haar 'mocht Guus nog niet dood', omdat zij nog een toekomst met elkaar te delen hadden. Elisabeth is spiritueler, occulter dan hij. Net als de moeder van Hiddink, trouwens. Toen het paar eind 2004 op vakantie was in India, werd dat land getroffen door een tsunami. Dagenlang hoorden de ouders van Hiddink niets van hun zoon. Maar zijn moeder maakte zich geen zorgen. Ze hield een antiek medaillon boven een foto van Guus, en toen het ding op en neer bewoog, wist ze: hij leeft nog. Als proef op de som laat mevrouw Hiddink een oude elftalfoto van haar man Gerrit zien. Hij is de enige van het team uit 1932 die nog in leven is. Het medaillon levert het bewijs: bij elke teamgenoot blijft het kleinood stil hangen. Boven het portret van Gerrit gaat het bewegen.

Hiddink geeft een glimlach prijs. "Sommige mensen zeggen: er is meer tussen hemel en aarde dan alleen dat fysieke leven. Dat zal dan kunnen. Ik ga het niet ontkennen, dat mag niet. Ik laat er wel ruimte voor. Ben je dan gelovig? Ik weet het niet. Met het dogmatische heb ik niks. Ik heb veel in gelovige landen gewerkt. Turkije, Spanje, Zuid-Korea. Maar ik ben toch te nuchter, vrees ik. Ik ben in Varsseveld naar de zondagsschool geweest. Kreeg je catechismus. Ik zie dat witte gebouwtje nog wel voor me. Ik had er geen afkeer van, maar het stempelde niet. Ik ben niet van de lotsbestemming."

Zijn ziekte kwam niet voort uit stress, stelt Hiddink. "Dit vak ervaar ik niet als stressvol. Stress is voelbaar als je niet meer weet hoe je ergens uit komt. Dat heb ik in mijn vak niet. Of niet meer. Er zijn wel momenten geweest dat de stress mij in zijn greep had. Die botsing met Willem Kieft was een voorbeeld. Toen zag ik geen uitweg."

"Als coach ben ik één keer, en dat was echt een dieptepunt, enorm geblokkeerd geraakt door stress. Toen zag ik het écht niet meer. Dat was in die wedstrijd met Valencia tegen Karlsruher SC. Oliver Kahn stond in het doel en speelde een grandioze wedstrijd. Toch wonnen we thuis met 4-1 waar het misschien 7-1 had moeten zijn. Maar goed, er was niks aan de hand. We speelden in Duitsland en kregen de eerste tien minuten een, twee goede kansen. Pizzi raakte de paal nog voor ons."

"Ik zat rustig op de bank, het zag er goed uit. Toen maakten zij ineens twee goals binnen een paar minuten. Op dat moment had ik moeten reageren. Maar ik was apathisch, volkomen apathisch. De spelers keken me aan. Doe iets! Maar ik deed niets. Die Duitsers kwamen als een wals over ons heen. Ik was verbijsterd, helemaal overbluft. Overdonderd. Omdat het zo totaal onverwachts kwam. Uiteindelijk werd het 7-0. Dat was echt een dieptepunt voor me."

"Ik heb moeten leren verliezen. Om daarmee beter om te gaan. Toen ik zelf nog speelde, was ik na een nederlaag niet te genieten. Als je langer trainer bent, ervaar je dat voetbal toch ook heel erg voorspelbaar is. Dan word je niet zo verrast. Als ik nederlagen lijd, heb ik niet zoiets van: kom, beur me op. Nee, laat mij er maar even doorheen gaan. Soms moet je het ook doorvoelen. Om echt de impact te voelen van wat er gebeurd is. Die nederlagen, die eenzaamheid, die horen ook bij het vak. Het helpt niks als je na een zware nederlaag jezelf stoer houdt. Het moet een uitweg krijgen. Omdat je anders in je houding naar een ploeg iets geforceerds over je houdt. Spelers ruiken dat. Later moet je wel reageren. Als je in die apathie blijft zitten, kom je echt in de problemen. Dan krijgt de stress je in zijn macht en ben je een gemakkelijk slachtoffer. Dus moet je weer de energie zoeken."

“Valse stress is spanning die je doodslaat, die ervoor zorgt dat je het structureel niet meer leuk vindt. In mijn eerste periode bij PSV waren er wel momenten dat ik tijdens de wedstrijd de controle verloor over bepaalde zenuwen. Ik zat een keer naar mezelf op televisie te kijken en dacht: wat is daar aan de hand? Ik zat allerlei spastische bewegingen te maken. In mijn omgeving zeiden ze: ‘Je moet vooral zo doorgaan, Hiddink. Dan ben je over een paar jaar vertrokken’. Toen was ik soms meer supporter van de ploeg dan coach. Je volgt de acties, soms vocaal, niet beseffend dat je er altijd een halve seconde achteraan zit. Vrij snel daarna leer je: dat is al niet meer belangrijk, ik moet me richten op ingrepen die structureel zijn.”

“Je wordt steeds onafhankelijker in je denken. In het begin heb je nog wel zoiets van: hoe zal de buitenwereld reageren op bepaalde ingrepen? Je bent nog wat bangelijk voor de consequenties. Vervolgens leer je: doen. Doe het maar fout, maar wel doen. Die kentering is achter in de jaren tachtig gekomen. Ik had wel vertrouwen dat ik met groepen kon werken, maar om dan ook nog te presteren, dat is wat anders.”

“De beste remedie bij stress is vaak simpel: laat de tijd eroverheen gaan. Wat ik zei: je hebt van die momenten dat je het gewoon even niet meer ziet, de opstelling, de tactiek. Als je de boel dan even loslaat, dient de oplossing zich vanzelf aan. Dan rij je op je fietsje door het bos of loop je over het strand en heeft je hoofd de ruimte weer. Vaak komt er een gedachte binnen die zo sterk is dat je onderbewustzijn meteen weet dat het de goede is. Maar jij beseft het dan nog niet. Omdat je nog in je andere denken zit, probeer je eerst datgene waarvan je zo overtuigd was. Pas als dat fout gaat, grijp je terug op die ingeving. En die blijkt dan vaak succesvoller dan de heersende gedachte waarmee je nergens doorheen kwam.”

Hoofdstuk 11

In een moeilijke fase van het leven

Direct na het WK van 1998 treedt Guus Hiddink in dienst bij Real Madrid. Zijn terugkeer naar Spanje levert, behalve het winnen van de wereldbeker, weinig hoogtepunten op. Een korte verbintenis met Betis Sevilla brengt hem geen succes, waarna Hiddinks loopbaan een onverwachte wending neemt.

Hiddink gunt zichzelf de tijd niet om het WK te verwerken. "Op zaterdag speelden we met Oranje nog om de derde plaats tegen Kroatië, de vrijdag daarop zat ik met Madrid alweer in hetzelfde oord, in Nyon, als waar ik met het Nederlands elftal de voorbereiding op het WK was begonnen. Achteraf beschouwd was die tussenliggende periode belachelijk kort en moet je dat anders doen. Een aantal maanden later krijg je daar een terugslag van."
Hij stelt zelf de vraag. "Maar ja, wat doe je als Madrid komt? Dan zeg je geen nee. Het ging allemaal in razendsnel tempo. Jupp Heynckes had met die ploeg de Europacup gewonnen en werd opgevolgd door Antonio Camacho. Na drie weken stapte Camacho ineens op en moest er een ander komen."
"Zelf had ik nog geen concrete plannen voor de toekomst. De bedoeling was dat ik met de KNVB eens rustig het WK zou gaan evalueren om van daaruit verder te kijken. Zover is het nooit gekomen. Ik zat net op Texel toen ik een telefoontje kreeg van Lopez Serrano, de rechterhand van president Lorenzo Sanz. Ik ben naar Madrid gegaan en de volgende dag was het beginnen. Meteen doordenderen."

Bij Hiddink vallen alle rationele bezwaren weg. "Voor mij was het een jongensdroom. Real Madrid is qua naam en historie toch de grootste club ter wereld. Je komt in een wereld terecht waar veel grote ex-spelers als Pirri, Del Bosque en Gento op de een of andere manier nog hun invloed hebben. Als je trainer wordt van Madrid is er een automatisch respect, dan word je uitgenodigd voor gelegenheden waarbij je mannen als Di Stéfano de hand mag schudden. Het is een warme club, maar ook heel gecompliceerd. Je moet niet denken dat je daar met korte lijnen kunt werken, iedereen bemoeit zich ermee. Dat is veel complexer dan bij Valencia. Onzichtbaarder."
Het grote Real Madrid is in die tijd geen modern voetbalbedrijf. "Helemaal niet, zelfs. De meeste beslissingen werden zeer ad hoc genomen. Ik was ook niet in staat om daarin een verandering aan te brengen, kon geen invloed uitoefenen op de samenstelling van de selectie. Er waren geen mogelijkheden. Madrid kampte

destijds met een schuld van 340 miljoen gulden. Tegelijkertijd investeerde Barcelona iets van 200 miljoen in nieuwe spelers. Je komt binnen bij een team dat net de Europacup heeft gewonnen. Dan proef je bij die sterspelers altijd een soort onverschilligheid. Zo van: wéér een nieuwe trainer, wat zou die nou weer willen?"
"Het team had eigenlijk nieuwe impulsen nodig. Je had toch wat oudere spelers, zoals Hierro, Sanchis, Panucci, Suker en Mijatovic; Redondo was veel geblesseerd. Dan krijg je op een gegeven moment een neerwaartse spiraal, de meeste spelers waren een beetje over de heuvel. Helemaal geen vervelende jongens, maar ze waren niet meer hongerig. Boetes werden lachend betaald, dan weet je het wel."
"Er is te laat geanticipeerd op vernieuwing. Het team, de hele club, leefde erg toe naar de wereldbekerwedstrijd in Tokio. We speelden daar op 1 december tegen Vasco da Gama. Dat was in Spanje een heel grote wedstrijd, voor Madrid was het 37 jaar geleden dat die beker was binnengehaald. We wonnen met 2-1, door een laat doelpunt van Raúl. Voor mij persoonlijk was het een prachtige triomf, omdat het tien jaar eerder met PSV was misgegaan. Dat voelde toen toch als een gemiste kans. Eigenlijk vonden we dat destijds met zijn allen verschrikkelijk. Nu kreeg ik alsnog de gelegenheid om de wereldbeker te pakken."

Het winnen van de wereldbeker betekent ook het verlies van zijn snor; gevolg van een weddenschap met een journalist van sportkrant *Marca*. Na een kleine winterstop pakt Hiddink de draad weer op. "In die periode, begin januari, begon vader Sanz steeds meer toespelingen te maken op het spel van zijn zoon Fernando. Zo van: 'Gaat goed, hè?' Ik zeg: 'Ja, prima jongen.' Is het ook, prima jongen. Als Hierro of Sanchis er niet was, kon hij even meedoen. Net als Ivan Campo. Maar Sanz miste toch de kwaliteiten om dat witte shirt in het stadion te kunnen dragen. Want dat ging niet goed. Voor hem was dat ook lastig, een vader als president. Ik heb hem gezegd dat het misschien beter was om wat lager te gaan spelen. Vergis je niet: het is ontzettend moeilijk om te slagen in Bernabéu. Het publiek is daar zo kritisch, dat herkent meteen wat kwaliteit is en wat niet. Dan gaat onmiddellijk de fluit eroverheen. Dus ik dacht: laat die jongen ergens in de middenmoot ervaring gaan opdoen."
"Madrid is een gevaarlijke club voor jonge talenten. Dat witte shirt weegt onnoemelijk zwaar. Toen ik daar werkte, haalde ik Eto'o bij de selectie. Die was toen zeventien jaar. Prima jongen. Je kon zien: daar zit veel in. Maar ze hebben hem weinig tijd gegund om zich echt te ontwikkelen. Toen-ie achttien was, vertrok hij naar Mallorca. Niet goed, weg! Dat gebeurt te veel bij dat soort clubs. Je moet spelers veel meer laten gedijen. Dan weer brengen, dan weer even terug.

Anders is de druk gewoon te groot. Als jij op je zeventiende Bernabéu in loopt, dan mag je niet falen. Je mag níét falen. Dat is een enorme last."
"Ik vind het heel belangrijk om spelers te wijzen op het belang van een goede carrièreplanning. Veel makelaars hebben maar één belang: snel zo veel mogelijk geld verdienen. Een makelaar met goede contacten kan zijn speler vrij gemakkelijk onderbrengen in landen waar dat mogelijk is. Maar de meeste voetballers willen eigenlijk, diep in hun hart, maar één ding: titels winnen, op die platte kar staan. Het is heel gemakkelijk om met een jonge talentvolle voetballer snel het geld te gaan zoeken. Maar waar sta je dan, sportief gezien? Welke prikkels heb je nog? Het is ook de verantwoordelijkheid van managers om een goede sportieve carrière te plannen."

"Mijn suggestie om Fernando Sanz bij een kleinere club te stallen viel helemaal verkeerd bij vader. En dan krijg je het spel, dan gaan ze de aanleiding zoeken. We speelden thuis tegen Atlético Madrid en wonnen met 4-2. Het was een gevecht waar alles in zat, veel tempo en strijd. Iedereen was dolenthousiast. Een week later verliezen we met 4-0 bij La Coruña. Dan komen ze 's maandags naar je toe, de vazallen van Sanz. Dat de ploeg conditioneel niks voorstelt en dat het voor geen meter loopt. In die wedstrijd had ik de kleine Sanz niet opgesteld."
Vervolgens verliest Hiddink nog drie wedstrijden, onder meer tegen Barcelona. "Toen was het gebeurd. Achteraf is het wel zonde dat je bij zo'n mooie club te weinig een stempel hebt kunnen drukken. Wetende wat ik nu weet, had ik de mensen in Madrid veel meer het vuur aan de schenen moeten leggen dan ik heb gedaan."
"In Tokio was het nog van kus-kus-kus en kon ik voor drie jaar tekenen. Als ik gewoon was meegegaan met de sterkste stroming, had ik daar lange tijd kunnen blijven. Maar dat moet je nooit doen, want dan verlies je alle respect in de kleedkamer. Vooral van de grote jongens: Sanchis, Hierro, Raúl, Roberto Carlos, Redondo. Als die met je gaan spelen, als je niet authentiek bent, als je maar éven op een hellend vlak gaat, dan is het over. En terecht, volkomen terecht. Zo was ik zelf als speler ook. Een trainer die een verkeerd soort zwakte toont, wordt afgeslacht. Dat is een wet van de natuur."
"Het ontslag bij Valencia greep me aan, maar dit was anders. Ik had mezelf nooit meer in de spiegel kunnen aankijken als ik was meegegaan met de stroming. Sanz kwam naar me toe en zei: 'Het is beter als we stoppen.' Heel rustig, hij was geen bullebak. Het ontslag werd snel afgehandeld en daarna blijf je ook altijd welkom op de club. Ik heb nog steeds een huis in Madrid."

Na zijn ontslag bij Real Madrid breekt voor Hiddink een periode van bijna twee jaar aan waarin hij een vrij anoniem bestaan leidt. In februari 2000 gaat hij voor korte tijd aan de slag bij Betis Sevilla, maar in de vele maanden tussen zijn vertrek bij Real Madrid (in maart 1999) en zijn benoeming tot bondscoach van Zuid-Korea (in januari 2001) overheerst het verdriet om een vastgelopen huwelijk.
"In die fase had ik weinig vastigheid in mijn bestaan. Ik kan ook niet echt goed terughalen wat ik in die tijd allemaal gedaan heb. Heel vreemd. Het was een tijd waarin ik in mijn leven orde op zaken moest stellen. Dat kostte veel kruim. Daarnaast deed ik televisiedingen voor Canal Plus. Daar had ik veel plezier in."
Hoewel Hiddink lange tijd zonder werk zit, loopt hij beroepsmatig geen frustraties op. "Het benauwde me niet om geen werk te hebben. Ik vond het eigenlijk wel even lekker om niet dagelijks met een groep bezig te zijn. Ik had toch een heel hectische periode achter de rug en dan is het prettig om even los te komen. Gewoon, lekker voor de tv je wedstrijd doen, stekker d'r uit, koptelefoon af en klaar. Geen vragen, geen stress, geen verantwoordelijkheid. Daar was ik toen wel aan toe. Ik heb ook veel gegolfd in die periode. Maar een stabiel bestaan was het niet."
"Het was voor mij een omgekeerde situatie. Normaal is het zes, zesenhalve dag werken en hooguit één dag vrij. Toen was het één dagje werken en veel vrij. Er was ook niet zoveel interesse. Ja, Griekenland hing wel aan de lijn, maar daar had ik geen zin in. Er was een manager die me steeds benaderde. Voor Olympiakos Pireaus, zei-ie. Ik heb dat niet gedaan. En verder speelde er eigenlijk niet zoveel. Als je er nu tegenaan kijkt, zou je die tijd ervaren als een grote leegte, maar dat deed ik toen niet. Ik was ook niet radeloos op zoek naar werk. Ik denk dat het wel goed was, zo. Om alles te laten bezinken."

De drie maanden dat hij als interim-trainer voor Real Betis werkt, boekt Hiddink bepaald geen succes. Hij treft een ploeg aan die, met sterspelers als Finidi, Denilson en Alfonso, de zestiende plaats bezet. Het gat met de streep is op dat moment twee punten. Hiddink is de zevende trainer in twee jaar tijd. "Voorzitter Manuel Ruiz de Lopera was van het type: als ik kwaad word, trek ik mijn portemonnee."
"De situatie was heel instabiel. Ruiz de Lopera had het stadion naar zichzelf vernoemd. Dan weet je het eigenlijk wel. Soms kwam-ie de kleedkamer binnen en dan riep hij: 'Als jullie vandaag winnen, dubbele premie!' Gejuich natuurlijk bij de spelers. 'Máár', zei-ie dan, 'als jullie verliezen: dubbele boete.' En dan gingen die koppen weer hangen, want we stonden natuurlijk wel ergens onderaan. Daarmee ging dus ook niemand akkoord. We hebben het seizoen afgemaakt, maar dat was

niet goed. Dat was meer iets van een vacature even invullen. De boel was eigenlijk al reddeloos verloren."

"Het is niet goed om in een situatie te stappen waarvan je weet dat die tijdelijk is. Sevilla was een heerlijke stad en Betis een grote club, maar deze baan zou ik in een normale situatie niet hebben gekozen. Het paste ook eigenlijk niet in de lijn van eerdere en latere jobs die ik heb gedaan. Ik was een soort brandweerman, terwijl ik eigenlijk veel liever iets opbouw. Ik weet niet of mensen veel aan me gemerkt hebben die tijd. Je hebt zelf de neiging om te denken van niet, maar dat was natuurlijk geen goede periode voor mij. Die verkeerde onrust doet toch enorm veel met je. Het werk is dan wel een goede afleiding. Maar ja, ook daar was ik eigenlijk niet goed voorbereid om te beoordelen of de doelstelling, handhaving, wel haalbaar was. Je had goede spelers lopen, maar de ploeg was geen eenheid."

"In het licht van mijn eigen problemen bezien, was ik er niet helemaal klaar voor. Een coach moet toch helemaal gefocust kunnen zijn op een bepaald doel en dan moeten er geen andere zware zaken door je kop spoken. Als je dat niet kunt, dan ontstaat er ruimte voor alibi's. Bij spelers, bij mensen om je heen. Dat mag niet. Het past ook niet bij mijn karakter."

Leerzaam is die periode wel. Hiddink groeit steeds meer toe naar een andere manier van leidinggeven. Net als bij Madrid krijgt hij in Sevilla regelmatig het verwijt te horen dat hij 'te slap' is voor de spelers. "Men wil graag geschreeuw en stoere teksten. Vooral daar heb ik ervaren dat je soms totalitair moet zijn in je benadering. Spelers verwachten dat. Die willen niet iets anders. Nederland is het enige land ter wereld waar je alles moet uitleggen. In België, in Duitsland en zeker Spanje wil men dat je totalitair bent. Als je daar zegt: de groep gaat nu linksaf, dan gaat de groep linksaf. Je wordt dus dictatorialer. Bij Madrid gaf ik gewoon te veel uitleg. Ik stond maar te vertellen: nu doen we dit en wel daarom. Ik was mensen aan het overtuigen. Dat hoefde helemaal niet. Gewoon doen. Voetballers verlangen naar duidelijk leiderschap, zonder dat je het individu tekortdoet. Ik zal nooit een speler onmenselijk behandelen. Het zal wel eens hard gaan, maar niet met minachting van zijn zijn."

"Sport is natuurlijk een heel onschuldig theater. De politiek heeft veel vaker totaal verkeerde leiders opgeleverd. Ik ben wel gefascineerd door het gegeven dat massa's mensen achter leiders kunnen aan lopen. In mijn vak kom je de enge kantjes daarvan ook wel tegen. Als je jezelf machten aanmeet op basis van jouw positie, dan komt er iets anders bovendrijven. Dan is het individu ondergeschikt en ga je afrekenen. Dat is een grens die ik hopelijk nooit zal overschrijden. Ik denk ook niet dat ik het ooit heb gedaan."

"Ik ben er behoorlijk van overtuigd geraakt dat een wat dictatoriale manier van leidinggeven de goede manier is. Het mag alleen nooit een vrijbrief zijn om je gang te gaan zonder openstaand sluisje voor de mensen die dicht bij je staan. Je kunt snel gedeformeerd raken in een vak dat veel aandacht met zich meebrengt. Ik probeer dan altijd wel mensen bij me te halen die me daarvoor behoeden. Als dat kanaaltje verstopt raakt, moet de ander even porren."

In de positie waarin hij verkeert, bestaat het gevaar dat te weinig mensen nog tegengas geven. Dat meelopers veel talrijker worden dan criticasters. "Nou, ik zie mezelf niet op zo'n troon zitten. Gelukkig geldt dat ook voor de mensen die dicht bij me staan, zowel privé als in mijn werk. In het werk moet je ervoor zorgen dat collega's een katalysator zijn van dat besef. Daar ben ik redelijk in geslaagd, vooral in mijn latere jaren bij Zuid-Korea, PSV, Australië en Rusland. Het zijn mensen die me behoeden voor een valkuil. Vaak doen ze dat heel subtiel, met veel humor. Mart van den Heuvel kon dat, bij PSV. Die verstaat de kunst om een boodschap in een kort statement met humor te verpakken. Dat je even denkt: o ja. Rustig aan doen. Ik denk op zo'n moment niet: ik ben de technisch directeur en jij de masseur, dus kop houden. Integendeel. In die zin is voetbal ook weer heel democratisch. In Korea had ik de meeste lol als ik werd aangepakt door de materiaalman. Die kon zich echt op een duidelijke en heel grappige manier laten gelden en zette mij soms voor schut. Hij was eigenlijk heel lief, maar kon ook gewoon zeggen: 'Doe het zelf!' Terwijl hij in de pikorde de eerste was die in zijn mand moest gaan zitten. Je hebt zulke mensen nodig om te kunnen functioneren. Ik wil ze om me heen hebben. Want de valkuil kan elke dag opengetrokken worden."

Zijn keuze voor Betis brengt hem in een lastige positie. "Je moet oppassen dat je niet een paar keer een verkeerde keuze maakt, want dan kun je je naam als trainer snel te grabbel gooien. Maar ik denk daar eerlijk gezegd nooit zo over na. Ik zie wat er op me afkomt en als ik er een uitdaging in zie, zeg ik ja. Lukt het niet, nou, dan ga je een keer op je bek. Zo erg is dat toch niet? Het woord 'afbreukrisico' past en hoort niet bij sport. Want in sport kun je ook behoorlijk verliezen. Ik heb nooit gekozen voor de zekerheid van een vaste baan. Als ik dat wel had gedaan, was ik nooit trainer geworden. De laatste jaren zeggen de mensen wel eens tegen me: alles wat jij aanraakt wordt mooi. Maar ik ken heel goed de schaduwzijde. Ik heb ook de tijd meegemaakt dat het helemaal niet goed liep. Dat was in die periode van Madrid en Betis."

Ondanks de teleurstellingen blijft Hiddink taai in het zoeken van zijn eigen weg. "Ik heb daarbij altijd heel sterk op mijn eigen gevoel gevaren." Dat gevoel brengt hem eind 2000 naar het andere eind van de wereld. "In november kwamen de Koreanen. Eigenlijk puur oriënterend, dacht ik. Sam Ka, de grote man van de bond, zocht me op in Amsterdam. Hij was tijdens het WK in Frankrijk elftalleider geweest, zo kwam hij bij mij terecht. In Amsterdam hebben we een paar uur zitten praten. Hij vertelde dat er twee kandidaten waren, Aimé Jacquet en ik. Ik hield het eigenlijk een beetje af, omdat Zuid-Korea voor mij een totaal onbekende wereld was."

"Als advies heb ik hem toen meegegeven, dat - wilde je eindelijk die eerste overwinning op een WK halen - je de spelers aan de reguliere competitie moest onttrekken om ze anderhalf jaar lang klaar te stomen voor het WK. Puur door veel te trainen, veel te reizen en zware internationale wedstrijden te spelen tegen Zuid-Amerikaanse, Afrikaanse en Europese landen. We zijn uit elkaar gegaan en tien dagen later kreeg ik ineens een telefoontje van Sam Ka. Hij zei: 'Ik zit in Amsterdam, in het Amstel Hotel. Kun je even langskomen?'"

"We voerden een tweede gesprek. Hij zei: 'Jouw eerste punt is geregeld, alle internationals worden vrijgemaakt van competitie-verplichtingen. En het tweede punt is ook akkoord: je krijgt een budget om trainingskampen te beleggen waar je dat wil.' Ik dacht: als ze dit binnen een paar weken voor elkaar kunnen krijgen, dan willen ze écht iets neerzetten. Toen begon het bij mij enorm te kriebelen. Ik kon eigenlijk met een soort clubteam heel gericht naar een WK toe werken. Dat was natuurlijk ideaal. Toen heb ik heel snel besloten om het te gaan doen. Nu lijkt dat allemaal heel gemakkelijk gezegd. Ik denk dat het zo heeft moeten zijn. Dat deze stap ook symbool stond voor mijn leven toen. Een andere richting in slaan. Het is wel saillant dat je later zo'n groot succes boekt, nadat het lot je die kant op heeft gestuurd."

Hoofdstuk 12

Wereldroem en verlichting in Azië

Op 1 januari 2001 treedt Guus Hiddink in dienst van de Zuid-Koreaanse voetbalbond. Na een lange en moeizame aanloop zal hij in dat land het meest aansprekende succes uit zijn loopbaan boeken. Op het WK van 2002 reikt Zuid-Korea tot de halve finale. Het sportieve succes voelt voor het volk als een bevrijding.

Er is geen enkele identificatie. Zuid-Korea is hem totaal onbekend. Als Hiddink in december 2000 voor het eerst voet zet op de bodem van zijn nieuwe bestemming, overvalt hem een unheimisch gevoel. "Ik schrok wel even toen ik aankwam in Seoel. Er hing een grijze deken over de stad. Het was er somber en grauw. Veel flatgebouwen. Hartje winter, dus ook nog eens steen- en steenkoud. Mijn eerste indruk was niet zó geweldig."

"Ik wist niks van het land. Kende niemand. Ik kwam in een totaal onbekende, gesloten cultuur terecht. Een maatschappij waarmee ik geen enkele band had. Die moest ik helemaal leren doorgronden. Die eerste dagen dacht ik wel even: jeetje, moet ik híér de dingen naar mijn hand gaan zetten?"

In die wereld waar alles anders is, heeft Hiddink één houvast. Zijn taak, het doel, is simpel en overzichtelijk. "Het stond ook te lezen op veel gebouwen in Seoel. Zestien. Dat was het magische getal. Een plaats bij de laatste zestien. In vijf WK's was het de Koreanen niet gelukt om zelfs maar één wedstrijd te winnen, laat staan de tweede ronde te halen. Nu moest het gebeuren."

Al snel ontdekt Hiddink wat zijn grootste obstakel is. "De verhoudingen tussen mensen. Zowel binnen de ploeg zelf als met iedereen die daarop invloed wil hebben. Ik had gelukkig een goed team van mensen om me heen. Pim Verbeek ging mee als assistent, Arno Philips was de fysiotherapeut, Jan Roelfs deed de perscontacten, ik had drie Koreaanse assistenten en ik kreeg een tolk - Hanjin Chung - met wie het direct goed klikte. Ik kreeg carte blanche van de bond en ben feitelijk op dag één begonnen met het veranderingsproces. Je vormt je een beeld van wat goed is en wat slecht is. Wat goed is hou je vast, en wat in de weg staat probeer je om te vormen of te elimineren."

"De hiërarchie was zeer sterk, in alle lagen van de samenleving. Het is een erfenis van het verleden, van zo vele jaren van onderdrukking, met name door Japan. Dat maakt de mensen daar heel trouw aan het gezag, zonder voorwaarden, zonder

vragen. Je zou denken dat je in zo'n cultuur niet als een olifant door een porseleinen kast kunt lopen, maar eigenlijk heb ik dat wel gedaan. Met zevenmijlslaarzen."
Hij waant zich soms in een ander tijdvak. "Binnen de voetbalbond bestond nog altijd een technische commissie die de selecties moest goedkeuren. Toestanden zoals bij ons in de jaren vijftig. Je hebt dan wel alle vrijheid van werken, maar tevens krijg je ook wel het stille, gecamoufleerde advies om met die mensen te praten, je oor te luister te leggen en ze te betrekken bij de samenstelling van de spelersgroep. Op de dag dat de selectie voor een wedstrijd bekend werd gemaakt, werden die mensen steevast van alle kanten ingevlogen. Dat gebeurde 's morgens, zodat we 's middags konden vergaderen en vervolgens de namen aan de pers konden geven. Zo kon naar buiten toe altijd het beeld blijven bestaan van: 'De technische commissie en de bondscoach hebben besloten om de volgende spelers uit te nodigen'. Vaak heeft dat een politieke achtergrond. In die commissie zaten mensen uit alle delen van het land en het zou natuurlijk mooi zijn als de nationale selectie daarvan een weerspiegeling was. Zodat elk commissielid zich 'thuis' kon verantwoorden en er bijvoorbeeld ook eens een jongen uit het zuiden bij zat."
"Ik ben daar snel overheen gestapt. Ik gooide de selectie er 's ochtends al uit, nog voordat de vergadering begon. Daarmee heb ik die mensen buitenspel gezet. Als je zulke beslissingen neemt, word je niet met warmte omringd. Ik had gelukkig maar aan één man verantwoording af te leggen. Dat was de bondsvoorzitter, dokter Chung. Die zei heel simpel: wij hebben er vijf keer niks van gemaakt op een WK, ga jij maar lekker je gang."

Hiddink zet hoog in: hij wil de sportbeleving naar een ander niveau tillen. "Mijn eerste doel was het plannen van een zeer moeilijk traject, zodat de spelers in die anderhalf jaar richting WK zo veel mogelijk weerstanden moesten overwinnen. Je voelde aan alles dat de beleidsmakers en de spelers dat eigenlijk niet wilden. Het liefst wilden ze zich gewoon voorbereiden in Zuidoost-Azië. Spelen tegen Thailand en Maleisië. We zijn ook met de selectie aan de gang gegaan. In het eerste half jaar hebben we alles afgeroomd, zijn stad en land afgereisd. Naar de clubs natuurlijk, maar we zijn ook universiteitsteams gaan volgen en hebben een keeper uit het militair elftal gehaald. Zo kwamen we tot een lijst van veertig spelers. Daarvan bleven er uiteindelijk vijftien over."
De eerste maanden gaat er nog wel eens wat mis. "In die periode verloren we natuurlijk een paar keer stevig. Voor mij was het toernooi om de Confederations Cup in de zomer van 2001 een belangrijk moment, omdat daar veel grote ploegen uit diverse continenten bijeen waren. Dat was een eerste examen. We verloren met 5-0 van Frankrijk, waar het ook 7-0 had kunnen worden. Later, tegen Tsjechië,

werd het weer 5-0. Ik kreeg toen de bijnaam *Mister 0-5*. Ik had het eerst niet door, omdat ik de kranten niet kon lezen, maar dat is natuurlijk niet prettig. In die periode had ik soms wel de neiging om te gaan bijpraten met de grote baas. Maar dokter Chung vond dat helemaal niet nodig. Ga maar nou gewoon door op de manier die jij het beste vindt, zei-ie. Dat was natuurlijk wel een mooie steun, zo onvoorwaardelijk."

"Hoewel het moeilijk is, moet je je afsluiten voor weerstand. Anders ben je reddeloos verloren. Dan geef je iedereen een reden om zich met jouw werk te bemoeien. Maar je bent niet van beton. Elk mens is beïnvloedbaar. Ik wist echter heel duidelijk dat we aan het begin van een proces zaten. Ik moest vanuit de bestaande situatie ontdekken wie er wel of niet aan mijn selectiecriteria konden voldoen. Na de zomer haalden we wat meer atletische spelers bij de selectie en toen kreeg ik al snel een beter gevoel. Was er minder ruimte voor twijfels. Het team kreeg in de loop der maanden steeds meer body."

Hiddink moet een doorbraak in het denken bewerkstelligen. Daarvoor is vertrouwen nodig. "Die groep moest eerst weten wat ze aan mij hadden. Was ik er weer zo een die ze al jaren meegemaakt hadden, een coach die zijn oren liet hangen naar de bondsofficials of zelfs politieke figuren, óf was ik iemand die eindelijk eens wat anders wilde brengen? Dat vertrouwen kun je verkrijgen door met ze te praten en te trainen, maar vaak krijg je ook situaties aangereikt waarvan je dankbaar gebruikmaakt. Ik herinner me dat we met z'n allen stonden te kijken bij een jeugdtraining. Er werden een paar tactische fouten gemaakt door de spelers. Die jeugdtrainer zette de jongens op een rij en begon er eentje te slááan! Nou, echt niet normaal meer. Dat was geen bestraffend tikje, maar een flinke vuistslag in het gezicht. Echt bám! Zelfs mijn groep schrok ervan. Ik werd zó vals. Ik liep ernaartoe en stuurde die trainer van het veld. Dit kón gewoon niet. Mijn spelers zagen toen natuurlijk wel: hé, dit is iets anders."

"De kranten stonden er vol van. Wat ik daar deed, was het onderuithalen van een meerdere ten opzichte van de spelers. Laten zien: je hoeft niet álles te accepteren. Denk zélf, handel zélf. Dat was de boodschap. Ik wilde niet hebben dat ze hun gevoel voor eigenwaarde opzij zetten voor een autoriteit. Koreanen zijn trots. Een beetje Latijns. Als ze eenmaal het gevoel hebben van: deze trainer is niet iemand een replica van het verleden, dan hebben ze diep vanbinnen een enorme grootheid. Die grootheid wilde ik ze laten voelen. Om een verandering door te voeren hoefde ik niet in de ziel van de spelers te snijden. Integendeel: ik denk dat hun ware aard naar boven kwam. En die is vrij pittig. Ik moest eigenlijk een laagje afpellen. Als ze eenmaal dat goede gevoel hebben, dan zijn ze ook niet te stoppen."

"In februari 2002 was de selectie helemaal gestroomlijnd en konden we de laatste fase in van het fijnere werk. Toen zijn we met 23 selectiespelers en vier stagiaires echt aan de slag gegaan. Met een trainingskamp in Spanje van drie weken. Met wedstrijden tegen Tunesië en Finland, waarin de ploeg eindelijk wat dominanter overkwam. Toen boekten we ook resultaten. Dat gaf veel vertrouwen."

Pas als de resultaten beter worden, krijgt het werk van Hiddink waardering. "Ik had natuurlijk ook bij de pers weerstand te overwinnen. De knowhow van de journalisten was niet zodanig dat ze beseften waarom bijvoorbeeld die zware wedstrijden in Europa zo belangrijk waren. Ze vonden ook dat ik de spelers op trainingskampen over de kling joeg. Dat klopte in zoverre dat ik de mentale en fysieke weerbaarheid zo optimaal mogelijk wilde maken. Soms waren de trainingen echt superzwaar. Na zes intervalsessies zat iedereen hartstikke kapot. Dan zei ik: 'Als we iets willen bereiken, moeten we er toch nog twee sessies aan vastplakken.' En dan gingen ze tóch weer. Allemaal. Uiteindelijk raakten lichaam en geest daaraan gewend. Kwamen de spelers in een soort flow die ze niet meer los wilden laten."
"Je hebt het wel eens over honderd procent inzet 'en meer bestaat niet'. Nou, voor hen wel. Dat heb ik nooit eerder en nooit later zo extreem meegemaakt. Het bleek ook wel uit de shuttle runtests die we soms deden. Zelfs Raymond Verheijen, die er als inspanningsfysioloog in maart 2002 bijkwam, had zoiets nog nooit gezien. Spelers waren in staat zo diep te gaan dat ze bijna flauwvielen of het uitschreeuwden van de pijn. Ze gingen allemaal over hun eigen limiet. Allemaal. In maximaal presteren zit ook een mentale factor. Je kunt altijd meer dan je denkt. Park en Lee hebben dat later bij PSV ook bewezen, zij konden echt in een merkwaardige extase raken. Heel apart."

Hiddink koestert de wetenschap dat de Koreanen dieper kunnen gaat dan hij voor mogelijk hield. Het wordt een belangrijke basis onder zijn werk. "Als coach vond ik het prachtig om te zien hoe ze bereid waren zichzelf over de kling te jagen. Dan weet je dat je iets heel moois in handen hebt. De overlevingsmentaliteit is heel sterk en komt natuurlijk ergens vandaan. Hun opvoeding, het gedrild worden, de jaren van onderdrukking in het verleden: dat alles heeft ze geleerd om grenzen te verleggen."
"Het was mijn taak daaraan iets toe te voegen. Ik wilde hun het gevoel geven dat ze af en toe mochten falen. Ook daarin moet je grenzen verkennen. Ik vond het belangrijk dat ze meer initiatief durfden te nemen. Dat lag heel gevoelig, want hoe meer initiatief je neemt, hoe groter het risico dat je faalt. En falen betekende

sanctie. Repressie. Koreanen zijn bang om op hun vingers getikt te worden. Dat is slecht voor hun aanzien. Werken doen ze als de besten, maar altijd onder leiding ván. Ze willen gestuurd worden. Nou ja, als je inderdaad continu op je vingers getikt wordt, dan durf je ook minder. Dan ga je geen discussie aan, stel je geen vragen, dan loop je niet buiten de orde."

"Het systeem dwong ze om bangelijk te zijn. Dus bleven ze het liefst in het veilige midden. Bij mij konden de spelers niet falen. Vanwege die onmetelijke inzet. Ik ging dus het initiatief belonen en vergat het resultaat. Omdat ik dacht: het resultaat komt pas als er initiatief is. Of omgekeerd: als je het initiatief doodt, krijg je het resultaat ook niet. Ik moest hen leren om initiatiefrijk te zijn en laten zien dat er geen sanctie op staat als het fout gaat. Als dat besef er eenmaal is, falen ze ook niet zo gauw."

"Het feit dat ze mochten falen gaf een gevoel van veiligheid en ik denk dat die veiligheid voor de spelers heel belangrijk was. Ik kan niet over de hele Zuid-Koreaanse maatschappij praten, maar men heeft daar veel met straf en boete moeten leven. Het was altijd binnen de lijnen lopen. Want dáár kun je geen fouten maken. Aan het randje lopen is gevaarlijk. Dan kun je eroverheen vallen. Als je er goed over nadenkt, besef je pas hoe bijzonder het is dat de intrinsieke kwaliteiten van mensen in zo'n korte periode tot wasdom kwamen."

Niet alleen faalangst speelt een rol, ook de houding ten opzichte van Europa. "Zij dachten altijd dat Europeanen op alle fronten sterker waren. Terwijl wíj juist denken dat zij mysterieuzer zijn en daarom sterk. Alsof het dieper zit bij hen. Het is vreemd om je te realiseren dat een volk al zó lang een bepaalde inferioriteit ervaart ten opzichte van Europeanen. Ik probeerde duidelijk te maken hoe de blanke westerling tegen hun cultuur aankijkt, maar ook dan word je soms geholpen door situaties die zich voordoen. We speelden in Hongkong tegen Noorwegen. Die Vikingen zijn natuurlijk allemaal 1,85 of 1,90 meter lang. Je zag letterlijk hoe de Koreanen steun zochten bij elkaar. Ze keken allemaal een beetje schuin omhoog, al hadden wij er ook best grote jongens bij lopen. Na een half uur moeten we met 5-0 achterstaan, zó geïntimideerd als ze waren."

"Later speelden we in Montevideo een wedstrijd tegen Uruguay. In de rust werd de kleedkamerdeur opengebroken. Je kunt je niet voorstellen wat er aan kostbaarheden werd weggehaald. Dure horloges, gouden armbanden, twee jongens hadden negenhonderd dollar bij zich: alles was weg! En onze spelers waren helemaal ontdaan. Omdat ze zelf uit een maatschappij komen waar je portemonnee wordt nagebracht als je die ergens laat liggen."

"Ook dat moment heb ik aangegrepen. Ik heb ze voorgehouden: zie je nou wel, jullie laten je de kaas van het brood eten. Binnen en buiten het veld lieten ze zich pakken. Van alle kanten. Het waren net honden die wel renden maar niet konden bijten. De groep begon dat te snappen. Zo is er stelselmatig wat meer bewustzijn bij de spelers gekomen."

"De weken voor het WK ontstond het besef: tegenstanders moeten van goeden huize komen willen ze ons kunnen verslaan. De bevestiging daarvan kwam eigenlijk tegen Frankrijk. Hun bondscoach, Lemerre, wilde kort voor het WK graag nog een keer tegen ons oefenen. Van bondswege kreeg ik nog de zachte raad om daarvan af te zien, omdat ze na die vorige 0-5 bang waren voor gezichtsverlies. Ik vond het juist een mooi moment om te testen waar we werkelijk stonden. Frankrijk kwam met het volledige A-team, dus met Henry, Zidane, Vieira, Thuram, Trezeguet enzovoorts. De afspraak was dat we in de rust vrij konden wisselen. Lemerre wilde in de tweede helft het B-team inzetten. Maar toen stonden wij met 2-1 voor en wisselden zij maar één speler. Kennelijk stond er toch zoveel prestige op het spel voor Frankrijk dat ze niet wilden verliezen. Uiteindelijk werd het nog 2-3, maar mijn spelers gingen toen zelfs nog voor de gelijkmaker. Dat geeft aan dat onze spelers een geweldige impuls kregen door dat resultaat. Want een jaar eerder waren we nog buitenkant voet weggezet."

Dan begint het toernooi. In een poule met Polen, de Verenigde Staten en Portugal liggen de krachtsverhoudingen niet ver uit elkaar, zo schat Hiddink op voorhand in. "Na die lange en intensieve voorbereiding zagen we niet meer op tegen het WK. Er was al heel veel voorwerk gedaan. Alles wat contraproductief was voor het team had ik weggenomen. Onze eerste wedstrijd was tegen Polen en ik wist dat die cruciaal zou zijn. Ik had Polen een paar keer bekeken en merkte wel dat die ploeg over het algemeen vrij log was. Daar konden wij met onze snelle, beweeglijke spelers heel veel voordeel halen."

De maandenlange voorbereiding werpt haar vruchten af. "Wij wisten dat de Europese en Zuid-Amerikaanse ploegen in een vochtig klimaat terecht zouden komen en dat ze – vanwege hun lange seizoen – niet helemaal fris zouden zijn. Vandaar dat onze trainingen gebaseerd waren op het verkorten van de herstelperiodes van de spelers. Als een speler op hoog werkniveau een actie maakt, duurt het herstel wel dertig tot veertig seconden. Pas dan kun je een nieuwe actie maken. Met onze specifieke trainingen hebben we die herstelperiodes kunnen terugbrengen tot twaalf à vijftien seconden. Dus waren de spelers in staat om per negentig minuten niet 180 acties te maken, maar 360. Als je dat vermenigvuldigt met tien spelers heb je dus qua tempo en ritme een enorme voorsprong op anderen."

"Met Raymond Verheijen hebben Pim en ik daar een heel gericht programma op gemaakt. Dat heeft heel veel rendement gegeven. En ook vertrouwen, natuurlijk. Als bepaalde gedachten worden onderbouwd door metingen, ontleent iedereen daaraan een grote mentale steun. Onze ploeg was fysiek enorm sterk en dan wordt je geest ook sterk. Op die manier hebben we tegenstanders onder druk kunnen zetten en kapot kunnen spelen. Daarvan hebben we veel gebruikgemaakt, bijvoorbeeld tegen Polen. Het is geen toeval dat we een aantal keren laat in de wedstrijd nog het verschil konden maken."

"Het tempo tegen die Polen was zo hoog dat ze een voor een afhaakten. Uiteindelijk wonnen we vrij gemakkelijk met 2-0. Dat gaf een enorme uitbarsting van vreugde en bevrijding. Niet alleen in het voetbal, maar ook daarbuiten. Het hele land stond op zijn kop. Voor veel Koreanen was het WK toen al geslaagd."

"Tegen Amerika speelden we op een zwoele middag. Amerika kwam met 1-0 voor en wij hadden het zwaar. Dat was de moeilijkste wedstrijd van het toernooi voor ons. Maar dankzij Ahn kwamen we nog op 1-1. Heel belangrijk, want dat ene punt gaf ons net genoeg marge ten opzichte van Portugal. We hadden nu aan een gelijkspel genoeg."

"Portugal was een aparte wedstrijd. De Koreaanse mentaliteit was inmiddels ook bekend bij de tegenstander. Het is heel vervelend als je je tegenstander in het veld steeds twee keer tegenkomt. Na de laatste training in het stadion, een dag voor de wedstrijd, kwam Luís Figo naar me toe en zei: 'Mister, ik word nu al moe van de gedachte dat die mosquito's morgen op me afkomen en me overal gaan steken.' Daar bedoelde hij onze spelers mee. Ik zei: 'Ga dan aan de andere kant spelen.' Maar dat maakte natuurlijk niks uit. Figo zei na afloop ook: 'We hadden niks in te brengen. Eerlijk is eerlijk.'"

"We wonnen met 1-0 en na de wedstrijd kwam president Kim Dae-jung met zijn waggelgangetje naar de kleedkamer. Voor Koreanen is het niet gebruikelijk om lijfelijk te zijn, maar hij omhelsde me toen heel innig. Hij zei: 'What you did for this country is unbelievable.' Dat was verrassend en mooi, natuurlijk. Ik ging toen een beetje rare teksten roepen. 'I'm still hungry', zei ik. Dat werd een enorme slogan. Ik word er nog wel eens mee geconfronteerd. Het zijn oneliners die bijblijven. Terwijl ik helemaal geen man ben van oneliners."

"Ik denk wel dat president Kim zichzelf herkende in hetgeen we hadden bewerkstelligd. Ook hij is de strijd aangegaan met de heersende orde. Hij heeft een paar aanslagen overleefd en zodoende ook de dictatuur. Ze hebben hem zelfs een keer uit een helikopter willen gooien. Hij vertelde ook dat hij in die oppositietijd heel veel steun had gehad van buitenlanders als Willy Brandt en Johannes Rau. Ik vond het wel mooi dat-ie zulke dingen vertelde, omdat zij toch vaak heel vormelijk zijn en zich niet zo gemakkelijk blootgeven. Vanwege die aanslagen liep hij moeilijk. Ik noemde hem Slow Kim. Iedereen had bij mij een bijnaam, anders kon ik ze niet uit elkaar houden. Je hebt veel Lee's en Kims en Chungs en Parks. Mijn chauffeur was Driver Kim. Mijn keeperstrainer was Big Kim en hij dus Slow Kim. Als je dan gewonnen hebt, krijg je een beetje bravoure, en toen zei ik een keer: 'Waar blijft-ie nou, die Slow Kim?' De mensen om me heen schrokken daarvan, maar hij kon het heel goed hebben. Ik had een bijzondere band met hem. Het contact werd steeds minder afstandelijk, er was veel wederzijdse waardering."

De drie wedstrijden hebben een mentaliteitsverandering teweeggebracht bij de Koreaanse selectie. "Mijn spelers waren zich er inmiddels van bewust dat men in Italië en Spanje anders naar ons keek, maar ze bleven daar heel stoïcijns onder. Dat bracht ze niet van de wijs. Ook de euforie niet. Ik was wel bang dat het

als een plumpudding in mekaar zou storten, maar niks, hoor. Ze gingen gewoon door. Die jongens uit Italië waren natuurlijk blij dat ze tegen ons konden spelen. Wij waren op papier een van de gemakkelijkste ploegen die ze in de tweede ronde konden treffen. In het veld werd het tamelijk onaangenaam, met een rode kaart voor Totti en paar ellebogen. Een speler van mij, Kim Tae-young, brak daarbij zijn neus. Diep in de verlenging wonnen we, doordat Ahn de golden goal maakte."
"De taferelen daarna waren onvergetelijk. De Italianen sloopten de hele kleedkamer. Was geweldig om te zien hoe die mooie jongens zich lieten gaan. Ik zei meteen: geen claim indienen, júíst geen claim indienen. Dit moet je intact laten, hier moet je van genieten. Als een soort standbeeld. Die Italianen waren echt helemaal kapot."
"Na de wedstrijd tegen Italië ging ik met een auto naar het hotel. Ik was met Jan Roelfs, die verantwoordelijk was voor de perscontacten. Toen belde Johan. Was wel leuk. Johan is geen beller. Die belt bijna nooit iemand. Nu belde-ie. Ik had het helemaal niet in de gaten. Want hij belde op het toestel van Jan. Jan zei: 'Hier is iemand voor je.' Ik zeg: 'Jan, wég! Laat me in die auto zitten, rot op.' 'Pak nou even', zei-ie. 'Nee, Jan. Verdómme!' 'En nóú moet je hem aanpakken', zei-ie. Toen hoorde ik: 'Met Johan.' Ik zeg: 'Johan wie?' 'Ja, Johan. Johan Cruijff.' Ik zeg: 'O, wat leuk!' Dat was heel spontaan. Echt mooi."

De accu van Hiddink is maar korte tijd leeg. "Ik herpakte mezelf snel weer. Na zo'n avond ben je helemaal op, maar de volgende ochtend ben je wel weer hersteld, hoor. Toen kwam Spanje. Was speciaal omdat ik daar gewerkt had en diverse jongens kende. Morientes, Raúl, Casillas – meerderen. Ik dacht: het zal toch wel een keer afgelopen zijn? We hebben onze normale voorbereiding gedaan. Geen gekke dingen. De avond voor de wedstrijd heb ik penalty's laten nemen. Je kunt dat niet trainen natuurlijk, maar ik liet iedereen er toch één nemen. Eén. Geen herkansing, niks. Onder het oog van alle spelers die met een rondootje bezig waren, moesten ze wandelend het veld oversteken om aan de andere kant een strafschop te nemen. Da's een eind, hoor: als je honderd meter moet wandelen om een penalty te nemen. Dan gaan er toch allerlei gedachten door je kop. Bij iedereen gebeurt wat. Variërend van: 'Als ik morgen maar niet hoef' tot: 'Als ik morgen maar wél mag.'"
"Het was mooi om te zien hoe hun lichamen reageerden op die spanning. Iedereen heeft een eigen mimiek, een eigen stijl van lopen. Ik ben er niet bij gaan staan. Als iemand miste, deden we net of er niets aan de hand was. Gewoon: doorgaan met dat rondootje. De volgende dag móésten we inderdaad penalty's nemen tegen Spanje en toen gingen ze er alle vijf in. Dat was mooi. Niemand wilde graag, iedereen scoorde."

De wedstrijd tegen Spanje was constant in evenwicht. "Wij hebben natuurlijk het geluk gehad dat de grensrechter een bal afvlagt die niet over de achterlijn was, waardoor een treffer van hen werd afgekeurd. De vraag is of ze ook gescoord zouden hebben als de scheids níet fluit, omdat op zo'n moment de verdedigende actie stopt, maar goed, die beslissing was fout en voor hetzelfde geld verlies je de wedstrijd. Voor ons was het heel vervelend dat Kim Nam-il, onze verdedigende middenvelder, uit de wedstrijd werd geschopt door Romero. Kim kreeg een geweldige trap net onder de knie, dat been stond bijna op breken. Voor hem had ik geen goede, specifieke vervanger, waardoor we tegen Duitsland toch verzwakt waren."
"Kim was een sterke, stille kracht. Zonder hem hadden we geen grip op het middenveld. Los daarvan was iedereen zo langzamerhand wel op. Ze hadden al vijf keer meegemaakt dat er wéér een succes kwam en dat doet toch veel met je. Die wedstrijd tegen de Duitsers was gelijkwaardig, maar Ballack had even de beslissing op een slecht moment van ons. Toen was het helemaal op. Klaar. Dan moet je nog om de derde plaats spelen, maar dat lukte niet meer. De spanning was gebroken. Toen was ik ook echt helemaal leeg. Het eerste wat ik altijd doe na zo'n wedstrijd, nog voordat ik in de kleedkamer ben, is even bellen. Met Lies. Twee minuten. Snel uitwisselen van gevoelens. Dat heb ik nodig."

Het WK vormt het bewijs, nieuw bewijs, dat in wedstrijden waarbij Hiddink betrokken is het dubbeltje vaak de goede kant op valt. Wat in het buitenland nog wel eens wordt omschreven als 'magie' is in wezen een kwestie van hard werken, meent Hiddink.
"Wat ik probeer is het maximale, het optimale uit elke persoon te halen. Ook uit mezelf. Bijna elke speler kan zijn grens verleggen, ook al beseft hij dat zelf vaak niet. Die vijf tot tien procent meer, daar gaat het om in de top. En als je dat bij veertien, vijftien mensen kunt bereiken, ben je een heel eind. Ik weet zelf niet zo goed wat ik nou doe om dat te bewerkstelligen. Dat is moeilijk te zeggen van jezelf. Zoals ik het zie is het vooral een kwestie van taakstelling en taakuitvoering. Dit moet je doen in het veld en dat vooral niet."
"Als dat goed lukt, verminder je de kans op fouten. Dat is waar het om draait in deze sport. Heel veel wedstrijden gaan verloren door fouten die voorkomen hadden kunnen worden. Daaraan kun je boetseren. In trainingen, in gesprekken, in dvd-analyses. Je moet mensen laten inzien: wat doe ik nou en wat had ik moeten doen? Het gebruik van beeld is heel bepalend, vind ik. Als je het met handen en voeten uitlegt, is het voor spelers vaak moeilijk te volgen wat je nu precies bedoelt. Visuele middelen werken veel beter. Daarom kijk ik vrijwel elke wedstrijd 's nachts nog een keer terug op dvd. Om een bevestiging te krijgen

van de eerste indruk die je op het veld al had. In de praktijk zit je er meestal niet zoveel naast, maar die bevestiging is toch wel belangrijk voor me. Dus ja, dan zit ik 's nachts nog wel even te turen. Vind ik ook wel lekker. Na een wedstrijd slaap ik meestal toch pas om een uur of vier, half vijf."

De laatste actie die Hiddink maakt op een Koreaans veld is een diepe buiging naar het publiek. Dankbaar als hij is voor de steun tijdens het WK. De spelers laten hun erkentelijkheid jegens de coach op hun eigen wijze zien. "De manier waarop ik door de hele spelersgroep gejonast ben, is een moment om nooit meer te vergeten. Hoe dat grote lijf daar omhooggegooid wordt, dat was prachtig. Práchtig! Daaruit sprak een heel sterke waardering van de groep naar mij toe. Het gebeurde heel puur en heel spontaan. Nu ik erover nadenk, eigenlijk was het ook de ultieme uiting van het feit dat die groep 'los' was. Dat alle remmingen weg waren. Ze hadden lak aan de reacties of de gevolgen. Dat zouden ze in een vroeger stadium, een jaar eerder of zo, nooit gedaan hebben. Een autoriteit jonassen: dat zou niet in hun hoofd zijn opgekomen. Het was een bewijs van een transformatie die zich heeft voorgedaan."

"Na de laatste wedstrijd gingen Elisabeth en ik terug naar het Hyatt-hotel, waar ik bijna twee jaar heb gewoond. Er was een enorme mensenmassa op de been. Het hele land was de draad kwijt, maar op een leuke manier. Ik heb daar nooit één pinkie geweld meegemaakt. Nul! Overal zag je politie, maar alles verliep vredig. In het hotel kregen we, voor de laatste twintig dagen, de presidentiële suite aangeboden. Daar verblijven de groten der aarden als ze Korea bezoeken."

"In die laatste dagen waren er veel vieringen. Ik ging met een krans om in een open auto door de stad. Ben Hur op de menwagen. Ik heb het allemaal laten gebeuren. Het was geweldig, vooral het enorme plezier van de mensen. Omdat het zo puur was, deed het enorm veel met me. Ik liet me op die kar hijsen en wist niet wat er stond te gebeuren. Ik was heel casual gekleed. Spijkerbroek en shirt. Mijn rechterhand, Moro, sprak me daarop aan. Hij zei: 'U moet een pak aan'. Ik had geen pak. Toen deed hij midden op straat zijn colbert en zijn overhemd uit en gaf die aan mij. Hij trok mijn t-shirt aan. We werden ontvangen door het stadsbestuur, dat mij benoemde tot ereburger van de stad Seoel. Later kwamen we terecht bij de president en daar werd ik benoemd tot ereburger van het land. Ik was een van de eersten die deze eer ten deel viel. Verder was ik al ereburger van Pusan, in het zuiden, en kreeg ik nog twee eredoctoraten. Ik werd doctor in de lichamelijke opvoeding en professor in management en business. Ik heb nooit iets in management en business gedaan, ik heb de havo niet eens afgemaakt, dus dat was bijzonder. Echt heel erg mooi, heel stijlvol. Prachtige toespraken op de

universiteit, zo'n mooie toga aan, een college vol professoren. Heel erg waardig."
Naast alle officiële eerbetonen zijn er ook veel spontane acties. "Ik heb daar een cadeaus gekregen, tsjonge jonge! De meest fantastische kleden en traditionele klederdracht kregen we mee. Ik heb ook nog de beschikking over een huis op Cheju-eiland. Ik ben er nog niet geweest, maar de koelkast is gevuld. Een auto kreeg ik, ik mag mijn hele leven gratis bier drinken en gratis vliegen met Korean Air zo vaak als ik wil. Business class. Van die dingen."
"Die auto was zo'n meterslange *executive car*, die je in Zuid-Korea vrij veel ziet rijden. Dat was wel een beetje gênant. Ik zeg: 'Wat moet ik daarmee?' 'Geen zorgen', zeiden ze, 'wij verschepen hem naar Europa.' 'Maar mensen, ik ga toch niet in zo'n geblindeerde auto door Nederland rijden, ze zien me aankomen!' Je moet echter heel voorzichtig zijn met het weigeren van cadeaus. Ik stelde voor om het bedrag dat die auto kostte beschikbaar te stellen aan een weeshuis. Nou, dat mocht ik niet zeggen. Ze waren beledigd. Uiteindelijk heb ik die auto kunnen ruilen voor een mooie jeep. Die heb ik weggegeven. Nu rijdt iemand anders in die tank."

Na een paar weken denkt Hiddink: nu is het mooi geweest. "Het was zo erg dat we de hotelkamer niet meer uit konden. Toen zijn we toch maar vertrokken. De uitgeleide was ook bijzonder. Er werd een militair kordon gevormd om het vliegtuig te kunnen bereiken. We vlogen met KLM, maar het vliegtuig zat vol met Koreanen. Iedereen kwam voorin vragen om een handtekening of wat ook. Op een gegeven moment riep de purser: 'Mensen, blijf alstublieft op uw plaats zitten.' Het vliegtuig helde zowat naar voren over. Dat zijn natuurlijk toestanden, daar voel ik me wel een beetje klein bij. Beatles-taferelen, qua massaliteit. Maar goed, toen was het ook klaar. Ineens. Ik kwam thuis en ging naar Varsseveld, naar mijn ouders. Mijn vader zei: 'Dat was een mooi toernooi, goed gedaan! Moi'j koffie?' Toen was ik weer thuis. Ach, mijn vader is zo. Als ik er niet bij ben, lopen ze als trotse pauwen door Varsseveld. Allerlei Koreanen te ontvangen. Is leuk. Heel leuk."
"Al die uitingen van waardering hebben me heel veel affectie gegeven. Ik ga nog steeds heel graag naar Zuid-Korea. Niet om ons te laten fêteren, maar vanwege de warmte van de mensen. Het is een heel warm volk. Heel anders dan Japanners. Die hebben altijd alles onder controle, ook zichzelf. Koreanen niet, die zijn Latijns. Met alle hoogte- en dieptepunten van dien. Als ze blij zijn kennen ze geen rem, ze worden dan ook heel snel dronken. Ze drinken tot ze letterlijk omvallen. Ook hoge autoriteiten, hoor. Je ziet soms wel hoe een driedelig pak, ondersteund door twee body-guards, met de voetpunten over de vloer naar buiten wordt gesleept. Maar niemand die daarvan opkijkt. Vaak heeft het zelfs met status te maken. Als jij je whisky kunt veroorloven, dan moet de fles op tafel. En dan zo dronken

worden als een lor. Maar ze kunnen ook diep bedroefd zijn. Dan moet je ze echt uit de put halen."

"Ik zie de oosterse cultuur als een enorme verrijking voor mezelf. Het cynisme is daar minder. Gelukkig ben ik sowieso geen cynisch persoon. Als je te lang in datzelfde milieu rondloopt, bestaat het gevaar dat je een oude, zure man wordt. Oud-spelers hebben vaak de neiging om te refereren aan hun tijd. Dan denk ik altijd: blijf lekker in jouw tijd. Ik heb dat totaal niet. Als je je zo opstelt, kan het heden of de toekomst nooit meer zo goed worden als het verleden. Daarin wil ik niet mee. Sport ontwikkelt zich. Meestal ten goede."

"Ik heb nooit de pretentie gehad om het succes met Zuid-Korea groter te maken dan het was. Voor mij ging het om het voetbal. Meer wilde ik het niet laten zijn. De mensen daar hebben er een grotere, bredere lading aan gegeven. Voor hen was het succes een bewustwording van het volk in allerlei maatschappelijke lagen. Ergens is dat vreemd, want Korea is ons Europeanen op veel terreinen, bijvoorbeeld technologisch, ver voor. Toch is het wel te verklaren. Die mensen zijn natuurlijk altijd onderdrukt geweest; door de Chinezen, door de Japanners. Het land werd in 2002 ineens wereldwijd op de kaart gezet en dat gaf zó'n kracht. Wat dat betreft voelde het succes als een enorme bevrijding. Het klinkt misschien raar, maar oudere Koreanen wezen me later op de impact die het had. Ze zeiden: dit succes doet het volk meer dan het optreden van de Amerikaanse generaal MacArthur, die tijdens de burgeroorlog in de jaren vijftig het land bevrijdde. Daardoor krijg je al die uitingen van persoonsverheerlijking in mijn richting."

"Ik heb er altijd een beetje moeite mee wanneer mensen me willen afschilderen als de grote goeroe. De kruisridder die met paard en zwaard binnengekomen is en die het land van de ondergang heeft gered. Dat is niet zo, daarvoor ligt het allemaal te dicht bij elkaar in de sport. Het zou ook hoogmoedig zijn geweest om te zeggen: het moet zó, dit is de enige manier. Aan de andere kant: ik heb er wél voor gekozen compleet mijn eigen gang te gaan. Niet eigenwijs in de zin dat ik met niemand iets te maken wilde hebben en wars van invloeden was. Integendeel, ik heb juist voeling nodig met de mensen met wie ik werk. Maar ik ben niet voor veilig gegaan. Ik heb de keeper geparkeerd die al sinds mensenheugenis international en een nationale held was. Had ik ook níét kunnen doen. Pakt-ie in een wedstrijd een balletje net niet. Jammer. Maar dan waren we ook net niet in de volgende ronde gekomen."

Het Koreaanse succes heeft invloed op diverse segmenten in de samenleving. "Zij voelden het alsof hun identiteit zowat vernieuwd werd of althans opnieuw versterkt. Je moet het niet overschatten, maar in het bedrijfsle-

ven merkte je dat de CEO's, dat zijn de grote managers daar, aangaven dat ze óók op een dergelijke manier te werk wilden gaan. En het Nederlandse ministerie van Economische Zaken wilde graag dat ik als boegbeeld zou deelnemen aan een handelsmissie. Vond ik prima, maar voor mezelf was de werkwijze een normale professionele aanpak met een heel duidelijke planning voor de anderhalf jaar die we te gaan hadden. Alleen: die was anders dan men gewend was en wordt nu gezien als een Methode."
"Het is revolutionair geweest, in die zin dat ook de politiek zich wat anders ging gedragen. President Kim heeft zich destijds ook wel in zulke bewoordingen uitgelaten. Het volk is lichter geworden. Er heerste bij iedereen een soort blijheid. Het was alsof we gedragen werden."

Het WK-succes heeft ook een politieke impact. "Ik heb ervaren dat politiek en sport elkaar op een goede manier kunnen ondersteunen en versterken. Aan de vooravond van de wedstrijd tegen Italië gebeurde er iets moois. De verkiezingen kwamen eraan. Veel politici wilden natuurlijk graag op de foto. Met de spelers, met mij. Ik dacht: da's allemaal leuk en aardig, jongens, maar probeer eens wat terug te doen. Jullie willen wel op de foto met deze spelers, maar als jullie dit team, deze werkwijze voor de komende jaren in stand willen houden, moet je ervoor zorgen dat de dienstplicht voor topsporters wordt afgeschaft. Want dienstplicht in Zuid-Korea, dat is toch wat anders dan het bij ons was. Die jongens moeten drie jaar het leger in. En daar is het ook echt: het leger in. De militairen mogen niet om vijf uur 's middags naar huis, en daar zeggen ze ook niet: effe geen oorlog voeren in het weekend. Dienst is dienst. Je gaat aan de grens liggen met je piefpaf-poef en vergeet je carrière maar."
Van de drieëntwintig spelers uit de selectie moeten er nog zestien onder de wapenen. "Dat zou de aanloop naar het WK van 2006 dus heel moeilijk maken. Ik had verwacht dat het tegen dovemansoren gezegd zou zijn, maar ik begon toch een beetje door te douwen. En verdikke, voor die wedstrijd tegen Italië krijg ik via de secretaris van de president een berichtje door. 'Als jullie deze ronde doorgaan, zou het wel eens kunnen gaan gebeuren'. Die jongens van mij wisten niet wat ze hoorden. Ik had natuurlijk geen garantie, maar de intentie was er."
"De training was afgelopen. Ik vertelde ze wat ik te horen had gekregen. De spelers maakten een soort staande scrum. Daar kwam een enorm geschreeuw uit. Heel emotioneel. Nu moest en zou d'r helemaal gewonnen worden. Ik vond het prachtig wat ik daar zag. Voor mijn gevoel duurde het ook heel lang. Misschien is het in feite twee minuten geweest, maar het leek wel een kwartier. Er kwam zó'n kracht uit, dat was ongelofelijk. En het mooiste was natuurlijk dat onze

spelers inderdaad werden vrijgesteld van militaire dienst. Dat was wel goed, want daardoor had Zuid-Korea op het WK van 2006 ook weer een goed team. Anders waren ze nooit zo ver geweest."

"Het effect van het succes zegt niet alleen iets over mij of over de spelers, het zegt vooral iets over de kracht en de betekenis die sport kan hebben. Cruijff heeft in Barcelona hetzelfde ervaren. Het winnen van de Europacup in 1992 heeft Catalonië ook een enorm zelfbewustzijn gegeven. Zoals heel Nederland ineens meetelde toen Cruijff als speler van Ajax drie keer de Europacup won en de WK-finale haalde met Oranje. Die kracht heeft sport kennelijk in zich. In wezen merkte ik het later met Australië ook weer. Je plaatst je voor het WK, dat was kantje boord, in Duitsland loopt het ook goed af en dat genereert een enorm zelfbewustzijn en zelfrespect bij mensen."
"De kracht van sport kan veel groter zijn dan die van politiek. Ik herinner me een verhaal over Pelé die met Brazilië ooit een wedstrijd in Nigeria speelde. De mensen maakten mekaar af, het was burgeroorlog, maar toen Pelé kwam met zijn fameuze team spraken de stamhoofden af dat ze drie dagen zouden stoppen met koppensnellen. Toen gingen ze samen naar het voetballen. In de Eerste Wereldoorlog speelden Duitse en Britse soldaten ook voetbalwedstrijden tegen elkaar. En daarna kropen ze de loopgraven weer in. Dat zegt wel dat politiek vrij machteloos is en weigert signalen op te pakken die de sport wel kan geven."
"Het zou mooi zijn als het succes in Zuid-Korea had geleid tot een betere verstandhouding met Noord-Korea. Maar dat is een naïeve gedachte. Ik heb van vrij dichtbij mee gemaakt hoe de mensen aan de andere kant van het prikkeldraad leefden. Ik ben nog eens met een oud-generaal mee geweest naar zo'n militaire stelling. Dan zie je aan de overkant van de rivier de façades van huizen en gebouwen. Heel mooi, heel idyllisch. Maar het zijn alleen façades, daarachter heerst pure armoede."
"In het najaar van 2002 is er een vriendschappelijke wedstrijd tussen beide landen geweest. Dat werd een prima diplomatieke 0-0. Het mooiste moment was vooraf, toen men niet de volksliederen speelde, maar een eeuwenoud nationaal lied van beide landen. Dat was heel erg emotioneel. Iedereen had een brok in de keel. Vooraf hadden we een banket. Ik zat bij de Noord-Koreanen aan tafel en ook dat was heel speciaal. Mensen die ik kende hebben familie in het Noorden en daarmee hebben ze al jarenlang geen contact gehad. Laat staan dat een ontmoeting mogelijk is. Voetbal brengt het dan wel bij elkaar. Toch gaat ieder weer zijns weegs na het banket. Dat is ergens wel cynisch. Eigenlijk zou je toch, misschien wel letterlijk, door die barrière heen moeten kunnen lopen. Want wat doen júllie nou met jullie

mooie pakken en jullie stropdassen?"
Hiddinks invloed blijkt beperkt. "Zelf ga je natuurlijk ook weer een andere mallemolen in. Je moet niet de illusie hebben dat je iets kunt doen. Tenzij je bereid bent op een landmijn te lopen. Dat was een mooie dood geweest. Dan zou ik misschien in twee landen ereburger zijn geworden. Nee, dat is natuurlijk flauwekul, maar ergens zouden de groten der aarde – wie dat dan ook mogen zijn - die bruggen toch moeten kunnen slaan? Het was en is ook de grote droom van Kim Dae-jung om die verzoening nog eens tot stand te brengen. Om ooit per trein van Zuid naar Noord te kunnen reizen. Wat dat betreft was het wel mooi geweest om bondscoach te worden van Noord-Korea. Ik zou het nog gedaan hebben ook. Heel gek misschien, maar ik zou graag een jaar kijken hoe het daar is."
"Ik weet niet hoe het volk van Noord-Korea ons succes heeft beleefd. Ik denk dat de oude generatie daarover wel een bijzonder gevoel zal hebben gehad, want ook al liggen er duizend mijnen rond de grens, het blijft toch één volk. De jongeren zullen er misschien anders over denken. Ik bedoel: in Nederland weet de jeugd ook niks van de Tweede Wereldoorlog, dus dat zal daar niet anders zijn."
"Zoiets fascineert mij wel. Enorm, zelfs. Hoe heeft het Duitse volk, hoe hebben zo vele volken, zo open kunnen staan voor bepaalde invloeden? Dat vraag ik me af. Het machtsdenken. Het naar je toe trekken van macht en de beïnvloeding van mensen daarin. Ook Adolf is heel democratisch gekozen. En tot pakweg 1936 is daar nooit een wanklank geweest. Maar kennelijk zat die vernedering uit de Eerste Wereldoorlog nog zó diep dat daaronder toch allerlei krachten actief begonnen te worden. Ik vind het wel boeiend om te zien, hoe zo'n leider kan ontstaan en hoe die níet wordt teruggefloten door zijn naasten. Dat zijn heel bizarre processen. Daarom moeten autoriteiten altijd heel sceptisch en kritisch gevolgd worden. Neersabelen die handel."

De raakvlakken met zijn eigen vak liggen voor de hand. "Zelf ben ik op sommige gebieden ook een autoriteit. En dus manipuleer ik. Op zich is daar niets tegen, want manipuleren betekent alleen: naar je hand zetten. En dat doe je. Iedereen probeert een situatie naar zijn hand te zetten, zodanig dat-ie zich happy voelt of er vruchten van kan plukken. Het wordt pas gevaarlijk als mensen macht misbruiken of zich macht gaan toe-eigenen. Dat moet je altijd heel mooi gaan volgen. Ook omdat je zelf, doordat je werk soms succes meebrengt, in die positie komt. Dan ontstaat bij mij altijd een vreemd soort onrust. Oei, oppassen nu: wordt het niet eens tijd om onderuit te gaan? Hoe kan de sokkel eronderuit getrokken worden?"

"In principe is dát wat je wilt: jezelf bewust blijven van je valkuilen. Je loopt toch altijd langs die afgrond - soms zoek je die bewust op - en dan is het goed als je jezelf - of een ander jóú - eens een duwtje naar de rand geeft. Daarom is het heel belangrijk dat anderen jou toetsen in je werksituatie. En daarom wil ik ook altijd assistenten bij me hebben die heel authentiek zijn. Neeskens, Koeman, Rutten, Eijkelkamp - zij hebben het vermogen om voor een bepaalde ontnuchtering te zorgen. Dan is de kans kleiner dat je gekke dingen gaat doen. Het gevaar ligt constant op de loer dat ijdelheid met je aan de haal gaat. Dat geldt in de politiek, de journalistiek en in de fabriek, dus zéker ook in het topvoetbal."

"Echte toppers zijn vaak low profile. Dat zie je ook in andere vakgebieden. Toppers zijn doorgaans eenvoudige, toegankelijke mensen. Wat daaronder zit, heeft nooit tijd en is altijd druk, druk, druk. Toppers zijn flexibel en creatief. Laatst zag ik een reportage over Jaap van Zweden. Als ik hem bezig zie met zo'n orkest - dan moet je toch ook heel veel verschillende mensen op één lijn zien te krijgen. Hij wilde Rachmaninov tot in de perfectie laten uitvoeren en deed dat met een enorme overgave; soms op dictatoriale wijze om het beste uit het individu te krijgen en tevens vanuit een mooie eenvoud. Dat was prachtig authentiek. Tegen de perfectie aan. Daarvoor is heel veel concentratie nodig. Met voetbalteams streef je ook naar een bepaalde perfectie en dan komen dezelfde elementen aan bod: concentratie, overgave, eenvoud."
"Ik ben me zeer bewust van de gevaren die aan mijn positie kleefden. Er is soms niet veel nodig om de rare trekjes van een volksmenner of een demagoog te krijgen. Je moet voorzichtig zijn met wat je zegt. Ik zie mezelf niet op een balkon staan schreeuwen. Daar gruw ik van! Dat ligt heel dicht bij volksmennerij. In de huidige tijd kijken de mensen daar ook wel doorheen. Wordt het snel een karikatuur. Het mennen heeft tegenwoordig niet meer zoveel kans van slagen. Ook doordat de media altijd zorgen voor tegenkrachten, die gevaarlijke tendensen onderuit kunnen halen. In de Duitse tijd was de kennis veel minder groot. Veel mensen, in Nederland en in Duitsland, wísten niet dat er concentratiekampen waren. Als de Hutu's en Tutsi's elkaar nu de schedel inslaan, heb je dat op beeld. Je weet: het volk kan gevoelig zijn voor stemmingen. Zeker in tijden van werkloosheid en recessie zijn mensen daarin te raken."

"In de sport bestaan die gevaren niet of minder. Sport, en zeker voetbal, is in wezen heel democratisch. Ik ben nu wel De Trainer, maar als die spelers van mij niet meer willen, ben ik geen trainer meer. Dat is het mooie van deze sport. Anarchie kan snel toeslaan, en anders wel lijdelijk verzet. Die tegenkrachten zijn altijd, per definitie, aanwezig in het voetbal. Dat is mooi, dat moet ook. Verkeerd manipuleren of machtsmisbruik duurt bij ons nooit lang. De macht is aan de groep."

Uiteraard is het succes in Zuid-Korea ook een persoonlijke triomf voor Hiddink, die na een moeilijke periode in zijn privé-leven weer kan presteren op de toppen van zijn kunnen. "Ik heb daar, in meerdere opzichten, bewezen dat er altijd een nieuwe start is. Een nieuw begin. Zelfs als er maar een sprankje aan mogelijkheden gloort, als je positie schier onmogelijk is, kun je tot iets groots komen. Als je maar wilt vechten om iets voor elkaar te krijgen. Dat geeft energie en voldoening. Het is een beetje uit de hand gelopen, maar het kán. Het leven brengt altijd nieuwe kansen. Het zijn allemaal cycli. Zeker in de sport geldt dat."
"Sport is het mooiste wat jonge mensen ter beschikking staat om zich te kunnen uiten. Om hun talenten te laten zien. Als je ze die ruimte geeft, kom je in een flow, in een geestestoestand die bijna op een trance lijkt. Die moet je koesteren, want die haalt het beste in mensen naar boven. Daar raakte een heel land in die flow. Het is groots om daar onderdeel van uit te maken. Ik ben er dankbaar voor dat ik dat proces heb kunnen meemaken. Ik heb mensen gezien, zo enorm tot tranen toe geroerd. Niet normaal meer. Ik voelde daar wel in mee, in die blijheid ook. Ik vond het prachtig als men dankbaarheid uitte. Daar was ik trots op. Of trots... 'Trots' vind ik geen prettig woord. 'Voldoening' is beter. Trots gaat snel over in ijdelheid. Anderzijds ben ik toch gewoon een nuchtere Achterhoeker. Denk je ook: Guusje Hiddink, jij had net zo goed gewoon boer of gymleraar kunnen zijn. Dus heb ik me in de kern nooit anders gevoeld door die successen."

Eenmaal terug in Nederland ontstaat bij Hiddink en zijn vriendin Elisabeth Pinas steeds sterker de behoefte iets terug te doen voor het volk dat hen zoveel liefde gaf. Eind 2002 richten ze de Guus Hiddink Foundation op. "Toen ik naar Zuid-Korea ging, had ik maar één doel. Zorgen dat het team gaat draaien en proberen in die volgende ronde te komen. Dat conditioneert je zó, dat je alleen maar denkt: wat heb ik nodig? Goede spelers, goede organisatie, goede mensen om me heen, goede faciliteiten, wereldwijd rondreizen, ervaring opdoen. Het speelt zich allemaal af in de sluis van dat ene doel."
"Lies is een type dat heel graag contacten aanknoopt met mensen uit de normale maatschappij en daar ook diep in wil gaan. Zo kwam zij vaak in aanraking met mensen en organisaties waarbij bleek dat de Koreaanse maatschappij niet in alle opzichten die perfecte maatschappij is waarop men zich graag laat voorstaan. Voor het oog is het allemaal prachtig daar: hoog ontwikkeld, heel modern, schoon, gedisciplineerd. Gebaseerd op een streven naar volmaaktheid."

"Korea is een welvarend land, maar er bestaan genoeg schrijnende gevallen van kinderen die op jonge leeftijd door hun ouders verlaten zijn. Echte armoede heerst er misschien niet, maar vanuit het streven naar perfectie wordt gezichtsverlies als enorm pijnlijk ervaren. Alles wat niet volmaakt is, niet perfect, dat verdwijnt een beetje achter de coulissen. Zo ook mensen. Gehandicapten komen wel voor, maar je ziet ze weinig. Arme mensen ook, die worden weggeschoven. Omdat het mensen zijn die niet beantwoorden aan dat beeld van perfectie, die als het ware niet gelukt zijn. Je ziet ook heel veel adoptiehuizen met voornamelijk meisjes. Want men heeft toch liever een jongetje. Dat soort dingen komen veel voor. Elisabeth heeft toen gezegd: 'Jij bent nu zo bekend geworden hier, als je wérkelijk iets wilt betekenen voor het land moeten we daar iets mee gaan doen.' De stichting is haar initiatief geweest. Het is wel een bewijs van hoe oogklepperig ikzelf in die tijd bezig was. Door Elisabeth werden die oogkleppen iets opengezet en dat is af en toe nodig. Dat is heel erg nodig."
"Ik ben geen zendeling, ik voel geen morele verplichting richting het Koreaanse volk, maar ik heb wel de mogelijkheden om iets te doen. We komen nog geregeld in Seoel. Dan kan ik daar gaan gloreren, me laten fêteren, kindjes in de wang knijpen en wuiven, maar als die deuren toch opengaan wil ik graag proberen wat mensen te helpen. Ik denk dat ik nog met twee benen op de grond sta. Ik heb ook de andere kant meegemaakt. Dat je een baantje erbij moest nemen om je gezin te onderhouden. Ik weet nog wel wat een pak melk kost en dat er in de gezondheidszorg salarissen betaald worden van 1.600 euro per maand en minder. Ik zit dus toch in een vreemde, exclusieve wereld die heel ver verwijderd is van de normale wereld. Soms is dat wel eng. Vraag ik me af: waarom kan ik geen genoegen nemen met wat ik vroeger ooit had en ga ik met de rest strooien? Als je nou ziet wat er kan gebeuren in Darfur, op drie seconden satellietafstand. En je zet dat af tegen de FIFA die met een budget van ruim een miljard euro een WK voetbal organiseert. Hoe kan dat? Waarom zijn wij niet in staat daarin verandering te brengen? De groten der aarde, de politici, de artiesten, de sportmensen zijn niet in staat om daar balans in te brengen. Dat vind ik heel, heel apart. Als je daarover nadenkt, kom je er niet uit."
"Ik wil als individu graag iets doen voor Darfur, zoals zoveel mensen. Maar het zijn druppels op gloeiende platen. De systemen zijn dan ook nog zo dat als je geld stort, er een kalasjnikov voor gekocht wordt. Zolang er geen politieke wil is, kun je het vergeten. In Korea kunnen wij direct invloed hebben. Ik heb nu een paar sponsorcontracten afgesloten die vrijwel helemaal ten goede komen aan de Foundation. Met Samsung, met de ING Bank en met een pizzaboer, Pappa Joe. Dat is een voetbalmaffe man. Hij is begonnen met één filiaal en heeft er nu al veertig

in Seoel. Hij wil naar honderd zaken in heel Korea. Nu heeft hij een Hiddink-pizza op de markt gebracht en mijn foto staat op de doos. Daarvoor betaalt hij twintig dollarcent per doos. Met een minimale garantie van 800.000 dollar per jaar en een contract dat loopt tot 2013. Dat is toch geld."
"De ING Bank is ook heel serieus. Met hen gaan we een heel instituut voor gehandicapten opnieuw inrichten. Het mooie is dat je ook respons krijgt in Korea zelf. Van grote bedrijven: Korean Air, Samsung dus, LG. Die willen wel. Het moet allemaal nog groeien, het is de bedoeling dat ik me er meer mee ga bemoeien. Dat komt wel, als ik de tijd heb."

De Guus Hiddink Foundation staat nog in de kinderschoenen. "Het is allemaal volop in ontwikkeling, mede omdat ik natuurlijk vanuit een zeer drukke werksituatie kom. Er staat nu een goede organisatie. Elisabeth is directeur, mijn broer René is manager en we hebben een bestuur van vijf man: Cees van Nieuwenhuizen, Simon van den Boomen is secretaris, mijn advocaat Kang Sung-young zit erin, een Koreaanse journalist van de krant *Chosun*, en ik ben president. Mijn broer zal nu wat vaker gaan kijken wat er werkelijk moet gebeuren. Een van de eerste doelen is nu om in alle WK-steden een voetbalveldje voor gehandicapten in te richten. Ze worden niet persé naar mij vernoemd, tenzij daar praktische voordelen aan kleven voor de stichting. We zijn nu bezig om terreinen aan te leggen waar blinden kunnen voetballen. Je moet dat stapje voor stapje doen, want het vergt een zorgvuldige aanpak. Een tijdje geleden was er een groep Koreaanse kinderen op bezoek in Nederland voor een vakantie op de Kempervennen. Maar dat bevredigde ons niet, omdat het geen kansarme kinderen waren. We willen het dus nóg meer zelf gaan begeleiden, Lies en ik. We gaan niet mensen twintig- of dertig- of vijftigduizend euro geven en zeggen: gaan jullie je gang maar. Dan krijg je strijkstoksituaties. Samen met onze advocaat houden we duidelijk de vinger aan de pols."

Hoofdstuk 13

Terug naar de Europese top

Het goede, vredige gevoel dat Guus Hiddink heeft overgehouden aan anderhalf jaar Azië verdwijnt in Nederland direct weer. Amper teruggekeerd bij PSV ontvangt hij een kogelbrief. Even denkt Hiddink aan stoppen. Dan stort hij zich volledig op de grote omslag in Eindhoven, die voor een cultuurschok zorgt.

Het contrast kan niet groter zijn. In Zuid-Korea had hij 'nog geen pinkje geweld' meegemaakt. "Dan kom je hier. En is het wat agressiever, zonder dat je dat aan de Nederlandse cultuur mag hangen. Het zijn toch individuen die zoiets doen."
'Zoiets doen'. Hiddink praat over een van zijn eerste werkdagen op De Herdgang. Het is begin augustus 2002. Terug van vakantie in Spanje wordt er een brief bezorgd op het trainingscomplex van PSV. Geadresseerd aan Guus Hiddink. "Ik heb die brief zelf opengemaakt. Erwin Koeman zat erbij. Er zaten twee formaten kogels in. Een 0,9-kaliber en een wat zwaardere. En nog een klein briefje ook. Daar stond de aankondiging in. Iets in de geest van: overhoopschieten. En dat die kogels een voorproef waren van wat er werkelijk zou gebeuren."

"Mijn eerste reactie was: ach, ik krijg wel vaker rommel opgestuurd. Briefjes van: hé, klootzak, die speler moet je wegdoen en die moet je kopen. Van die brieven krijg je relatief veel. Ook goeie brieven, dus dat is prima. Vaak lees ik ze niet eens meer. Maar deze was natuurlijk anders. Ik had nog wel de neiging om hem weg te doen, maar de club vond dat ik aangifte moest doen."
De uitwerking van de kogelbrief is direct voelbaar. "Ik was die dagen heel schichtig. Omdat ik 's avonds vaak nog wat zat te werken en later wegging, ben ik wel een paar keer met de angst in mijn lijf vertrokken van De Herdgang. Dan dook ik met mijn hoofd onder het stuur en reed zo door de poort. Je weet maar nooit of er eentje aan de uitgang staat met een doorgeladen pistool. Gedachten kun je niet uitbannen. Dus dan schiet het wel eens door je kop dat iemand je kan opwachten. Zeker als je je in een letterlijk kwetsbare positie bevindt, als je alleen bent."
"Je realiseert je: dit is niet zomaar iets, het is toch een heel bewuste actie geweest. Die man moet kogels aanschaffen en besluit dan tot zo'n daad. Achteraf is gebleken dat het gewoon een of andere malloot was uit Rotterdam of Den Haag. Die man was van het pad af. Maar dat weet je dan niet. Je hebt alleen dat briefje met die aankondiging. Er zat ook geen voorwaarde aan. Niet iets van: als jij die

speler van Feyenoord koopt, dan weten we je te vinden. Het enige wat opviel was dat het briefje was geschreven op een ouderwetse typemachine. Zo zijn ze de dader ook op het spoor gekomen, want één letter bleef hangen. Die stond wat lager dan de andere. In brieven aan andere mensen zagen ze dat terug. Toen viel-ie door de mand."

Nu praat Hiddink er vrij luchtig over. "Omdat ik het vrij snel kon plaatsen allemaal. Maar in die periode heb ik wel oprecht getwijfeld of ik zo bij PSV wilde werken. Dan denk je: wegwezen. Met Van Raaij heb ik daar in die dagen een poosje over gesproken. Harry had altijd wel gevoel en oor voor zulke dingen. Hij zei ook: overdenk het rustig, maar neem de vrijheid om te doen wat je wilt."
Bij de eerste competitiewedstrijd, in het stadion van Excelsior, komt Hiddink de dug-out niet uit. "Omdat je toch in Rotterdam speelt. Als je daar later nuchter over nadenkt is het een waanidee. Er is natuurlijk niemand die met een pistool de tribunes op komt en je van daaruit neerknalt met zesduizend mensen rond zich. Mensen, ga eens opzij want ik moet even Hiddink neerknallen. Dat gebeurt niet. Die waan haal je jezelf in de kop."
Het is niet de eerste keer, en ook niet de laatste, dat hij in Nederland geconfronteerd wordt met geweld. "Tien jaar geleden ben ik wel eens in elkaar geslagen bij een wedstrijd. Ik ging mijn kaartje ophalen en werd aangevallen door een stuk of tien van die plakplaatjes. Die sloten me op en toen kreeg ik een paar klappen. Uiteindelijk viel de schade wel mee, het was een blitzaanval van een paar seconden."
In 2004 krijgen zijn ouders in Varsseveld post van een onbekende afzender. "Dat was anders en veel vervelender. Ze proberen je te raken, maar je hebt zelf helemaal geen macht, omdat het zich zo ver weg afspeelt. Mijn ouders zijn mensen van de oude dag. Zij kregen een brief met daarin de dreiging van een brandbom. Die kwam uit de Amsterdamse hoek. Nu stond er wel een voorwaarde in: blijf met je poten af van de Ajax-spelers. Toen schrok ik wel enorm. Omdat ze letterlijk je ouders opzoeken."
De flirt van PSV met Rafael van der Vaart is aanleiding tot de dreigbrief. "Als het mij persoonlijk was gebeurd, had ik gezegd: Van der Vaart moet gewoon komen. Maar ze zijn wel zo fijntjes om het via m'n ouders te spelen. Mijn moeder belde in paniek op. Ik ben halsoverkop naar huis gegaan. Toen ik thuis aankwam, was mijn moeder erg ontdaan. Ik heb gezegd: 'Ma, maak je maar geen zorgen. Van der Vaart komt niet.' 'O, gelukkig', zei ze. Mijn ouders zijn er wel een tijdje zenuwachtig van geweest, maar na een paar dagen werden het weer nuchtere boertjes."
Bij Hiddink zelf hakt de bombrief er indirect toch flink in. "Je merkt dat het

rechtstreeks invloed heeft op je functioneren als technisch directeur. Stel nou dat wij zeggen: Van der Vaart heeft het niet meer naar zijn zin bij Ajax en het zou mooi zijn als we hem bij PSV weer aan het voetballen konden krijgen. Om op termijn de rol van Phillip Cocu over te nemen. Zo ben je strategisch bezig. Mooie speler, goed voor Nederland, financieel haalbaar. En die jongen zou willen. Wat let je dan? Niets. Totdat er zo'n brief komt. Dan denk je al meteen: ik kan het wel gaan doorzetten, maar wat dan? Dus limiteer ik mezelf in mijn functioneren. Door die gebeurtenis hebben we ervan afgezien om Van der Vaart te halen. Of laat ik het zo zeggen: we hebben het nooit een kans gegeven."

In de bossen van Waalre lijkt geweld ver weg. Zijn schitterende parkachtige tuin is afgesloten met een groot hek, maar het is geen onneembare vesting. Hiddink is op zijn hoede. De veiligheidsmaatregelen zijn steeds drastischer geworden. "Omdat hier ook wel eens een aankondiging van geweld is geweest. Iemand heeft, in de periode dat wij Salomon Kalou van Feyenoord wilden overnemen, een keer een brief in de bus gedaan. Dat was vrij bedreigend. Je denkt direct: dat zal vast wel een stevige jongen met plakplaatjes zijn, maar het bleek om een heel iel kereltje te gaan."
Hij praat alsof de dreiging van geweld onlosmakelijk en ook vanzelfsprekend verbonden is aan een leven op de vurige vulkaan Voetbal. "Het is wel gek dat voetbal, zoiets moois als voetbal, zulke uitwassen met zich mee kan brengen. Ik ben daarin natuurlijk niet exclusief. Maar is sta er niet zo lang bij stil. Ik ben een beetje naïef en niet iemand die in angst leeft. Dus ben je veel minder alert. Ik wil ook geen gevaar zien, ben wars van paranoïde gedrag. Vaak vinden anderen dat ze je moeten bewaken, zelf heb ik dat niet. In Korea ook: geen man doet je wat en toch lopen er dan mannen in zwarte pakken in je buurt. Daar kan ik helemaal niet tegen. Of mensen met van die oortjes in en zo'n speld van de beveiliging op het pak. Als je in Nederland een oortje in hebt en je draagt een zwart pak, kun je overal zó naar binnen lopen. Dan houdt helemaal niemand je tegen. Geweldig ook hoe geconditioneerd die mensen reageren. Ze zijn totaal niet flexibel. Gaan ze in hun pak kinderen tegenhouden die gewoon een handtekening willen. Ik heb daar een hekel aan."
Uiteindelijk zijn de uitingen van geweld maar kleine rimpeltjes in de vijver. PSV biedt Hiddink de rust en de stabiliteit waarnaar hij na vier hectische jaren in Spanje en Zuid-Korea op zoek was. Al voor het WK hebben Elisabeth en hij besloten dat ze niet langer 'uit de koffer' willen leven. Hoewel Hiddink fantastische aanbiedingen krijgt uit de Arabische wereld, is er eigenlijk maar één club waar hij aan de slag wil.

De eerste keer dat er een link wordt gelegd tussen PSV en Hiddink is op 24 maart 2002. Hiddink is te gast bij PSV-Ajax, waar hij dineert met oud-manager Kees Ploegsma. Binnen de club bestaan dan al grote twijfels over de houdbaarheid van coach Erik Gerets.
Van een toenaderingspoging door PSV is volgens Hiddink dan nog geen sprake. "Er zat verder niks achter mijn bezoek van toen. Pas kort voor het WK belde Van Raaij mij over een functie bij PSV. Toen was wel duidelijk dat Gerets niet verder zou gaan. Van Raaij vroeg me of ik erover wilde nadenken om trainer en later technisch directeur te worden van PSV. Ongeacht het resultaat op het WK."
"Ik was vereerd. En wilde graag nog een keer een club gaan doen. Het was niet zo dat ik de mogelijkheden voor het uitkiezen had. In Saudi-Arabië kon ik bondscoach worden. Daar lag een cheque klaar met heel veel nullen. Maar dat wilde ik niet. Verder heb ik ook niet zitten wachten of er misschien nog iets anders zou komen en heb ik Harry direct gezegd: 'Laat me dit WK doen, dan praten we kort daarna. Die afspraak staat. Met de intentie om er op de een of andere manier uit te komen.' Ik zag daar geen grote problemen, want ik wilde zelf ook graag doorgroeien naar een strategische functie."

De tijd verstrijkt en Van Raaij heeft al zijn kaarten op Hiddink gezet. "Iedereen dacht: Korea ligt er na twee wedstrijden wel uit, maar dat duurde wat langer. Al die tijd heb ik geen sjoege gegeven en toen werd Harry een beetje nerveus. Hij heeft Kees Ploegsma naar Seoel gestuurd om mijn toezegging nogmaals bevestigd te krijgen. We hebben een paar prachtige dagen gehad met Kees en zijn vrouw Miriam. En gezegd: maak je nou geen zorgen, tijdens dit WK doe ik niks en daarna praten we. Die boodschap kon Kees aan Harry overbrengen."
Voor Hiddink spelen niet louter sportieve argumenten een rol. "Ik was jaren aan het reizen geweest en wilde graag naar een meer stabiele situatie toe. Had ook met mijn relatie te maken. We wilden meer rust in ons leven. Als PSV niet was gekomen en Ajax of Feyenoord wel, had ik dat misschien gedaan."
Bij de hernieuwde kennismaking met PSV schrikt hij enigszins. Van een topsportklimaat is in zijn ogen geen sprake. "Ik had sommige zaken hoger ingeschat dan ze waren. De accommodatie op De Herdgang viel me niet mee. We zaten met dertig man in twee kleine kleedkamertjes en er was nog steeds die mooie 1950-voetbalkantine. Het veld waarop we trainden was slecht. En op dat kantoortje was alles nog hetzelfde als toen. Het is mooi meegenomen dat het op De Herdgang gezellig is, maar een echt topsportklimaat is nog wat anders. Ik had nauwelijks ruimte om spelers individueel te spreken, aan videoanalyses kwam ik niet toe, het werken met internet of een goed computersysteem kon ook niet. Ik was een beetje onthand."

"Ik miste een plek waar de spelers tussen de trainingen door tot rust konden komen. Je had zes stoelen voor 24 spelers. Niemand wist waar hij moest hangen. Rusten deden ze staand, tussen de middag. Je kon niet zeggen: we trainen 's ochtends, pakken dan een goede rust en beginnen weer om half vier. Daardoor begon je al wat eerder aan de middagtraining, die vaak afgeraffeld werd. De spelers hadden ook geen enkele privacy, konden zich niet even terugtrekken. Door de omstandigheden werden er te weinig eisen gesteld aan de spelers. Dat kon eigenlijk niet, anno 2002."
Al bij zijn komst ligt er een plan om De Herdgang volledig te renoveren. "Toen die nieuwbouw eenmaal klaar was, maakten we echt een geweldige stap vooruit. Op zo'n moment kun je ook een enorme stoot geven aan de professionalisering. De spelers hadden een mooi werkhuis. Grote kleedkamers, een goede fysioafdeling, een videozaaltje voor de analyses, computers, een rustkant met bedden en alles, je waterkant, apparaten om krachttraining te doen, een herstelaccommodatie, er was de mogelijkheid om binnen te trainen, een huiskamer, een keuken, de ontspanning. Perfect allemaal."
"Je ziet spelers dan ook langer verblijven. Het is niet meer van: broodje op en wegwezen. Er was ruimte en tijd. Die begrippen zijn essentieel in het voetbal. Hoeveel heb ik en hoeveel heb ik nodig? Je kon nu op je gemak 's middags nog eens trainen. Tussendoor was er de mogelijkheid om te rusten, te ontspannen, verzorging te nemen, analyses te doen met spelers. Je kon veel dieper in het voetbal duiken en dus ook veel meer eisen van spelers. Ik denk dat die omslag doorslaggevend is geweest voor de prestaties in de laatste jaren, met name op Europees niveau."

De omslag komt er op meerdere gebieden. Hiddink wordt bij zijn komst geconfronteerd met langlopende contracten voor spelers in wie hij niets ziet of die niet kunnen aanhaken bij de eisen van topvoetbal. Van der Schaaf, Wilson, Ten Rouwelaar, Hoogstrate, Gakhokidze, Smit en Leandro, ze voelen als ballast. Daarnaast is er een groep spelers die al jaren aan een stuk heeft bewezen niet goed genoeg te zijn om de Europese ambities van PSV waar te maken.
"De spelersgroep moest gesaneerd worden. We hadden veel spelers met een langlopend contract en die konden niet allemaal voldoen aan het niveau dat wij voor ogen hadden. Het was geen top Nederland, laat staan dat je echt competitief kunt zijn in de Champions League. Op trainingen heb ik me in die eerste fase echt verbaasd over de meest simpele balcontroles die mislukten. Basisdingen dus. Als één speler dat gebeurt, is het al een storende factor, maar als het er vier of vijf zijn, heeft het team een probleem. Want dat haalt het niveau te veel naar

beneden. De eisen die spelers aan zichzelf stelden waren te laag. In Korea waren heel veel jongens tweebenig omdat ze het wílden zijn. Bij PSV stonden we het toe dat een bal tot borsthoogte opsprong. Dat kon niet meer."

Hiddink is naar Eindhoven gehaald omdat hij goed is in het leiden van veranderingsprocessen, zo betoogt Van Raaij bij diens komst. Het spel van PSV oogst in dat eerste jaar, ondanks een nieuwe landstitel, echter weinig waardering. Hiddink predikt realisme. "Ik hoorde destijds in Nederland iets te vaak dat het voetbal allemaal zo verantwoord was geweest. Inschuivende libero's, acht keer rondspelen in prachtige driehoekjes en een Italiaan die ermee aan de haal ging. Een goed positiespel is mooi en belangrijk, maar het mag geen doel op zich zijn. Rondspelen om het rondspelen, ik vind het niet eens leuk. Het is mij te langdradig."

In de pers wordt de stijl van PSV 'on-Nederlands' genoemd. Het woord '*catenaccio*' valt zelfs. "Wat is dat, on-Nederlands? We trachtten controle te krijgen over een wedstrijd en van daaruit dominant te zijn. We speelden realistisch, resultaatgericht, vanuit een goede organisatie. Is dat on-Nederlands? Het heeft bijna een negatieve bijklank als je het zo stelt. Wij slaagden erin fouten te veroorzaken bij onze tegenstanders en dan onze slag te slaan. We dwongen het dus zelf af. Het is on-Nederlands als je zegt: we geven het initiatief uit handen, werpen een muur van zeven, acht spelers op en laten de tegenstander komen. Maar als je zo speelt, word je echt geen kampioen, hoor."

Het proces is pas op gang gekomen. Hij weet: "Overal waar ik gewerkt heb, duurde het even voordat men zag: hé, dit gaat de goede kant op. Ik laat het maar zo."

Het valt op hoe Hiddink gedragingen van zijn spelers goed- en afkeurt. Hoe hij 'zeurderig gedrag' met een dodelijke blik belachelijk kan maken. Hij pakt Arjen Robben publiekelijk aan omdat die kwade naam maakt met onnodige schwalbes. Als Mateja Kezman zijn ploeggenoten kapittelt na een matige wedstrijd tegen Feyenoord, noemt Hiddink die houding 'uitstekend, professioneel'. En als Ronald Waterreus na de eerste Champions League-wedstrijd, thuis tegen Monaco, constateert 'dat het seizoen er weer op zit', reageert Hiddink geprikkeld. "Je kunt ook hangende schouders veróórzaken. Dit was lethargisch. Je zag het vaker aan de houding van spelers in wedstrijden. Net niet gecommitteerd. Je houding, je opvatting, bepaalt vaak nét of je de goede kant op presteert of niet. Bij ons werd die houding weer negatief versterkt door de ervaringen van de laatste jaren. Dat moest doorbroken worden. "

De Champions League is in 2002 geen uitdaging maar een kwellende gedachte. Van Raaij verwoordt het aldus: 'Ik ga met de schrik in mijn lijf naar de Europese wedstrijden, omdat ik telkens bang moet zijn dat er weer iets knulligs gaat

FOTO: PICS UNITED

gebeuren.' Hiddink moet zijn voorzitter gelijk geven en stelt vast: 'PSV dient zijn ambities bij te stellen. Met dit team fiets je niet zomaar even door de eerste ronde.' "Als bij de loting de namen uit de koker rolden, voelde je heel weinig vertrouwen. Er was een soort defaitisme ontstaan. Alles schuift dan in elkaar. Je zit in een neerwaartse spiraal. Te veel spelers zaten onder een grens die nodig is voor Champions League. Dat kon technisch zijn, mentaal of atletisch. Je had te vaak het gevoel: we laten het over ons heen komen. Ik herinner me een wedstrijd tegen Monaco die we verloren en waar we verder zonder enige schade uit kwamen. Dan hoop je natuurlijk dat ze hun huid wat duurder verkopen. Ik wilde graag een team waarmee ik me kan vereenzelvigen, waarop je trots kunt zijn. Het mocht best eens wat vaker 'vrouwen en kinderen eerst' zijn. Dat doordachte, verantwoorde, mooie, prachtige, Nederlandse spel hoeft niet altijd te worden gespeeld. Vaak moet je anders voetballen: strategischer, specifieker gericht op het resultaat. Ik vind voetbal om te overleven soms heel mooi."

"De Europese wedstrijden werden zeer naïef beleefd. Arsenal, Dortmund – dat ging meteen mis. Het probleem was dat de spelers die topwedstrijden op dezelfde manier benaderden als competitiewedstrijden. Dortmund of NEC, dat maakte geen verschil. Dus zag je verdedigende acties, heel ver van het doel af, die totaal onnodig waren. Slidings maken op de middenlijn. Op spelers zoals Thierry Henry, die zeer snel zijn en hópen dat je slidings gaat maken. Het was niet slim, niet goed."

"Ik heb bijvoorbeeld met André Ooijer wel gesprekken gevoerd daarover. Een speler zegt vaak: 'Ik kwam net iets te laat.' Ik denk dan: jij bent niet hier om te laat te komen, jij bent een van de betere spelers en die moeten niet te laat komen. Het gaat daarbij om het principe, want grijp je niet in, dan komt een speler steeds te laat. Het is de opvatting van de taak. Daar ga je individueel mee bezig: wat is jouw taak, welke eisen horen daarbij, welk concept hanteer je en hoe voer je dat vervolgens uit? Ik had ze daarin veel verder verwacht. Dat viel me zo tegen. Het is belangrijk om verschillende spelstijlen te beheersen: een voor Nederland en een voor Europa. In Nederland speel je wat opener. Dan verlies je een keer. Tegen Heerenveen of zo. Maar dat gebeurt één op de tien wedstrijden. Van die andere negen speel je er één gelijk en win je er acht. Dat heft mekaar allemaal wel op, die schade is niet zo groot. Maar in Europa loop je met zo'n benadering constant in het mes. Het ontbreken van dat besef was ontluisterend."

De ene fout lokt de andere uit, merkt Hiddink. "Doordat de taakbewustheid ontbrak, ontstonden er structureel fouten. Op trainingen werk je daaraan. Door een andere benadering van zijn taak gaat een speler voelen: hé, nu word ik niet meer weggelopen. Nu vang ik een tegenstander op in de zone. Zo ga je met alle spelers bezig. Degenen die het niet oppakken, omdat ze de capaciteiten niet hebben, vallen dan na een bepaalde tijd af. Die zijn goed voor de subtop, maar niet voor de Europese standaard. Ik heb geduld, maar het moet wel gebeuren. Ik voel al vrij snel: hij is ermee bezig en gaat vooruit. Maar hij niet. In je kop maak je eigenlijk al een soort schifting. Hoe kan ik hem vervangen, wie zou hem kunnen vervangen?"

De norm komt anders te liggen. "In die eerste periode was de schifting gebaseerd op: goed voor Nederland, top één, twee of drie. Maar PSV hikte al tien jaar tegen de Champions League aan. Dus ga je die normen erop zetten. Het is belangrijk dat je gewapend bent met spelers die wél topsport willen. Maar het is tevens een subtiel proces, want je hebt diezelfde spelers nodig om de landstitel te behalen. Het is dus een tweesporenbeleid. Je werkt met een groep, terwijl je al bezig bent met de vólgende transferperiode. Dat is eigenlijk een continuproces." Met behulp van computeranalyse stuurt hij dat proces. "Ik bespreek de beelden meestal een dag na de wedstrijd. Met de hele ploeg of met een individu of een bepaalde linie. Fred Rutten werkte dat graag uit op de computer. Die selecteerde dan alle acties van de rechtsback, bijvoorbeeld. Via de computer gaat dat heel gemakkelijk. Ik vind het vooral leuk om sámen met een speler tot een bepaald inzicht te komen, waar ze wel of niet tegemoetkomen aan hun taak. Je bent als leidinggevende vaak heel snel geneigd om directief te werk te gaan. Te zeggen: dit doe je fout en dat had je anders moeten doen. Maar het is veel waardevoller, vind ik, als de speler zélf aangeeft waar hij anders had moeten handelen. Je moet soms oppassen dat je er niet als de grote leermeester overheen gaat. Als hij het zelf zegt, is de bewustwording veel groter. De kern is toch: zien ze het? Heel sec gesteld: weten ze waarvoor de club hen heeft ingehuurd? Wat hun job is? Waarvoor ze betaald worden? Als ze dat inzicht niet hebben, zijn ze niet geschikt voor de top."

De praktijk maakt het lastig snel iets te doen met de bevindingen. "Omdat je te maken hebt met contractsituaties en de beperkte financiële mogelijkheden. Dan kom je op het probleem dat er te weinig druk is van binnenuit. Omdat PSV dus geen spelers opleidde. De nummers achttien tot en met tweeëntwintig waren spelers die niks toevoegden. Als die jongens uit de eigen opleiding komen, ontstaat er wél een bepaald soort druk. Omdat er hoge verwachtingen zijn. Hoop."

Om de heersende mores te doorbreken, kiest Hiddink regelmatig het middel van de provocatie. Hij gooit een balletje op om Winston Bogarde en Pierre van Hooijdonk naar Eindhoven te halen. Eerder had Van Raaij al eens laten weten

dat Bogarde de enige voetballer was die nooit het shirt van PSV mocht dragen.
"Het was een signaal dat ik afgaf. We begonnen elk jaar met een angstcomplex aan het Europese seizoen. Het was cultuur geworden, zo diep zat het geworteld. De overtuiging ook dat er altijd pech in het spel was. Ik wilde dat veranderen. Bogarde en Van Hooijdonk waren in wezen spelers die al over de heuvel waren, maar zij konden dit team wel iets brengen waardoor anderen gaan voelen wat presteren is. Zoals we dat eerder met Lerby deden. Intern krijg je dan meteen verontruste reacties. Niet zozeer gebaseerd op ratio, maar op andere sentimenten. Achtergrond, verleden."
"Het gaat er mij niet om dat díe namen per se komen, maar wel dat je durft te denken aan zulke types. PSV had bijna geen winnaarstypes. Kezman was een echte. Van Bommel ook, al kwam dat iets later. Die was in wedstrijden nog te veel bezig met andere dingen. Ooijer groeide daar ook naartoe. Maar dat waren wel de enigen. En dat is veel te weinig."
"Je had ook wel jongens die voor de buitenwacht overkwamen als een winnaar, maar juist het prototype waren van een verliezer. Spelers die altijd blessures hadden en ongelukkig vielen. Maar wel lange passes geven. Dan zeiden ze: 'Prachtige pass, zag je dat?' 'Ja, wat gebeurt ermee?' Ging net uit, die bal. Terwijl de eerste taak is: zorg dat het schoon blijft in jouw gebied. Dat is de basis."
Het zijn de spelers die mentale hardheid missen. "We speelden een keer een oefenwedstrijd uit tegen Tottenham. Stond een speler in de rust over te geven van de spanning. In een oefenpotje! Dan blokkeert zo iemand toch ergens in het kunnen presteren."
"Het grote struikelblok richting absolute top is: kun je inzicht omzetten in de praktijk? Velen weten heel goed wat je als coach vraagt, maar kunnen het niet omzetten. Het zit er gewoon niet in. Een topper heeft wél de goede neurotransmitters met de juiste stofjes erin. Dat is een interessant gebied. Maar ook heel complex en onbekend. Ik lees er vaak over, omdat het een gebied is dat nog lang niet ontrafeld is. Er is wetenschappelijk weinig bekend over de relatie tussen denken, voelen en handelen in topsport. Ik denk dat daarin nog grote winst te boeken is."
"Eigenlijk kan ik het die spelers ook niet kwalijk nemen, het is geen kwestie van niet willen. Het zijn mentale processen in hun bovenkamer die bepalen of ze het redden of niet. Sommige spelers hébben nou eenmaal een hoger foutpercentage dan anderen, en dat heeft niks met technische kwaliteiten te maken. Wij noemen dat dan heel gemakkelijk 'mentaliteit', maar ik denk dat het nog dieper zit. En dat ze daarom uiteindelijk ook niet geschikt zijn voor topsport. Wat je vraagt, heeft honderd procent met intelligentie te maken. Niet met sociale of emotionele

intelligentie, maar met voetbalintelligentie. Er zijn spelers die sociaal veel intelligenter zijn dan ik. Dat is een ander soort antenne. Topvoetbal vraagt daar niet om."
"Om top te presteren moet je rücksichtslos zijn, mag er geen vluchtweg zijn. Dat geeft een bepaalde druk. Geen druk die ík opleg; ik ben alleen het medium dat de internationale eisen hanteert en bewaakt. Grote voetballers kunnen daar goed mee omgaan. Bij grote spelers oogt wat ze doen altijd simpel en ontspannen. Neem Cocu, of iemand als Henry. Die weten precies waar het om gaat. Grote spelers gaan niet demonstreren, die stellen hun kwaliteiten in dienst van het team, van het resultaat. Weten wat je moet doen en vooral wat je niet mag doen. Daarin zit het grote verschil met subtop. Voetballers zijn vaak schakels in een systeem, terwijl ze misschien veel liever willen demonstreren wat ze allemaal denken te kunnen. Als je begrijpt wat topvoetbal is, mag je na een zondagse overwinning maandag op de training de spelmaker zijn. Maar niet vrijdag of in wedstrijden."

Hiddink heeft vaak genoeg van dichtbij gezien dat spelers juist daarmee niet kunnen omgaan. "Het is vaak moeilijk omdat voetballers zich ook bewegen in kringen van vaders, zaakwaarnemers, journalisten en supporters, die zich heel anders uiten. Zij maken een speler vaak groter of kleiner dan hij in wezen is. Die mensen hebben allemaal invloed op dat bewustwordingsproces. Ik moet sec beoordelen. Zonder emotie, zonder affiniteit. Die affectie heb je, ook als coach, maar die moet je wegstoppen. Ik kan dat redelijk goed. Ik heb niet het imago dat ik meedogenloos ben, maar ik voel in de kern wel dat ik daar steeds naartoe moet en ga. Ik vind het niet moeilijk om van mezelf te eisen dat ik soms hard moet zijn. Het spel eist dat, de situatie vraagt daarom. De positie brengt met zich mee dat ik het 'top' presteren moet bewaken. Ik neem afstand van de emotie. Daar heb ik nooit moeite mee gehad of wroeging over gevoeld. Het wringt volgens mij pas als je spelletjes speelt of marchandeert."
Zijn manier van communiceren is lang niet altijd verbaal. "Ik probeer de spelers inzicht te laten verwerven. Dat doe je meestal niet met grote woorden. Mark Viduka zei laatst: 'Hiddink geeft je altijd veel vertrouwen, maar je moet wel constant op je hoede zijn.' Daar bedoelde hij mee dat ik ze achter de vodden zit. En dat hoort ook zo. De laatste jaren hoor je wel dat ik een vader ben voor de spelers. Dat weet ik niet. Ik hoop en denk altijd heel direct met de spelers om te gaan. Omdat je toch wilt blijven boetseren. Via kleine opmerkingen of serieuze analyses. Je probeert inzichtelijk te maken wat ze moeten doen en vooral niet moeten doen. Als ze dat inzicht krijgen, kunnen ze een stap verder komen."
"Vloeken in de kleedkamer doe ik eigenlijk nooit. Incidenteel gebeurt het wel. Als ze door die ondergrens heen zakken, mentaal dan, kan ik wel uit mijn slof

schieten. Als er een houding ontstaat van 'het komt wel', dan word ik scherp. Want zo'n houding vind ik een blamage voor een topteam. Dus dan probeer ik de adrenaline wel los te maken. In het eerste seizoen bij PSV heb ik een keer tijdens de rust de hele begeleidingsstaf uit de kleedkamer gehaald. Inclusief mezelf. Dat was bij Willem II. Toen liep ik weg. Zoek het zelf maar uit. Hier wil ik geen deel van zijn. Dan laat je het team aan zichzelf over. Daarmee schoffeer je. In de hoop dat er een of twee opstaan die de zaak rechtzetten. Omdat ze zich laten piepelen. Dat doe je intuïtief en kun je ook maar één keer doen."

Hiddink loopt bij PSV tegen de beperking aan dat hij formeel als trainer verantwoording moet afleggen aan de directie van de NV. Die bestaat uit voorzitter Harry van Raaij, commercieel directeur Fons Spooren en technisch directeur Frank Arnesen. In de zomer van 2002 spreekt Arnesen duidelijke taal: "Er komt hier geen trainer binnen die ik niet wil." Daarmee aangevend dat hij de man is die richting geeft aan het technisch beleid. Van Raaij heeft daarvoor gekozen na de breuk met Gerets.

Een jaar later blijkt overduidelijk dat Hiddink en Arnesen over tal van zaken van mening verschillen. Er ontspint zich een machtsstrijd, die voor iedereen waarneembaar is. Hiddink geeft op 9 augustus 2003 een interview aan *De Telegraaf*, diezelfde dag wordt Arnesen opgevoerd in het *Eindhovens Dagblad*.

Hiddink, feitelijk nog hoofdtrainer, zegt onder meer:

'Het uitgangspunt van PSV is de afgelopen jaren geweest dat een ploeg die je bij elkaar houdt beter wordt en zodoende rendement oplevert. Ik ben het niet eens met die stelling.'

'De club heeft nogal royaal en niet altijd even gelukkig geïnvesteerd de laatste jaren. Logisch dat de raad van commissarissen nu even "ho" roept.'

Arnesen gaat er dan nog van uit dat hij opnieuw zal toetreden tot de directie van PSV. "En ik hoor wel als ze anders beslissen."

Hiddink kan moeilijk overweg met de praktijk van dat moment. "Ik vond het een vreemde situatie: ik was verantwoordelijk voor de resultaten van het team, maar had geen grote inbreng in het aan- en verkoopbeleid. Dat kon niet, in mijn optiek. Of je rekent beide mensen erop af, óf je legt alles in de handen van één man. Dus toen heb ik dat wel gezegd. Hoewel ik heel goed met Frank kon en nog kan, werkte dat natuurlijk niet: twee kapiteins op één schip. Toen is Frank gegaan."

De sanering die PSV moet doorvoeren, is ingrijpend. De club moet spelers verkopen (Kezman, Robben, Rommedahl, Hofland) en van de binnengekomen gelden worden eerst de investeerders tevredengesteld. In anderhalf jaar tijd, tussen januari 2003 en juli 2004, trekt Hiddink voor zes miljoen euro elf nieuwe

spelers aan. De eersten zijn Lee en Park, later komen onder anderen Gomes, Alex, Cocu, Farfán en Beasley.
De sanering gaat verder dan van buitenaf direct zichtbaar is. "Saneren is niet simpelweg het wegsnijden van bepaalde voetballers. Saneren kan ook in de speler. Het saneren van bepaalde eigenschappen die niet horen bij een topsporter. Als Zuid-Korea op het WK van 2002 één ding heeft bewezen, is het dat je met de juiste mentale en tactische instelling - boven op je technische basiskwaliteiten natuurlijk - veel dichter bij de wereldtop kunt komen dan je vooraf geneigd bent te denken. Het is een besef dat binnen een groep moet ontstaan. Wéten waar je een wedstrijd kunt winnen, waar je moet controleren, waar je moet toeslaan. Als een groep dat doorkrijgt, wordt ze ook mentaal sterker. Dan gaan spelers veel gemakkelijker een wedstrijd in met het besef dat er iets te winnen valt."
De manier waarop dat bewustzijn wordt gekweekt, oogt niet spectaculair. "Trainen is een kwestie van herhalen. Drillen. Ik kan wel heel veel leuke oefenstof bedenken, waarbij iedereen het fantastisch naar de zin heeft, maar dan bied je een ploeg geen houvast. Het gaat om die dril: in de basis steeds hetzelfde doen. Het herkennen van veel voorkomende spelsituaties. Dat vraagt beperking. Doen wat je moet doen. Wat gevraagd wordt."
"Vaak zie je dat spelers geneigd zijn meer te doen dan ze moeten doen. Dat komt allemaal voort uit onduidelijkheid. Ze willen helpen waar ze niet moeten helpen. Als een ploeg te weinig houvast heeft, zie je dat spelers geneigd zijn de eindoplossing te zoeken. Terwijl die eindoplossing juist de resultante, het gevolg moet zijn van het werk van een heel team. Als het team goed functioneert, wordt die eindoplossing vanzelf aangedragen. Een individu dat de eindoplossing te nadrukkelijk gaat lopen zoeken – door zijn eigen taak te verwaarlozen, zich op het gebied van anderen te begeven en dús te forceren - zorgt voor onduidelijkheid en irritaties. Dan komt het team in een neerwaartse spiraal terecht. Ze weten van elkaar niet meer wat ze aan het doen zijn. Daarom is herhaling zo belangrijk. Dat leidt tot het juiste bewustzijn."

"In voetbal gaat het vaak om simpel denken en simpel handelen vooral. Vaak denkt men te gecompliceerd, zoekt men naar oplossingen die het spel niet vraagt. Het spel vraagt simpele oplossingen. Misschien vergt het, ook voor een coach, een lange weg om terug te keren naar de kern. Door je ervaringen ga je reduceren. Terug naar de basis. Vanuit die basis kun je later gaan zoeken naar extra's. Naar een hoger tempo, naar meer variatie. Naar betere spelers, meer attractiviteit en een nog beter resultaat."
"Ik ben ervan overtuigd dat uit ieder individu tien procent meer te halen is. Wat je

daarbij zoekt is de balans tussen rust en onrust. Rust om te werken, rust als basis van waaruit je kunt bouwen, maar onrust als prikkel. Onrust die mensen wakker houdt. Waardoor je alert bent en weet: als ik niet doe wat er van mij verwacht wordt, pikt een ander misschien mijn plaats in. Als je bovenaan staat is het lastig om die balans te vinden en te handhaven. Je hebt te maken met verworven rechten. Of: zogenaamd verworven rechten. Die hiërarchie pook ik graag op. Er moet een gezonde onrust zijn."

Hij noemt Ji-sung Park als een exponent van de grote verandering bij PSV. "Park kwam binnen in moeilijke omstandigheden, kende de club niet, had drie jaar aan een stuk gevoetbald, liep rond met knieklachten en werd door het publiek niet gewaardeerd. Ik heb daarover met Park gesproken. 'Je presteert onder je niveau', zei ik. Hij was geïmponeerd, timide. 'Dat willen wij hier niet. Dus maak een keuze. Wat wil je nou? Ga terug naar Japan of Korea óf zet je eroverheen en ga brutaal spelen, zoals je altijd gedaan hebt. Dit is een andere wereld, jíj moet je aanpassen. Zoals je je nu gedraagt, mág je niet eens spelen.'"

"Uiteindelijk sloeg dat om en groeide Parkie uit tot een publiekslieveling. Dan heb je te maken met een intelligente speler die aanvoelt wat er gevraagd wordt. Door dat soort spelers kwam er een ander soort begeestering, ook bij Van Bommel bijvoorbeeld. Die had voorheen in elke wedstrijd twee of drie reacties waarvan je dacht: dat hoort niet. Wat ben je nu aan het doen? Het was een soort inzet die hem op gele en rode kaarten kwam te staan. Maar doordat andere spelers groeiden, en omdat Cocu erbij kwam natuurlijk, kon hij zich wat meer beperken tot zijn eigenlijke taak."

"Dat zijn mooie processen. Ik geniet daarvan. Als mensen vanuit goede intenties proberen beter te worden, heb ik alle geduld van de wereld met ze. Dan wil ik ze volop de gelegenheid geven om op die rijdende trein te springen. Maar als ze niet bereid zijn om in zichzelf te investeren en ik zie hangende schouders, dan ben ik bij wijze van spreken de eerste om ze van die trein af te duwen. Dat is niet hard. Hard zonder gevoel, zonder antenne voor wat er rondom je gebeurt, dát is hard. Dan raak je mensen niet meer. Dan leidt het tot onverschilligheid en uiteindelijk lijdelijk verzet. Onverschilligheid is de dood in de pot. Het einde van presteren."

Hoofdstuk 14

Gesneuveld in een machtsstrijd

Na jaren van decadentie moet PSV terug naar wat Hiddink noemt 'de luxueuze normaliteit'. Juist vanuit die relatieve soberheid ontstaat een nieuw elan, waarin de eenvoud zegeviert. Dat levert in 2005 een plaats in de halve finale van de Champions League op. Een jaar later volgt een nieuwe breuk met PSV.

Als de sanering is doorgevoerd en Hiddink aan de opbouw van een nieuw team moet beginnen, wordt hij geconfronteerd met sombere berichten. PSV kampt met grote financiële tekorten. Het seizoen 2002-2003 heeft zelfs een gat van veertien miljoen euro in de begroting geslagen. Ook de jaren daarna scoort de club rode cijfers.

Een zekere decadentie heeft toegeslagen in de jaren dat miljoenenwinsten uit transfers vanzelfsprekend leken. Als de spelersmarkt instort, moet PSV terug naar wat Hiddink noemt 'de luxueuze normaliteit'. Hij schrikt van de salarissen die worden betaald. Spelers uit de B-kern staan op de loonlijst voor bedragen die oplopen tot 400.000 euro. En hij ergert zich aan het gemak waarmee geld wordt uitgegeven aan overbodige reisjes.

Een scout van de club belt hem op vanuit La Coruña, waar hij de Champions League-wedstrijd tussen Deportivo en Juventus heeft bekeken. 'Wie neem je mee dan?', vraagt Hiddink provocerend. 'Edgar Davids?' 'Nee', zegt de scout, 'ik moest toch naar Valencia-Ajax, dus ik dacht...'

Hiddink kapt direct af. "Omdat je weet: dat soort reisjes levert PSV niks op. Scouting moet wel altijd in functie zijn van hetgeen de club nodig heeft. Dan hoef je dus niet naar La Coruña-Juventus. We moesten even terug naar waar je staat als club. Dat was misvormd geraakt. Het ging te vanzelfsprekend, het kón allemaal bij PSV. Maar zelfs áls het kan, moet je het niet toestaan."

Hij wil dat er altijd 'een bepaalde honger' voelbaar is bij de club. "Anders breek je heel snel af wat je hebt opgebouwd. Dan gaat het met je aan de haal. Vanaf 2004 hebben we heel bewust gezocht naar spelers die frisheid en ambitie inbrachten. Gomes, Farfán, Alex: dat waren spelers die nog aan het begin stonden. Spelers met honger, niet belast door vier, vijf jaar in een bepaald luxe milieu. Mentale kwaliteiten geven de doorslag, daar selecteer je op. Atletisch vermogen is belangrijk, je gaat ervan uit dat het voetbal gewoon goed is, en de rest is voelen. Of ze de drang hebben, of ze willen presteren, of ze écht naar die nieuwe omgeving willen. Zulke spelers stuwen de groep van onderaf op en maken op die manier

anderen overbodig. Oudere spelers gaan voelen: hé, ik word ingehaald."
De signalen die zijn afgegeven, zetten het spel als vanzelf in gang. Waar nodig geeft de technisch directeur een duwtje. "Spelers die wat minder aandacht krijgen, zullen hun makelaar bellen met de vraag: ga eens zoeken voor mij. Soms is het ook andersom. Zeg je als technisch directeur tegen een makelaar: ga eens zoeken voor hem. Op den duur is het voor alle partijen beter. In een wereld met grote salarissen en een mooi leven heb ik er geen moeite mee als je dat proces initieert. Ik ben niet de kille directeur die zegt: er moeten honderden mensen de straat op. Deze jongens komen echt wel weer goed terecht."

Het nieuwe PSV wordt steeds meer een ploeg naar zijn hart. "Ik voelde me enorm verbonden met dat team. En de jongens onderling met elkaar, dat zag je. De staf was prachtig, dus er zat een enorme drive in. Zeker ook omdat het van onderaf, door de jongeren, een goede impuls kreeg. De spelers konden elkaar goed aanpakken, er was geen flauw gemauw meer op trainingen. Het incasseringsvermogen was groot. Dat werd natuurlijk vooral bewaakt door Phillip Cocu. Hij zweepte anderen op. Ooijer ging uitstekend mee. Bommel ging goed en werd effectief, de Koreaantjes gaven non-verbaal het signaal af dat ze gecommitteerd waren. En dan zie je dat ook Vogel het weer oppakt. Met Johann heb ik vaak strijd gevoerd, misschien dat hij het gevoel had dat ik hem zocht. En soms was dat ook wel zo. Maar wel met het doel: ga nou mee! En hij kwam terug. Hij werd belangrijk voor het team. Zo brachten tal van spelers net iets meer dan ze voorheen deden. Dat ging soms hard tegen hard en werd me niet altijd in dank afgenomen."
"PSV had weer een ploeg die, net als in '88, goed ging voelen wat er kon gebeuren in een wedstrijd. Die gecontroleerd voetbalde zonder negatief te zijn. De basis van het succes is steeds geweest: twintig tegendoelpunten in een seizoen. Op die basis kun je goed voetballen, is de ervaring. Ook in mijn eerste periode PSV hadden we elk seizoen rond de twintig tegendoelpunten. Dan weet je dat je de meeste thuiswedstrijden al kunt invullen."
Het is een basis die rust geeft. Rust en vertrouwen. Ook doordat de club in die jaren één geheel vormt. Van Raaij is de man die een brug slaat tussen kantoor en Herdgang. "Dan grijpt alles ineen", meent Hiddink. "De voorzitter en de mensen om hem heen toonden veel belangstelling en warmte voor het team. Als een speler die betrokkenheid voelt, weet hij: ik mag mee, ik móét ook mee. We vonden het fijn als Van Raaij eens mee kwam eten. Een praatje links, een praatje rechts; ogenschijnlijk kleine dingen, maar ze geven een bepaalde ziel, een bepaalde band met de hele club en binnen het team. Laat je dat lopen, dan gaan spelers naar een houding toe van: ik doe mijn best. Punt. Maar dat is niet genoeg voor een club als PSV."

Er ontstaat een krachtenveld dat het team een gevoel van onoverwinnelijkheid geeft, constateert Hiddink. "Het probleem van die eerste twee seizoenen was dat ik me niet kon identificeren met het team. In die periode zijn er vaak fluitconcerten geweest. De zes of zeven keer dat het gebeurde, vond ik allemaal terecht. Het publiek voelt feilloos aan of een speler met overgave speelt of niet. Dennis Rommedahl, een speler met veel potentie, die een actie maakt van net niet. Alibi, flinke gebaren. Dat voelt het publiek aan."
"Het publiek heeft in principe altijd gelijk. Zeker bij PSV, waar men toch gewend is aan een bepaalde standaard. Dan zeggen de spelers in de kleedkamer: ze fluiten! Ja, ze fluiten. Weet je waarom ze fluiten? De laatste twee jaar verdwenen die fluitconcerten. Toen hebben we veel krediet opgebouwd. Het publiek ging ook achter ons staan als het team even wat nodig had. Omdat de mensen zagen dat de spelers wél gecommitteerd waren. Dus dan krijg je juist steun, waar je eerder gefluit kreeg. Dat vond ik heel aangenaam van de laatste twee jaren. Er ontstond een sfeer die je ook internationaal vaak aantreft. Zo van: hier valt niks te halen. Dat gaf een gevoel van onoverwinnelijkheid. De cijfers spreken wat dat betreft ook boekdelen."

Voor Hiddink breekt na de grote sanering in 2004 een spannende periode aan. Het nieuwe PSV maakt, net als in '88, een moeizame voorbereiding door waarin de resultaten weinig houvast bieden. "Die groep was een ruwe klomp klei. Ik dacht ook dat we onze ambities naar beneden moesten bijstellen. De situatie was zeer ongewis. Pas een weekje voor de Champions League-voorronde tegen Rode Ster gingen we serieus aan de slag. Maar Alex was nog niet goed. Die was veel te dik toen hij in Eindhoven kwam. Hij had die zomer nauwelijks iets gedaan. Anderen moesten wennen aan ons spel. Gomes bijvoorbeeld deed uit tegen Rode Ster een paar fladderige dingen, waardoor ik moest zeggen: de komende weken speelt Zoetebier. Gomes zag er heel slecht uit, hij moest even terug. Hij was totaal niet gewend aan onze manier van voetballen. In Brazilië haalt een verdediger de bal van zijn voeten, wandelt rustig naar de middenlijn en begint dan pas te voetballen. Hier moest híj ineens voetballen. Omdat er pressing komt."
Er ontstaan twijfels, vooral over de twee Braziliaanse aankopen. "Op zo'n moment probeer ik te deëscaleren. Dat moet ook. Als ik meega in een bepaalde kritiek, als ik die niet wegspeel, dan wordt zoiets snel uitvergroot. Dus ga ik de andere kant op. Ik moet een probleem niet aanwakkeren, ik ben er om een plan te maken dat het probleem oplost. De pers mag doorvragen. Hakken desnoods. Dan ga ik met Gomes een cocon vormen. Ik moet hem veiligheid bieden, omdat we samen verder moeten. Maar je gaat geen cadeautjes geven. Ik hou niet van een old boys

network. Dan doe je het voetbal, de kern van het voetbal, tekort. Voor mij staat die kern, de binnenwereld, centraal. Die moet sterk zijn. De buitenwereld is op zo'n moment niet belangrijk. Ik heb geen geheim richting pers. Als de pers twee, vier of zes weken wil doorgaan op dat onderwerp, moet ze dat doen. Dat recht heeft de pers. Alleen: ik doe niet mee."

"Ik probeer nooit om de waarheid heen te gaan. Ik ben niet iemand die zaken mooier voordoet dan ze zijn. Want dan kom je in een verkeerde verdedigingshouding terecht. Maar je weet ook: pers kan gemakkelijk schade maken. Zonder dat ze het misschien zelf weet. Zeker in zo'n mêlee van een persconferentie heb je zoveel verschillend uitgedoste - vaak letterlijk - journalisten met zoveel andere belangen, ideeën, meningen en intenties, dat je vaak vlak bent. Want ga je bij de één ergens diep op in, dan gaat een ander ermee lopen. En moet je weer corrigeren of aanvullen bij een derde. Dat kost me veel te veel energie."

De rust die Hiddink uitstraalt is deels schijn. "Ik kom vaak rustiger over dan ik ben. Vaak heb ik afgekloven nagels, dus ergens broeit er toch wel iets. Altijd. Omdat je niet te kakken gezet wilt worden. Ook als trainer niet. Als je verliest, of als het team je teleurstelt, dan voel je je in de maling genomen, aangevallen. Dat kan niet, want je bent verantwoordelijk. Tegelijkertijd moet ik de spelers die bescherming bieden."

De discussie dringt zich op of Mark van Bommel bij het duel tegen Rode Ster aanwezig moet zijn. De aanvoerder staat op het punt voor de derde keer vader te worden. De suggestie vanuit de technische staf om de geboorte van het kind vroegtijdig in te leiden, valt niet bij iedereen goed. "Ik ben niet iemand die zegt: een speler moet bij de geboorte van zijn eerste kind wegblijven. Want dat is het mooiste wat er bestaat. Een trainer heeft niet het recht iemand daar weg te halen. In samenspraak met Mark heb ik daar wél over gesproken, omdat je alle mogelijkheden wilt bekijken. Die uitspraak lekte uit en toen is de bond voor gynaecologen in het geweer gekomen, geloof ik."

Het duel in Belgrado heeft alles in zich om het verloop van het seizoen al vroegtijdig een bepalende wending te geven. PSV komt met 0-1 voor, incasseert dan drie tegentreffers, om uiteindelijk af te sluiten met een waardevolle, kleine nederlaag (3-2). "We voelden het allemaal als een cruciale wedstrijd. In die hel kwamen we goed weg."

Na een eclatante thuiszege (5-0) stapt PSV met een ander gemoed dan voorheen de Champions League binnen. "We verloren de eerste wedstrijd bij Arsenal door een ongelukkig eigen doelpunt van Alex, maar toch gingen we daar met veel vertrouwen van het veld. Omdat we wél probeerden te voetballen en ons niet

lieten slachten. Er ontstond een gevoel dat we ons beter konden meten met teams van het kaliber-Arsenal. Op dat gevoel gingen we verder tegen Rosenborg, dat al veertien Europese thuiswedstrijden niet verloren had. Zij haalden vaak goede resultaten tegen goede ploegen. Wij pakten daar een prachtige overwinning, met het doelpunt van John de Jong. Die wedstrijd was de belangrijkste van het seizoen. Het team kreeg iets over zich van: met ons valt niet te spotten. Wij zijn niet meer zo gemakkelijk te raken. Dat gaf heel veel kracht."
PSV dringt, via AS Monaco en Olympique Lyon, door tot de halve finale. De duels tegen AC Milan verschaffen de club een groot aanzien in Europa. "We hadden een finalewaardig team. In Milaan verlies je het eigenlijk al, door twee slippertjes achterin. Terwijl je zo goed speelt, vooral na de rust. Thuis speelden we ook weer erg goed. Helaas laten we het tijdens de verlenging even lopen in de defensie, met Mark. Dat was de nekslag. Doodzonde. Het team had verdiend de finale te spelen. En dan kun je hem tegen Liverpool natuurlijk nog winnen ook."

"Na zo'n wedstrijd ben ik moe. Doodmoe. Je bent een paar dagen bezig om die wedstrijd te spelen. Strategisch. Je weet in principe alles van een tegenstander, hun speelwijze ga je tegen die van je eigen team aan houden. Als coaches tegenstanders gaan bekijken, zie ik ze vaak schrijven. Dat doe ik niet. Ik heb iemand bij me die noteert. Die noteert wie waar staat bij de corners. Ik observeer, probeer een wedstrijd te laten infiltreren in mijn systeem. Want als ik schrijf, verlies ik tien seconden en kan ik soms net niet terughalen waardoor een bepaalde kans ontstaat. Juist dáár gaat het om, dat je leert voelen waar een tegenstander kwetsbaar is. Tijdens zo'n wedstrijd ben je al bezig met jouw wedstrijd straks. Denk je in een flits: Maldini zal moeite hebben met Farfán. Zulke dingen. Later komen die dingen allemaal samen. Dat vind ik mooi."
"Die spanningsboog hou je vervolgens drie, vier dagen vast. Niet dat er geen lachje meer af kan, maar je bouwt wel iets op. Ik heb wel geleerd om 's avonds een flesje wijn open te trekken voor ons en de jongens. Daar gaan we niet verkrampt mee om. Dat geeft ook weer een bepaald cachet. Dat je op trainingskamp gaat en een glas wijn drinkt op de avond voor de wedstrijd. Er staat iets speciaals te gebeuren! Is toch anders dan een boterham op De Herdgang. Spelers voelen dat. Ze krijgen iets en willen ook iets teruggeven. Je verwacht heel veel terug. Ik ben niet de man die zegt: je verdient een groot salaris, dus... Dat werkt niet. Is een stomme platitude."
"Die focus is enorm vermoeiend. Vooral doordat je je fysiek niet kunt afreageren. Je raakt niks kwijt, je hoopt alleen maar op. Je bent nog wel aanspreekbaar, maar het contact is niet te dicht en niet te diep. Wil je koffie? Ja, dank je wel. Dat.

Kort. Na afloop ook, tijdens een persconferentie. Vaak denk ik: wat zeg ik nou eigenlijk allemaal? Jongens, stop ermee, denk ik dan. Maar je moet wat zeggen. Dus herhaal je jezelf vaak. Je gaat dan staren. Je weet wel ongeveer wat je zegt, maar niet precies. Je bent er dan niet meer bij, met je hoofd. Dus ga je herhalen."
"Eigenlijk ben je na zo'n Europese wedstrijd onbenaderbaar. Soms ben ik daar zelfs asociaal in. Dan is het op de club gezellig, mensen op de derde of vierde etage wachten je op: nou, dan ben ik niet de fijnste om daar binnen te komen. Zelfs niet als we gewonnen hebben. Achteraf heb ik vaak gedacht: Hiddink, wat ben je toch een lul. Maar ja, dan komt er zo'n wethouder uit een of andere gemeente die gaat vragen waarom je een speler gewisseld hebt. 'Ik had het anders gedaan', zeggen ze dan vaak ook nog. Zulke dingen, vreselijk. Dan ben ik soms zo'n lomperd, eerlijk waar. Zeker als er een soort opdringerigheid achter zit, hou ik me Oost-Indisch doof of word ongepast agressief. In dat opzicht heb ik een bepaalde botheid ontwikkeld. Ik ben in staat mensen al snel te laten denken: laten we daar maar over ophouden."
"Als ik in bestuurskamers ben en de adrenaline zit nog in mijn lijf, blokkeer ik. Dan wil ik even niet van iedereen horen wat ik goed en fout heb gedaan. Zeker niet als ze je dat halfdronken komen vertellen. Zelf ben ik helemaal geen drinker. Dus dan ga ik ook niet even gezellig mee in dat gebral. Op zulke momenten ben ik niet zo aangenaam. Dan sluit ik me af, kap ik een gesprek af. Je reageert heel scherp op mensen die de beste bedoelingen hebben. Keffen, als een hond. Naderhand denk ik dan wel: Hiddink, had je wat opener gedragen, want die mensen hebben misschien best goede intenties. Maar dat gebeurt dan niet. Omdat je weet wat er gaat komen. Mensen die het spel echt begrijpen, weten hoe zo'n avond voelt. Die denken: laat hem maar even."

Het succesteam van 2005 valt snel uit elkaar. Het lot van een kleine Europese topclub. Van Bommel, Vogel, Park, Lee en Bouma zoeken hun heil elders. "Eigenlijk wil je drie jaar met zo'n mooi team kunnen werken, maar dan komen Manchester United, Barcelona en Milan kijken. Dat is jammer, want het was écht een bijzonder elftal. Maar je weet dat je ze weer moet laten gaan. Een team is nooit van jou. Een speler ook niet. Je maakt iemand een beetje wegwijs. In de sport en in het leven. Daarna laat je hem weer gaan."
"Het succes van PSV had een enorme impact. Dat wordt nog wel eens onderschat. Overal ter wereld is zeer positief gereageerd, omdat mensen wel voelen dat een outsider een heel grote prestatie levert. Dat brengt altijd sympathie en waardering. Daar ben ik erg trots op. Vooral ook vanwege alle mensen die mij daarin hebben bijgestaan. De trainers, scouts, de medische staf en het personeel op De Herdgang."

Het voelt onafgemaakt. "Ik had het ongetwijfeld fantastisch naar mijn zin gehouden. Het team had en heeft nog enorm veel potentie. Als je ziet hoeveel jongens nog vooraan in de twintig zijn. Dat is mooi. Daar doe je het voor. Het PSV van de laatste jaren was een van de ploegen waarmee ik me het meest heb kunnen vereenzelvigen. Als zoiets het geval is, kan er bij mij een zeer sterke energie loskomen."

Ook op andere gebieden voelde Hiddink een grote verbondenheid met de club. Bij hem gaat het behalen van drie landstitels in vier jaar samen met het initiëren van een beleid dat de hele club structureel naar een hoger plan moet tillen. Steeds nadrukkelijker ontstaat bij hem die laatste jaren de behoefte om iets blijvends achter te laten bij PSV. De bouw van een nieuw jeugdcomplex op De Herdgang is zijn geesteskind.

Als opvolger van Robson, Advocaat en Gerets is Hiddink de eerste hoofdtrainer die zich werkelijk bekommert om de jeugd. Hij geeft de club tal van impulsen. Hij is de initiator van een nieuw trainingscomplex voor de jeugd, ijvert met succes voor een betere grasmat in het Philips Stadion en reorganiseert zowel de jeugdopleiding als de scouting. De jeugdopleiding was onder directeur Frank Arnesen jarenlang een duiventil. Voormalige jeugdtrainers of uitgerangeerde hoofdtrainers stonden aan het hoofd van de talentenschool. Na een goede periode onder Huub Stevens kregen achtereenvolgens Hans Westerhof, Frank Arnesen zelf, Tonnie Bruins Slot, Remy Reynierse, Fred Rutten en Pim Verbeek de leiding voor korte tijd in handen. Hiddink stelt Joop Brand aan en benoemt – toch verrassend – Gerald Vanenburg en Ricardo Moniz tot jeugdtrainers. Ook wil hij een voetbalschool in Brazilië beginnen, maar dat plan mislukt. Zijn credo: "Ik weiger mijn eisen naar beneden bij te stellen. Iedereen die mee wil komen moet een stapje verder denken. Moet beter, hoger, sneller."

Bij het eerste elftal creëert hij stageplaatsen voor talentvolle A-junioren. De eerste die van daaruit doorstroomt, is Ibrahim Afellay. Later gevolgd door Ismaïl Aissati.

Op tal van manieren geeft Hiddink de aanzet tot een cultuuromslag. "Op zeker moment heb ik de raad van commissarissen uitgenodigd om eens te komen kijken naar de nieuwe accommodatie op De Herdgang. Velen hadden die nog niet gezien. Joop Brand en ik hebben daar toen een praatje gehouden. De hele raad was aanwezig. Iedereen vond het mooi, fantastisch, prima. Wel duur. Ja, het is duur. Hoort erbij, hè, om dan te zeggen dat het duur is. Had iets minder gekund. Natuurlijk, had iets minder gekund. Misschien had je een half miljoen kunnen besparen ten behoeve van het jeugdcomplex."

“Die avond werd de vraag gesteld: wat doen we? Willen we dat PSV óók als een opleidingsinstituut gaat gelden en gooien we daar een bepaalde visie tegenaan, of stoppen we met de jeugd? Want dat is dan de consequentie.”
“We zijn toen met zijn allen naar de andere kant gegaan. Het jeugdcomplex. Dat was oud, oud, oud. En echt heel erg vies. We hadden de boel wel schoongemaakt, maar je kon het riool ruiken en overal zaten leidingen los. Een paar leidingen zijn misschien bewust losgetrokken, dat weet ik niet, maar dit complex voldeed allang niet meer aan de minimale eisen die een jeugdspeler daaraan mag stellen. Fatsoenlijke douches, bijvoorbeeld.”
“Ik schaamde me soms om andere clubs uit te nodigen bij de jeugd. De gemiddelde amateurclub was qua voorzieningen veel verder dan wij. In elk dorp liggen prachtige complexen en wij zaten met een bouwval. We hebben nog een brief laten opstellen dat het gevaar bestond voor de legionellabacterie – nou, dat kan niemand zich veroorloven. Zeker PSV niet. Dus toen zei Wim van der Leegte, een van de commissarissen, ook: ‘Dan moet het maar gebeuren.’ Oké, toen ging het ook gebeuren. Dat was enorme impuls voor de club.”

In enkele maanden tijd verrijst er een totaal nieuw jeugdcomplex dat past bij de stijl die Hiddink liefheeft. Geen overdadige luxe, maar professionele functionaliteit. “Nu je over een dergelijke accommodatie beschikt, vergroot je de aantrekkingskracht op jonge spelers. Wanneer PSV buiten de regio scout, in het westen of oosten van Nederland en het buitenland, moet je die jongens en hun ouders overtuigen. Kun je dat niet, dan heb je al een slag verloren in de strijd om de speler. Nu pas zeggen ouders volmondig: ja, hier wil ik mijn zoon wel een vakopleiding tot profvoetballer laten volgen. Vandaar dat we de laatste jaren talenten uit heel Nederland hebben kunnen aantrekken.”
De jeugd is voor hemzelf een eeuwige drijfveer. Een stimulerende kracht. “Je kunt ook zeggen: ik ga nu met het A-team bezig en later zien we wel. Maar als je zelf voortkomt uit het voetbal hoort daarbij dat je steeds jongeren de kans moet geven om die sport op een hoog peil te houden. Dat is een fundament. Ik heb me altijd met de jeugd bemoeid, ook bij De Graafschap, bij Valencia, en in mijn eerste periode bij PSV. Het A-team is een prachtig vlaggenschip, maar dat ligt op drijfzand als er geen fundament is.”
In 2004 krijgt Hiddink de volledige zeggenschap over het technisch beleid van de club. “Dat PSV een strategische functie voor mij wilde op de lange termijn was een belangrijke reden om mijn contract met drie jaar te verlengen. Ik vond het mooi om de verantwoordelijkheid voor de hele vereniging te krijgen. Het paste helemaal in de lijn van mijn ambities. Ik geniet ervan als er een bepaalde cultuur

binnen een club heerst. Een prestatiecultuur. Daarbij mag iedereen over de kop slaan, zeker in de opleiding. Iedereen die in de puberteit zit heeft kronkeltjes, maar dat moet wel goed begeleid worden. Door de goede mensen op vitale posities neer te zetten gaat die cultuur ook niet zomaar verloren."

Jeugdtrainers hebben de taak die cultuur te bewaken. Juist zij. "Het gaat om veel meer dan die trainingen. Kleine dingen vaak, die je moet aanpakken. Jeugdspelers klopten hun schoenen altijd uit in de kleedkamer, omdat er toch wel iemand was die de boel opveegde. De schoonmaakdienst vond het oké, want dan konden ze het in één keer opruimen. Dat doe je niet. Zo leid je een profje niet op. Buiten uitkloppen die schoenen, en op je sokken naar binnen. Dat deden we bij het eerste ook. Spelers moeten daarin opgevoed worden. Het lijken details, maar het zegt iets over het respect dat je hebt voor jouw club. En over de verantwoordelijkheid die je neemt voor de club. Je mag nooit onverschillig worden naar de club."

De kunst is om mensen aan te stellen die weten wat talenten vragen. "Daarmee loop je minder risico dat goede jeugdspelers verloren gaan. Een talent mag eigenlijk pas als 'verloren' beschouwd worden als-ie eenentwintig is en het niet heeft gered. Tot die tijd moet je ze redden als ze over de kop dreigen te slaan. Toen ik bij PSV kwam, hoorde ik van andere begeleiders altijd bepaalde verhalen over spelers. Kreten als: 'Schop hem toch weg, dat lastige joch! Daar kunnen we niks mee.' O nee? Hij heeft wél talent! Dan wil ik wel eens kijken waar hij over een half jaar staat. En ondertussen gaan we een beetje kleien, een beetje boetseren."

"Afellay is een duidelijk voorbeeld. Als jeugdspeler had hij mentaal een behoorlijke achterstand. Het gat dat-ie op dat gebied moest dichten, wordt steeds kleiner. Die achterstand heeft alles met frustratie en teleurstelling te maken. Afellay is een jongen die heel perfectionistisch denkt. Dus is de kans op teleurstellingen groter. Als er dan iets fout ging, reageerde hij. Door een bal weg te trappen, dat werk. Dan denk ik: die bal, die komt wel terug. Zo'n reactie komt namelijk óók voort uit gedrevenheid. En daar horen pijntjes van puberteit of adolescentie bij. Door met zo'n jongen te praten ontdek je waar die pijntjes zitten. Hoe beleef je het voetbal? Wat voel je? Hoe denk je? Ik ga hem niet meteen vertellen hoe ík erover denk, hij moet maar komen."

"Dat geeft aanknopingspunten om mee verder te kunnen. Het probleem van Afellay is dat hij in zijn hoofd een perfecte voorstelling van dingen heeft. En daaraan wil hij beantwoorden. Terwijl je weet: bij voetbal gaat meer fout dan goed. Voetbal is een spel van fouten. Daar moet je mee leren omgaan. Als zo'n jongen vervolgens dichter bij de selectie komt of zelfs in het eerste speelt, is dat toch een mooi gegeven. Mensen oordelen zo vaak vanuit wat iemand níét kan: hij is tegendraads, hij luistert niet, hij is zus of zo. Ik vind: je moet niet te gauw

oordelen of veroordelen. Integendeel. Als voetballers intelligent zijn, moet je ze niet toespreken maar áánspreken. Dan moet je er ook doorheen kijken als-ie pijn heeft wanneer er een vlieg tegen hem aan vliegt. Als je ze maar niet laat vallen."
"Daarom moet je als trainer een heel brede basis hebben om bij de jeugd te werken. Je moet niet veroordelend zijn, maar stimulerend. Een jeugdtrainer moet voelen wat een kind is, wat een kind wil. Mart van Duren is zo'n jongen. Hij zal best nog moeten bijstuderen, maar is wel een prima trainer. Als je ziet hoe hij met kinderen omgaat, weet je dat er niet zoveel fout kan gaan. Die verknalt niks."

"Het is de keuze van een club om te zeggen: de jeugdopleiding is fundamenteel voor onze cultuur. De directie is ervoor verantwoordelijk dat dit proces continu bewaakt wordt, zowel commercieel als sportief. Dus moet je in een directie wel het voetbalbloed hebben om de goede mensen op de goede posities te zetten. Anders wordt die jeugd weer een eilandje, met voetbalmensen die het allemaal beter weten. Dat is wel een zorg van me. Juist nu denk ik: jongens, vasthouden. De komende anderhalf, twee jaar moeten er toch weer een paar spelers doorstromen. Zodat je die aantrekkingskracht blijft behouden."
"Als directie moet je daar heel kort op zitten. Je kunt er beleid op maken, bijvoorbeeld door te stellen dat er constant drie, vier jeugdspelers op stage moeten zijn bij je eerste team. Dan laat je ze ruiken en dan bepaalt de natuurlijke selectie wel wie aanklampt en wie niet. Zo zijn Afellay, Aissati en Beerens doorgekomen. Dat moet je in je beleid vastleggen, zodat een hoofdtrainer ook niet kan zeggen: ik ben hier voor het eerste en verder niets. Want dan ontstaat er een gat."
"Een club moet historie creëren, elk jaar weer. Op die manier word je een instituut, dan leg je jezelf de verplichting op dat je elk jaar móét presteren. PSV was in mijn ogen nog geen instituut. Nu groeit de club daar naartoe. Maar het is nog niet zoals Bayern München, Manchester United of Real Madrid. PSV moet dat in Nederland ook krijgen en daar hoort een goede opleiding bij. Het is niet zo dat tachtig of negentig procent van een elftal uit je eigen opleiding komt, dat kan nou eenmaal niet. Het gaat om je naam, je reputatie, je aantrekkingskracht. Als je dat aureool eenmaal hebt, kom je er bijna niet van af. Daardoor krijg je gemakkelijker jonge talentvolle spelers binnen; het versterkt elkaar. Dat merk je zelfs het afgelopen jaar doordat Afellay en Aissati zijn doorgebroken. De vraag is: wil je aan zo'n imago werken of niet?"
"Als je niet in de jeugd wilt investeren, moet je de opleiding opdoeken en van die velden een mooie par 3-baan maken. Zeg je 'ja' tegen jeugd, dan moet het geheel ook een mooie uitstraling hebben en functioneel zijn. Omdat het top is, wordt van eenieder kennis en overgave verwacht. Als ik er nu langsrijd op mijn

motor, denk ik: prachtig. Prachtig! Maar tegelijkertijd kriebelt het. Dan zie ik een mooi uithangbord van PSV aan de zijkant van de kleedkamers hangen. Ik ben nu helemaal niet meer in dienst, maar dan zeg ik er toch wat van. Zo'n bord moet in het oog springen. Dan zullen ze misschien denken: bemoei je er niet mee. Maar dat doe ik dus wel."

Hiddink geeft het eigenlijk al aan. "Ik wilde iets achterlaten. Een stempel drukken. Zodat we trots kunnen zijn op de mooie impuls die we - mede dankzij de steun van de commissarissen toen - hebben gegeven. Trainer is vaak een vluchtig bestaan. Je komt langs, doet je ding en bent weer weg. Dat wilde ik niet. Ik wilde geen voorbijganger zijn. De bedoeling was ook dat ik vele jaren aan PSV verbonden zou blijven."

In de Hiddink-jaren groeit PSV uit tot de meest toonaangevende club van Nederland. "Na jaren van dominantie door Ajax en Feyenoord wordt Eindhoven de laatste jaren gezien als dé voetbalstad van Nederland. Dat is mooi, daar ben ik trots op." Hij kiest zijn woorden voorzichtig. "Diep vanbinnen ben ik er zeer trots op, wat we de laatste jaren hebben bereikt. Maar ik wil daarin niet zo uitgesproken zijn. Trots kan snel overgaan in ijdelheid en dan ga je verkeerd rondlopen. Daarom moet je je bij successen tegelijkertijd ook altijd afvragen: hoe lang moet ik hier nog blijven zitten? Moet ik terug? Zal ik er anderen bij halen? Je moet jezelf durven vervangen."

"Met Harry had ik een duidelijke afspraak: een, twee jaar trainer en dan doorgroeien. Waarbij ik zelf kon kijken wanneer ik van het veld af zou gaan. Dat zou eigenlijk na drie jaar gebeuren, maar we wonnen alles wat er te winnen viel en haalden de halve finale in de Champions League. Dan weet je, wetmatig, dat het seizoen erop minder wordt en ik wilde dat niet voor de kiezen van Fred en René laten komen. Dat mocht niet, dus hebben we nog een vierde jaar gedaan."

"Vier jaar was echt het maximum. Ik voelde dat ik mezelf ging herhalen. Dat is niet goed. Je weet dat je ook best een keer geen kampioen zult worden en dan breek je misschien onnodig dingen af. Dus ik wilde graag een trainer hebben die het werk gewoon kon voortzetten. Fred Rutten. Maar het kan ook met Ronald Koeman nu. Ik had dan strategisch bezig kunnen gaan, achter de schermen. Daar ging mijn hart ook naar uit. Het was voorzien dat ik zeven, acht, tien jaar zou blijven en ik had het met graagte gedaan. Maar dat is niet doorgegaan."

Er ligt nog een oude tijdbom onder de samenwerking tussen Hiddink en de raad van commissarissen. Die dateert van vrijdag 6 februari 2004, de dag van de enige persconferentie die president-commissaris Jan Timmer ooit gaf voor

PSV. “Die aanvaring. Daar begon het mee. Ik had niet frequent contact met de commissarissen. Toch werd ik die dag, en Harry natuurlijk met name, publiekelijk afgerekend door ze. Timmer stelde dat niet iedereen binnen de organisatie hetzelfde doel voor ogen had en suggereerde dat ik niet gecommitteerd was aan PSV. Hij noemde me steeds ‘de heer Hiddink.’ Hoeft-ie zo niet te zeggen. Maar dat was het ergste niet. Ik was verdomme zó *committed* – op alle fronten waren we bezig om die club een lift te geven.”

“We kregen te horen dat niemand groter mocht zijn dan de club. Nou, dat had ook niemand ooit beweerd. Niet Van Raaij, niet Hiddink. De manier waarop dat alles naar buiten werd gebracht, was niet jofel. Dat doe je niet. Stel dat er zoiets speelt, dan roep je de club bijeen. Zeg je: voorzitter, technisch directeur, even zitten. We zullen jullie eens even de oortjes gaan wassen. Als je vecht, dan vecht je binnenskamers. Het kan best een keer knallen. Maar wel rondom de bestuurstafel. Niks aan de hand, prima. Dan kun je je inleven in een ander zijn standpunt of je eigen standpunt naar voren brengen.”

Hiddink kan elk detail van de persconferentie reproduceren. “Ik heb die nog op een dvd’tje staan. Prachtig eigenlijk, als je daar later van een afstandje naar kijkt. Vier van die industriëlen of oud-industriëlen aan een tafel. De ernstige gezichten.” Elke zin die Timmer uitspreekt verraadt irritatie. Over tal van kleine en grote gebeurtenissen.

Er leeft nog een herinnering aan Hiddinks flirt met FC Barcelona, een zomer daarvoor. Hiddink liet destijds doorschemeren dat geen enkele deur voor hem eeuwig dicht zal zijn. In de pers zei hij: “Als clubs uit de top zes van Europa interesse hebben in onze spelers of trainers, dan moet PSV daarvoor openstaan.”

Zo spannend werd het niet. “Ik heb een keer met technisch directeur Txiki Beguiristain van Barcelona gesproken, in Cannes was dat. Hij wilde dat coûte que coûte. Nou oké, dan praat je. Verder niks. Ik ben er niet op ingegaan, ik had me aan Harry en PSV verbonden.”

Ook over Hiddinks verdiensten bij PSV laat Timmer zich geprikkeld uit. Hij noemt diens salaris ‘een rib uit ons lijf’. Hiddink verdient op dat moment ongeveer één miljoen euro. Bij de Zuid-Europese en Britse topclubs zijn salarissen van vier, vijf miljoen gebruikelijk. “Ach, als het geld werkelijk belangrijk was geweest, had ik na Korea sowieso niet naar PSV moeten gaan. Ik bedoel: ik had voor Nederlandse begrippen een uitstekend salaris. Vergeleken met de man in de straat verdien ik natuurlijk enorm veel geld. Maar José Mourinho en Arsène Wenger, die lachen daarom. Bovendien had ik mijn salaris al drie keer terugverdiend door onze deelname aan de Peace Cup in Korea. Daar kreeg PSV, door mijn bekendheid en

die van Park en Lee, een *appearance fee* van twee miljoen dollar plus nog eens een winstpremie van een half miljoen. En dat zowel in 2003 als 2005. Dus dan komt het wel vreemd over als ze mijn salaris 'een rib uit hun lijf' noemen."
In zekere zin moet Hiddink zelfs fors inleveren op het moment dat hij technisch directeur wordt. "Ik combineerde twee functies en was met Harry overeengekomen dat ik dan meer zou gaan verdienen. Maar dat schoten de commissarissen af; ik hield hetzelfde salaris. Er zou een bonus worden uitgekeerd voor de spelers die we konden opruimen. We moesten schoon schip maken. Maar ook dat is getorpedeerd. In plaats daarvan werd er een boeteclausule van een half miljoen euro in het contract opgenomen voor het geval ik weg zou gaan. En verder werd nog gesteld dat het contract na elk seizoen geëvalueerd kon worden. Dus als het even minder liep, konden zij zeggen: wegwezen. Al die dingen samen gaven natuurlijk geen fijn gevoel."
Onderhuids moeten andere ongenoegens hebben gespeeld bij de commissarissen. Hiddink laat zich over hen niet altijd even vleiend uit. Zo merkt hij op dat het 'goed zou zijn als de commissarissen eens naar De Herdgang zouden komen' en ook het uitlekken van de namen van potentiële nieuwe spelers met wie PSV in gesprek zou zijn, leidt tot irritatie. De commissarissen bekruipt het gevoel dat zij niet overal van op de hoogte zijn. "Dat er namen naar buiten komen is in de voetbalwereld vrij normaal. Soms zijn die berichten juist, soms ook niet. Daar moet je niet van schrikken. Ik kan me haast niet voorstellen dat ze zich daaraan ergerden of zich niet serieus genomen voelden. Ze hoefden zich nergens zorgen om te maken, want statutair was precies vastgelegd dat de commissarissen altijd toestemming moesten verlenen voor transacties van boven een bepaald bedrag."

Volgens Hiddink is het allemaal veel simpeler. "Ze wilden mij een kopje kleiner maken. En Harry ook. De cijfers waren niet goed en ik was de discipel van Harry. Zo werd het gezien. We waren natuurlijk de exponenten van PSV. Ik weet niet of dat gedoogd kon worden door anderen."
Een afrekening in een machtsstrijd dus. "Dat kan. Maar wat is macht? Macht is altijd relatief, zeker als technisch directeur. Je bent onderdeel van een directie en moet altijd verantwoording afleggen aan de commissarissen. En bij toptransfers moet je dus toestemming aan ze vragen. Ik had echt niet de macht om Robinho te kopen voor tien miljoen. Maar misschien dachten ze: die Hiddink is niet kneedbaar genoeg, die gaat te veel zijn eigen gang. Je trekt altijd een bepaalde macht naar je toe, het zou ook niet goed zijn als ik dat niet deed. Ik probeerde binnen de speelruimte die ik had goede mensen neer te zetten op vitale posities. Zowel in de staf als in de selectie. Dat is mijn verantwoordelijkheid als technisch

directeur. Ik ben aangesteld om inhoud te geven aan die functie. Waarbij je eens in de zoveel tijd verantwoording aflegt. Als het niet goed gaat, word ik opgehangen."
De vrijheid die Hiddink geniet, wringt bij enkele commissarissen, zo vermoedt hij. "Een groot probleem was natuurlijk dat PSV twee spelersfondsen had, waarin twee mensen uit de raad - Wim van der Leegte en Gerard Verdonschot - belangen hadden. Dat waren dubbele petten. In wezen hebben die mensen er belang bij dat er veel transfers plaatsvinden, want daar zitten revenuen aan vast. Als je doorredeneert: zij hebben níét als belang dat altijd het beste team PSV vertegenwoordigt. Daar liep Harry ook wel tegenaan. Maar wij hebben nooit iets gedaan wat de belangen van deze mensen kon schaden. Helemaal niet, zelfs. Dus ja, het was een beetje een afrekening, denk ik. Een publiekelijke afrekening."

Van Raaij wil nog diezelfde avond opstappen. En volgens hem zou Hiddink in dat geval hetzelfde hebben gedaan. "Dat klopt. Als Harry er toen mee gestopt was, zou ik zijn opgestapt. We hebben daar ook wel over zitten praten, de andere dag. Harry had echt iets van: moet ik doorgaan? We hebben elkaar toen aan boord gehouden. Niet breken. Niet omdat we bang waren dat PSV verloren zou gaan. Als je dat denkt, vind je jezelf wél belangrijker dan de club. Nee, dan waren er ook weer nieuwe mensen gekomen. Harry en ik hadden gewoon het beste met PSV voor en zochten steeds naar impulsen. Dan is zo'n opstelling van de top wel een klap in je gezicht."
"Harry heeft er echt onder geleden. En zijn vrouw misschien nog wel meer. Zij hadden een vertrouwensband met Timmer. Ik lijd daar niet onder. Ik ga kijken, van een afstand. En denk: ga ik nu vechten of komt de boemerang vanzelf? Je weet: dit gaat zich tegen hen keren. Als je op zo'n podium zoiets brengt, gaat dat als een boemerang. Harry en ik hebben fouten gemaakt, maar als je - zoals Harry - heel populair bent, dan is de algemene opinie al heel snel: kijk nou eens, daar komen een paar oud-industriëlen even flink doen. Echt uit de regententijd. Die boemerang hoeven wij dan verder niet te sturen. Binnen een paar uur, binnen een dag, komen de eerste commentaren. Ook landelijk. Dan denk ik: zie dat in. Wat is de opzet om het zo te doen? Zeker gezien de faam van Harry was dat een verloren zaak. Maar in zo'n sfeer is het natuurlijk niet fijn werken. Door deze zaken publiek te maken, ga je barstjes veroorzaken."

Het kwam nooit meer goed. "Er is toen iets geknakt. Duidelijk. De basis voor de breuk met PSV is daar gelegd, ook al omdat er nooit op terug is gekomen. Timmer heeft mij later diverse keren complimenten gemaakt over de prestaties van het team, maar over die zaak van toen is nooit meer gesproken. Alleen tegen Frits Schuitema heb ik een keer gezegd: ik heb genoten van de voorstelling. Iets in die geest."

"Als we later gesproken hadden, had het breukje van toen best gelijmd kunnen worden. Dan ben ik helemaal niet rancuneus. Je zegt: het is mooi geweest voor iedereen, maar nu zand erover en doorgaan. Door te praten kun je standpunten uitwisselen. Dan plamuren we het wel weg. Maar ik was natuurlijk niet degene die met plamuurmes en plamuursel aan moest komen zetten. Nee, die kant. Want zij beginnen erover."

Hiddink moet verder zonder Van Raaij, die in september 2004 alsnog afscheid neemt. "Zijn vertrek was voor mij wel vervelend. Op dat moment verloor ik een oor. Een raadsman, tegen wie je eens in de week aan kon lullen en met wie je allerhande zaken besprak. Harry kon heel goed reflecteren, een andere invalshoek presenteren. Dat raakte ik kwijt en dat is niet meer teruggekomen."

In de nieuwe directie moet Hiddink gaan samenwerken met voorzitter Rob Westerhof en de zittende commercieel directeur Rob Ribbers. "Ik had Rob Westerhof een keer meegemaakt in Hong Kong. Ik vond hem een goede verschijning, een mooie representatieve man die best voorzitter zou kunnen worden. Harry en ik hebben daar toen over gesproken. Dus zo is Rob gekomen. We zijn begonnen en ik heb hem gezegd: 'Je bent nieuw in het voetbal, ga nou de eerste honderd dagen - net als een regering dat doet - kijken, luisteren en praten. Ga met Harry praten, verdiep je in de club.' Rob zat natuurlijk niet diep in het voetbal. Maar al snel kwamen er een paar kleine dingen. Ging hij vertellen dat Alex eigendom van PSV was. Daarmee werd ik dan een dag later geconfronteerd door journalisten. Want dat was niet zo. Er was ook nul geheim aan die constructie. Dus ik zeg: 'Rob, doe dat nou niet. Ik ga namelijk niet om de waarheid heen.' Maar Rob was waarschijnlijk niet helemaal op de hoogte van hoe het werkelijk in elkaar zat. Formeel was het zo dat Chelsea de optie voor één euro moest lichten. Dan kun je nog zeggen: helemaal puur geredeneerd ís Alex eigendom van PSV, maar die ene euro was natuurlijk een farce. Dus dat ging niet helemaal goed. Daar prikte iedereen doorheen. Je moet niet jokken."

Ook botst Hiddink met Westerhof over de mogelijke transfer van de Braziliaanse sterspeler Robinho. "Ik wilde in de traditie van PSV, met spitsen als Romário en Ronaldo, proberen weer een mooie jonge spits binnen te halen, die we dan opleiden voor de echte Europese top, waardoor het voor PSV financieel weer interessant wordt. Ik ben naar Brazilië gegaan en heb met Robinho gesproken. Daar waren we vrij snel uit, hij was ervan overtuigd dat het een goede stap zou zijn. Rob heeft toen mensen erbij gehaald die dat mede zouden financieren en technisch manager Stan Valckx heeft de onderhandelingen met Santos gedaan. De zaak was in principe oké, maar het is afgeblazen omdat er geen toestemming kwam van de commissarissen. De voet ging op de rem. Men wilde niet tien miljoen euro uitgeven. Dat moet je accepteren als directeur. Alleen was het jammer, omdat je toch weer een mooi diamantje in huis had kunnen halen dat binnen twee jaar kon worden klaargestoomd voor Madrid, Manchester of wie dan ook. De garantie dat je iemand binnen twee jaar voor dertig miljoen verkoopt kan niemand geven, maar ik heb als technisch directeur dan wel het idee: doen! In de directie miste ik het voetbalgevoel, het samen tot iets willen komen. Ik had heel erg behoefte aan een klankbord. Wilde dat mensen meedachten en meepraatten. Als je het dan hebt over macht, zou je niemand naast je dulden. Dan zou je echt totalitair een club gaan leiden."

Zo hoopt de twijfel zich op. Hiddink die probeert Salomon Kalou bij Feyenoord weg te halen, Westerhof die naar buiten brengt dat PSV de speler daarbij juridisch wil ondersteunen. Westerhof die bekendmaakt dat hij het contract van Hiddink juridisch wil laten toetsen op de mogelijkheid om al ver vóór het WK met Australië aan de slag te gaan. Hiddink die kritiek krijgt omdat hij vlak voor het seizoen nieuwe spelers aantrekt (Reiziger en Ball), die erg veel geld kosten en nauwelijks meerwaarde hebben. En natuurlijk de FIOD-affaire, waarbij Hiddink zich niet gesteund voelt door de club.

"Er was zoveel onduidelijkheid. Westerhof zei steeds dat er een spelersfonds zou komen waarin vijftien tot twintig miljoen euro zou zitten. Men deed alsof het al klaar was, maar daarover is nooit iets zwart op wit gekomen. Ik reageerde daar dan weer op als de pers mij daarnaar vroeg. Omdat het geld er helemaal niet was. Hetzelfde gold voor de verkoop van het parkeerterrein, daar zou geld uit komen om de selectie te versterken. Of de verkoop van het stadion, waar ik als sportman anders over dacht dan de financiële mannen. Natuurlijk kan dat veel geld opleveren, maar ik vind als ouderwetse romanticus dat je een stadion nooit van de hand moet doen. Dat is je mooiste bezit. Het is meer een sentimenteel dan een zakelijk standpunt, maar in wezen moet je als directie natuurlijk met één standpunt naar buiten treden. Nu lag het al op straat zonder dat het goed was doorgesproken. Het gemak waarmee dingen naar buiten kwamen dwong mij om te reageren. Zo waren er dus tal van zaken waarover we van mening verschilden. Ook het feit dat zij mijn contract met Australië nog even juridisch wilden laten toetsen. Dan denk ik: lees mijn contract."

Er doet zich nóg een incident voor. Op 23 oktober 2005, de dag van de wedstrijd

tegen AZ, wordt de PSV-directie uitgenodigd voor een gesprek bij Jan Timmer. "Die had daar behoefte aan omdat nog wel eens naar buiten kwam dat we niet als collectief opereerden. Op zich had Timmer helemaal gelijk, hij werd er een beetje tureluurs van dat Hiddink dit zei en Westerhof dat. Onder meer in de zaak-Kalou. Het is ook logisch dat de commissarissen zich daaraan stoorden. Vervolgens kwamen de makelaarskosten aan de orde. Die waren volgens Timmer te hoog en rezen soms de pan uit. Begrijpelijk, maar dit is toch een heel aparte wereld. Je kunt heel rigide zeggen: makelaars krijgen drie of vijf procent van de transfersom voor een transactie, maar soms moet je wat extra's doen om spelers te halen of aan boord te houden. Dat is nou eenmaal de praktijk."
De discussie spitst zich toe op de transfer van Michael Ball. "Timmer had een hele lijst gekregen van Frans Willems, de financieel manager. Los nog van het feit dat hij in eerste instantie de directie moet ondersteunen en dat de directie vervolgens de commissarissen informeert, mag Timmer die lijst natuurlijk best hebben. Hij kwam met een alfabetische opsomming van alle transacties plus de betaalde bedragen aan de betrokken makelaars. Ergens stond een regel: Ploegsma-Bakkal-bedrag, en daaronder werd de transactie van Ball vermeld zonder naam van de makelaar. Daaronder weer: Lagendijk-Bouma-bedrag. De conclusie van Timmer was dat Ploegsma ook betaald was voor de transfer van Ball. Op zich een logische conclusie, maar het klopte niet. Dus ik zeg: 'Jan, dat was een andere makelaar. Dat ging via bureau X in Schotland.' Maar Timmer zei: 'Je moet oppassen dat je als technisch directeur niet bevriende relaties geld toeschuift.'"
Op dat moment voelt Hiddink zich behoorlijk ongemakkelijk. "Ik dacht: nu wordt er aan mijn integriteit getwijfeld. Toen ben ik dat toch even gaan verifiëren bij Westerhof. Ik zeg: 'Rob, ik vind het heel vervelend dat Jan met die constatering kwam. Want die klopt niet.' Rob zei: 'Ik heb niet gehoord dat hij het zo bedoeld heeft.' Dus ik begon te twijfelen. Het vrat aan me. Daarop ben ik naar Rob Ribbers gegaan. En hem gevraagd: 'Heb ik dat nu goed begrepen, dat ik een bevriende makelaar zou bevoordelen?' 'Ja,' zei Rob, 'dat heb ik ook zo gehoord.' Toen wist ik het: Westerhof dook weg. Dat was niet fijn. Niet fijn. Timmer zei toen ook: 'Er zit geen chemie in de directie.' 'Klopt,' zei ik. 'Klopt.'"

In de weken die volgen begint Hiddink te twijfelen over zijn toekomst. Er ontstaat interesse in de trainer, uit Rusland en uit Engeland. "Alles komt dan bij elkaar. Ik had nog een contract voor een jaar en ging afwegen. PSV gaf niet aan dat het mijn contract als directeur voor meerdere jaren wilde verlengen. Sterker: men wilde elk jaar kunnen evalueren. Ik had geen zin dat te laten gebeuren, om me na een minder jaar te laten wegsturen. Dan telt het verleden toch mee en

heb ik niet helemaal het vertrouwen. Dus heb ik uiteindelijk, in maart, zelf het initiatief genomen om weg te gaan. Zij zeiden: 'Beslis maar, wil je blijven of wil je gebruikmaken van de nieuwe aanbieding die je hebt.' Er is niet geprobeerd mij voor meerdere jaren aan boord te houden. Uit alles kreeg ik het gevoel dat men vond dat ik niet gecommitteerd was aan de club. En dan trap je me op mijn hart. Dus ja, als dan het volgende seizoen heel ongewis is en men heeft niet de intentie om een langjarige verbintenis af te sluiten én er komt een mooie aanbieding, dan ga je twijfelen. Toen heb ik een besluit genomen."
Zijn eigen afscheid kan Hiddink niet regisseren. Een publicatie in *De Telegraaf* van 19 maart 2006 met als kop 'Topman PSV is Hiddink zat' zorgt ervoor dat het afscheid vervelend verloopt. "Dat was jammer. Timmer had mij gezegd dat-ie het goedvond als ik zou blijven, dat moet ik hem nageven. Maar hij vond ook dat ik moest bekendmaken wat ik ging doen. Ik deed dat in die fase bewust niet, omdat we nog belangrijke uitwedstrijden tegen AZ en Ajax voor de boeg hadden en nog tegen Lyon moesten spelen in de Champions League. Vertel je vóór die wedstrijden dat je weggaat en verspeel je bijvoorbeeld de titel, dan krijg je natuurlijk helemaal op je dak dat je met je eigen toekomst bezig bent. En terecht. Dus ik wilde de bekendmaking even twee weken vooruitschuiven. We hadden afgesproken om het uiterlijk 31 maart, voor het Captain's Dinner met de grote sponsors, naar buiten te brengen. Voor mij was de thuiswedstrijd tegen NEC nog even van belang, omdat daarna het kampioenschap wel binnen zou zijn. Die dag kwam Jan met zijn uitspraken in *De Telegraaf*. Dat was tegen de afspraken in en ook totaal onnodig. Het kwam voor mij als een donderslag bij heldere hemel. Los nog van de kop, die veel te zwaar was, deed hij wel een paar statements die heel vervelend waren. Het was weer 'de heer Hiddink,' die teneur. Dezelfde sfeer als van die persconferentie. Dat kwam op mij heel onberekenbaar over. Een paar dagen daarvoor hadden we een prima gesprek gehad. Dus dat gaf geen veilig gevoel. Dan denk je wel: hoe had ik hier verder gemoeten en in welke rol?"

Het afscheid van Hiddink, na afloop van de laatste competitiewedstrijd, maakt een diepe indruk op hem. "Dat was subliem, indrukwekkend. Die avond voelde ik een enorme waardering van het publiek naar mij toe. En ook intern, van de medewerkers en de spelers. Dat was fantastisch! Kippenvel! Het zei heel veel over de intensieve manier waarop wij hebben samengewerkt. Zonder krampachtig te doen hebben we vier jaar lang alles goed intern kunnen houden en zijn er nooit breuken geweest. Dat is een compliment aan de spelers en dat heb ik ook zo uitgedrukt. Terwijl je gevoelsmatig weet dat er altijd spelers zijn die denken: die trainer kan me wat, ík wil spelen. Terecht. Maar dat is nooit ontspoord."

Drie incidenten blijven hangen. Na de wedstrijd Newcastle United-PSV botsen doelman Waterreus en spits Kezman met elkaar. Kezman vindt dat Waterreus verantwoordelijk is voor beide tegentreffers. "In de frustratie van de uitschakeling roept Mateja dan wat vanuit zijn zware emotie. Dat hebben we aangepakt en was snel uit de wereld."
Ook ziet Hiddink na de thuisnederlaag tegen Arsenal tot zijn verbijstering dat een speler 's nachts om één uur nog in clubkostuum 'en met open overhemd' als Michael Jackson staat te dansen. En dan is er nog de uitspraak van Van Bommel, die in 2004 verklaart dat Park en Lee weinig toegevoegde waarde hebben voor PSV. "Daarop hebben we Van Bommel aangesproken en gezegd: dat kun je niet maken. Die jongens werken zich de pleuris en je ziet het verkeerd, want die jongens presenteren zich goed, zeker Lee op dat moment. Dan is het iets te gemakkelijk om twee buitenlanders, die niet alles begrijpen, zo af te serveren. Dat is niet gedaan. Hij is daar in de groep en bij Park en Lee op teruggekomen. Een aanvoerder kan zich zulke zaken niet permitteren en het werd hem ook kwalijk genomen. Maar dat zijn dus kleine dingen binnen een tijdsbestek van vier jaar. Daarom was het afscheid ook emotioneel, naar de spelers toe. Omdat ik met die groep heel mooi gewerkt heb. In de weken voor je afscheid geniet je zelfs extra van de spelers met wie je gewerkt hebt. Dan denk je: verdomme, ik zou nog wel een paar jaar met ze aan de slag willen."
"Het was heel hecht, we vormden echt een eenheid. De afspraken waren helder: dit is de kleedkamer, hier moet het gebeuren, hier vormen we een groep, daarbinnen mag je af en toe je nukken hebben en individueel zijn, maar wel in dienst van de groep. Als dat dan uitkomt, geeft dat heel veel voldoening. Het is de basis van het succes geweest. En als je dan afscheid neemt, refereer je daar ook aan."

"Verder is er geen afscheid geweest. Niet van de commissarissen en niet van de directie. Rob hield nog wel even een speech in het stadion, maar dat is anders. Dat is publiekelijk. Een afscheid moet je ook in intieme kring willen vieren. En dat is niet gebeurd. Misschien is er wel een keer een woordje gezegd, maar niet op een manier dat hij volschoot en ik volschoot. Het is in ieder geval niet beklijfd. Anders had het wel indruk gemaakt, want ik ben daar vrij emotioneel in. Omdat ik heel erg hecht aan goede samenwerking. Het samen ergens voor gaan: die is er voor mij, ik ben er voor hem. Dat is de basis van topsport. Dan kun je strijden. Dat heeft weer met overgave te maken."
"Ik heb dus wel met pijn in het hart afscheid genomen. Maar over de pijn van het afscheid heen is PSV, net als De Graafschap, wel mijn club. PSV is prachtig en heeft een mooie ontwikkeling doorgemaakt. Daar ben ik ook heel blij mee.

Mijn hart blijft daar ook liggen. In de toekomst zou ik graag ooit in een rol als non-executive mijn bijdrage leveren. Adviserend, ondersteunend. Dat zou ik heel mooi vinden. Het is ook goed dat de mensen een beetje afstand van mij nemen en ik van hen. Je moet geen belemmering vormen voor degenen die er nu werken. Daar moet ik niet als een deken boven hangen."

Hoofdstuk 15

Het onmogelijke mogelijk maken

In 2005 krijgt Guus Hiddink de kans een derde WK voetbal mee te maken. Hij wordt bondscoach van Australië, dat zich al 32 jaar niet meer plaatste voor een eindtoernooi. Hiddink wil 'het onmogelijke mogelijk maken'. Dat lukt: Australië overleeft de eerste ronde.

In het najaar van 2003 krijgt John O'Neill een interessante hint. De secretaris-generaal van de Australische voetbalbond verneemt in een gesprek met Peter Velappan, voorzitter van de Aziatische voetbalbond, dat Hiddink misschien wel te porren is om Australië op weg te helpen naar het WK.

O'Neill slaat de woorden van Velappan in zijn hoofd op, maar doet er verder niets mee. Pas een jaar later borrelt de naam Hiddink weer op in zijn gedachten. Australië staat voor de laatste kwalificatiewedstrijden en bij de bond heerst ontevredenheid over bondscoach Frank Farina.

Hoewel de prestaties van de nationale ploeg niet tot de verbeelding spreken, zit het Australische voetbal in de lift. Het aantal voetballers is in minder dan tien jaar tijd verdubbeld tot ruim een miljoen. Daarmee zijn traditionele sporten als Australian football, rugby en cricket geëvenaard of ingehaald.

Onder impuls van Frank Lowy, de steenrijke eigenaar van het bedrijf Westfield Holdings, is op 1 januari 2005 een profcompetitie (de A-league) van start gegaan. Acht franchises, verdeeld over het land, moeten de sport een volwassen status geven.

Lowy beseft dat deelname aan het WK het land prominent op de wereldkaart van het voetbal kan zetten. In het najaar van 2004 besluit hij, via Cees van Nieuwenhuizen, bij Hiddink te informeren of die oren heeft naar de baan van bondscoach. "Dat ging heel direct", weet Hiddink nog. "Frank Lowy zat in Israël. Hij stond erop om mij te spreken en belde Cees: kunnen we elkaar morgen ontmoeten?"

Hiddink zegt toe. "Hij kwam met zijn privéjetje van Tel Aviv naar Amsterdam en nodigde ons uit om wat te eten. Dat hebben we gedaan, in het Sheraton Hotel op Schiphol. Voor mij was het een kwestie van aftasten. Maar dat soort grote jongens denken dat je in twintig minuten tot een akkoord komt. Hij legde meteen een concreet voorstel op tafel. We willen dat je bondscoach van Australië wordt, dat je volgende week begint, en dit kun je verdienen. Met andere woorden: PSV weg en naar de andere kant van de wereld. Ik zei: dat kan helemaal niet. Het enige waar ik aan denk is dat ik graag een WK doe. Die mogelijkheid heb ik als het niet botst met de belangen van PSV, want dat ben ik met mijn voorzitter Van Raaij overeengekomen."

Dat is een tegenvaller voor Lowy. "Halverwege het etentje kreeg hij al het gevoel dat we niet direct tot een akkoord zouden komen. Hij had het hoofdmaal nog niet op of hij vertrok. Tabee. Zonder te betalen. We komen niet tot zaken, dus wegwezen."

Er volgt een lange periode van stilte. Toch zijn beide partijen gegrepen door elkaar. "Frank Lowy is een interessante man. Een echte voetballiefhebber ook. Als klein kind ging hij met zijn vader vaak naar het voetballen kijken in zijn geboorteland Tsjecho-Slowakije. In de oorlog is zijn vader voor zijn ogen afgeknald. Frank is toen met zijn moeder gevlucht naar Boedapest, dat nog niet bezet was door de Duitsers. Van daaruit is hij op jonge leeftijd naar Australië geëmigreerd. Met nul centen. In Australië ging hij wat kleine dingen verkopen, knopen en rotzooi. Op die manier heeft hij een heel imperium opgebouwd. Met grote *shopping malls*. Hij is nu de op één na rijkste man van Australië."

Enkele maanden na het eerste gesprek neemt de Australische bond opnieuw contact op. "John O'Neill is toen samen met een andere official, John Boultbee, naar Eindhoven gekomen. Ze waren taai en bleven vasthouden. Ik heb gezegd: mijn hoofdtaak blijft PSV, als jullie wat willen, dan kan ik een paar trainingsstages doen in Nederland, in Mierlo, ik kan op FIFA-data wedstrijden doen en als we ons kwalificeren eventueel een WK. Op die basis kan het. Toen waren ze heel inschikkelijk: PSV kreeg de kans om een lucratieve wedstrijd te organiseren, aanvankelijk Nederland-Australië, later omgezet in Nederland-Mexico, er werd een salaris afgesproken – klaar."

Hiddink zet een stap in het onbekende. Australië is het land van de 225 olympische medailles, van drie wereldbekers in het cricket en twee wereldtitels in het rugby. De laatste deelname aan een WK-voetbal dateert van 1974 en de meeste internationals spelen voor ploegen uit de subtop van grote competities.

"Ik kende het team wel een beetje. Ik had in de zomer van 2005 het toernooi om de Confederations Cup gevolgd via televisie en veel dvd's gezien. Dus ik had wel een beeld van hun manier van spelen. De bekendere spelers had ik wel gezien: Kewell, Cahill, Viduka, Neill, Moore, Bresciano, Grella, Emerton, Culina. Bij de ouderen lag er een grote frustratie. Ze hadden een paar WK's gemist, maar steeds op het randje. Zowel in '94 tegen Argentinië als in '98 tegen Iran, en zelfs in 2002 tegen Uruguay. Ik dacht: ik wil toch eens zien of ik ze niet net dat zetje kan geven. Waarom niet? In diezelfde periode kwam er nog wel even een kans voorbij om Turkije te gaan doen, maar nee: ik vond dit wel een mooi project. Bovendien was

Turkije een fulltime klus en had ik het uitstekend naar mijn zin bij PSV."
Een derde WK lonkt. "En dat is natuurlijk hét toneel voor spelers en voor trainers. Om het compleet te maken, moet je een WK gedaan hebben. Als je dan de kans krijgt om er drie te doen, is dat helemaal fantastisch. Ik zag laatst een lijst van trainers die de meeste WK-wedstrijden hebben gedaan. Daarop sta ik vijfde. Dat is toch wel leuk. Er staan grote namen bij."
"PSV deed nog wel even moeilijk. Met Van Raaij was alles afgestemd, maar daarna vond de club het toch nodig om mijn contract even juridisch te laten toetsen. Men dacht dat er tegengestelde belangen waren. Ik vond het een beetje gezocht. Overdreven. De intentie was dat PSV altijd zou prevaleren. De club zou ook revenuen plukken, onder meer door die oefenwedstrijd."
"Er werd een beeld gecreëerd alsof ik PSV aan het benadelen was. Het tegendeel is waar, daarvoor zit PSV te diep bij me. Ik heb die trips met Australië ook nooit als een belasting ervaren. Ik vind het gewoon heerlijk om tijdens een seizoen lekker door te gaan. Het gééft mij juist heel veel energie. Ik ben niet iemand die in de vrije weken op een strand moet gaan liggen. Men mag daar als club best een vraag over stellen, maar doe dat dan gewoon op de man af en toets niet met juridische adviseurs."

De eerste kennismaking met de spelersgroep valt Hiddink niet direct mee. "In augustus was er een wedstrijd gepland tegen Colombia, maar die heb ik geschrapt. Dat zou waarschijnlijk toch een heel voorzichtig duel worden, waarin de spelers elkaar zouden sparen. In plaats daarvan heb ik een trainingskamp van vier dagen in Hoenderloo georganiseerd. De groep kwam heel gefrustreerd, bijna ongemotiveerd binnen. Zo van: we zijn hier nu wel, het is leuk om elkaar weer te zien, maar verder maken we ons geen illusies. Dus ja, de vraag was wel: waar begint u eigenlijk aan met uw staat van dienst? Ik zeg: 'Jongens, gaan we proberen wat te flikken of niet?'"
"Het was geen lamlendige groep, dat niet, maar er was totaal geen vertrouwen. Ik had sterk het idee dat ze bij elkaar kwamen om als landsmannen elkaar te treffen en een beetje te gaan trainen om vervolgens weer ieder zijns weegs te gaan. Die sfeer bleef anderhalve dag hangen. Toen ben ik bezig gegaan, onder meer met Viduka. Die was veel te zwaar. Ik zei:'Als jij nou zorgt dat je de volgende keer wat fitter oogt, dan wordt het misschien nog wat.'"
De eerste wedstrijden, in september tegen de Solomon Eilanden, zijn een formaliteit. "We wonnen gemakkelijk, 7-0 thuis en 2-1 in de Pacific, al ging er nog wel het een en ander mis. Cahill liep een onnodige gele kaart op. Neill ook, na een gekke tackle. Terwijl je weet dat je later tegen Uruguay moet. Dan zeggen ze: zo

zijn we nou eenmaal. 'Nee,' zei ik, 'níet zo zijn we nou eenmaal. Dat accepteren we niet.' Feitelijk was het een excuus om niet te presteren. Dat moest eruit."

In afwachting van de beslissende confrontatie met Uruguay belegt Hiddink een tweede trainingskamp met zijn Socceroos. "In oktober zijn we een week in Mierlo gaan trainen en later hebben we in Londen een wedstrijd tegen Jamaica gespeeld. Die wonnen we vrij gemakkelijk, met 5-0, en dat was een belangrijk moment. De spelers zagen dingen terug die ze tijdens de trainingen geoefend hadden. Dat hadden ze nooit eerder zo meegemaakt; dat je dus heel direct resultaat ziet van je trainingen. Het ging om basiszaken: linies die korter op elkaar speelden, de structuur van het team. Maar ze boden aanknopingspunten om op door te gaan. Er was een verband, een resultant. Het besef van: we kunnen wél beter. Voor mij was dat een keerpunt."
"Het proces dat ik in Australië moest begeleiden was anders dan in Zuid-Korea. In het team van Zuid-Korea had ik meer specialisten tot mijn beschikking. Mensen met een individuele actie. Ook hebben we daar anderhalf jaar lang heel gericht naar het WK toe kunnen werken. De fysieke en mentale conditie was enorm groot. Australië was wat minder ver qua gogme en ook het herstelvermogen van de spelers lag lager. In wezen was dit een spoedcursus, vergeleken met 2002."
"Voetballend wisten de spelers wel waarom het ging, omdat velen bij goede Europese clubs onder contract staan. Het spel was alleen niet gecoördineerd. Er zat weinig structuur in het handelen. Ook ontbrak het besef wie nou precies wat moest doen. Soms moet je twee stappen vooruitdenken en dat is niet gemakkelijk voor een Australiër, want die wil ervoor gaan. Deze jongens compenseerden alles door de geweldige sportmentaliteit die ze hebben. Ze kunnen incasseren en uitdelen. Het is een ruwer soort commitment, dat enorm ver gaat. Ze hebben een leeuwenhart. Dat maakt het fantastisch om met ze te werken. Het team is tactisch en strategisch vrij snel gegroeid. De ploeg was nogal verdedigend georiënteerd, ik wilde ze meer in de geest van het volk laten spelen. Ongecompliceerd, brutaal."
Hiddink brengt zijn team eerst terug naar de kern. "Iedere speler heeft op het veld een perceel waarvoor hij verantwoordelijk is. In het begin waren de trainingen heel chaotisch, het was net een kippenren. Waar de bal was, daar vlogen ze naartoe. Ze liepen allemaal heel veel, maar vooral door elkaar heen. Eigenlijk liepen ze te véél, waardoor het niet efficiënt was en dus ook geen resultaat bracht. Overal waren ze een stap te laat. Dan moet je ze tactisch limiteren. Dus verbied je ze om in een bepaald gebied te komen. Daardoor gingen ze minder 'werken' en meer tactisch gecoördineerd bezig."

"De spelers waren ook enorm aan het schreeuwen tegen elkaar. In het kader van de inzet, het elkaar oppeppen en de niet te breken mentaliteit was iedereen verbaal bezig tegen de ander. Dat gaf heel veel onrust. Ze maakten elkaar steeds doller, steeds gekker. Het was veel schreeuwen, weinig coachen. Dus was het nodig om elkaar minder op te jutten. Dat pakten ze snel op. Het viel me honderd procent mee hoe goed de spelers te coachen waren. Vaak is het zo dat een mentaliteit van overcommitment ook iets met zich meebrengt van: als je keihard werkt, heb je alles gedaan wat je kunt. Je zag het aan de partijspelen, die eindigden in 6-6, 6-4 - dat soort uitslagen. Na een tijdje kwamen de partijen uit op 1-0, 2-0, 2-1. Met dezelfde spelers. In de kern is het ook heel simpel. Trainen is herhalen. En daarbij altijd voor ogen houden wat de standaard is van internationaal topvoetbal: Champions League of WK. Dat geldt zowel fysiek, mentaal als tactisch. Dat pakten de spelers snel op."

Hiddink kan bouwen op de gouden mentaliteit van de Australische spelers. De basis is: *chest out, head up*. Borst vooruit, kop omhoog. "Mijn grote voordeel was dat de spelers niet bij grote clubs speelden en dus niet gewend waren aan succes. Ze waren hongerig. Het zijn ook geweldige jongens om mee te werken. Er zit geen enkel cynisme bij. Geen beweginkjes, geen maniertjes, geen gezeik, geen ja-maar-cultuur. Dat straft mekaar ook af, als het gebeurt. Op een gegeven moment stonden Cahill en Neill tijdens een training vurig als bokken tegenover elkaar. Ik liep erop af, maar dat was niet nodig. '*Boss, boss: no problem*. We regelen dit onderling', zeiden ze. Terwijl ze ruzie hadden! Nou, ze maakten het even af en toen gingen ze weer. Er blijft dan ook niks hangen. De sportcultuur is heel zuiver, heel puur. Aussies hebben geen lange tenen, je kunt ze goed aanspreken op hun fouten. Het waren mooie persoonlijkheden, zonder grote ego's. Daar hou ik van: spelers met eigen kwaliteiten en eigen gedachten."

Het team van Hiddink trekt in november vol vertrouwen naar Zuid-Amerika, waar het eerste beslissingsduel met Uruguay wacht. "Het was een wedstrijd met een voorgeschiedenis. Vier jaar eerder was de ploeg daar zeer vijandig ontvangen. Uit een verslag dat was opgemaakt, bleek dat men die trip als erg intimiderend heeft ervaren. Bagage die weg was, vluchten proberen te frustreren, gooi- en smijtwerk, spelers die bespuugd werden – kortom: bij aankomst werd het team van alle kanten geïntimideerd om ze slecht aan die wedstrijd te laten beginnen. Dus hebben we de reis anders aangepakt. Ik heb een kennis in Argentinië ingeschakeld, die bij Club San Lorenzo in Buenos Aires een trainingskamp voor vijf dagen heeft georganiseerd. Op de dag van de wedstrijd zijn we naar Montevideo gevlogen, dat was twintig minuten."

"Ik heb vooraf ook de FIFA ingeschakeld. Walter Gagg was daar namens hen, hij is een van de grote jongens. Ik heb hem gevraagd een oogje in het zeil te houden wat betreft de beveiliging en de afhandeling op het vliegveld. Hij stond beneden aan de vliegtuigtrap om ons te begeleiden. Alles verliep perfect; dat heeft een goede invloed gehad op het team gehad. De vorige keer heerste nog het idee: wij als klein voetballand worden op alle mogelijke manieren gedwarsboomd. Nu waren alle voorwaarden aanwezig om te presteren. Dat geeft een goede druk."
De ontvangst in Montevideo is hectisch als verwacht. "We gingen dat oude stadion Centenario binnen en dat zat natuurlijk stampvol. Ruim van tevoren liepen we met zijn allen het veld op om die douche van steentjes en muntjes maar vast te ondergaan. Even snuiven. We hadden afgesproken om niks te doen. Geen bewegingen maken, niet kijken, niet provoceren, nul. Alleen een beetje keuvelen. Na die douche hebben de spelers zich omgekleed en ging het gelijk goed. We kwamen met 1-0 weg, door een vrije trap. Dat was een goede uitslag."
De terugreis zou uiteindelijk een groot voordeel opleveren voor Australië. Daarbij bedenkt Hiddink een list. "Het bleef toch een beetje koude oorlog allemaal. Ik had onze teammanager Gary Moretti opdracht gegeven om zo veel mogelijk plaatsen te reserveren op alle vluchten die vanuit Montevideo, Santiago en Buenos Aires richting Australië zouden gaan. Intussen hadden we al een vliegtuig geregeld bij Qantas Airlines, onze hoofdsponsor. Die was wel bereid om exclusief voor de ploeg iets te regelen."
"Ik dacht: als zij ons kunnen of willen frustreren, spelen we het spel mee. Dus blokkeer maar lijnen en hou stoelen zo lang mogelijk vast. Dat lukte lang. Je kunt dat natuurlijk niet blijven volhouden, dus op het laatst kregen ze hun plekken nog wel. Toen ontdekten ze dat wij een charter hadden. Ze vroegen ons of ze mee konden. Maar daar hadden we toen even geen boodschap aan."
"Direct na de wedstrijd vlogen we terug naar Sydney. Dat gaf nog een gedoe, want we kregen vooraf een uiterste vertrektijd opgelegd. Uruguay probeerde de wedstrijd later te laten beginnen, om een uur of negen, zodat wij die vliegtijd niet konden halen. Uiteindelijk stelde de FIFA de aanvangstijd vast om zes uur. We moesten ons flink haasten, maar het vliegtuig was helemaal zó ingericht dat we optimaal geprepareerd zouden zijn voor de tweede wedstrijd, drie dagen later. We zaten met dertig man in zo'n enorme bak. Er waren massagetafels aan boord, fietsen om wat te bewegen, de spelers konden een badje nemen, ze droegen speciale strakke leggings en alle klokken waren direct op Sydney-tijd gezet. Omdat er toch iets van twaalf uur tijdsverschil is, konden wij ons op die manier het best aanpassen aan de nieuwe klok. Dat gaf ons een voordeel van een halve dag. Je vliegt door twaalf tijdzones heen en sommige mensen hebben daar

veel last van. Die zijn een dag of twee, drie van de kook. Maar na een uur of negen vliegen, bij een tussenlanding op de Cook's Eilanden, bleek iedereen alweer redelijk hersteld. We kwamen fris in Sydney aan."
Hiddink zoekt naar strategische wegen om de fysieke voorsprong uit te buiten. "We wisten dat we vanwege onze fitheid konden anticiperen op meerdere scenario's. Als het nodig was, kon ik aan het eind van de wedstrijd of eventueel tijdens de verlenging wissels brengen. Het gaf een extra middel om de wedstrijd te forceren. Die scenario's hebben we allemaal doorgenomen en daar is ook op getraind. Ook later, tijdens het WK, heeft ons dat een paar keer voordeel opgeleverd. Dat zijn dingen die je als coach wel kunt plannen."
De wedstrijd verloopt zoals Hiddink het wilde. Strafschoppen beslissen de thriller. "We kwamen goed weg doordat Recoba een mooie kans miste, maar uiteindelijk waren wij die avond toch het fitst. Dus dan ga je wonderbaarlijk mooi door en dan is het project eigenlijk al geslaagd. Iedereen was natuurlijk door het dolle heen. Zelf heb ik niet zo lang in die feestroes gezeten. We gingen om twaalf uur naar ons hotel en de andere morgen ben ik om tien uur weer naar Europa gevlogen."
De plaatsing voor het WK maakt Hiddink tot een legende in Australië. In de media wordt hij als een verlosser afgeschilderd, een heilige. *Saint Gus*. De superlatieven kletteren als regendruppels neer op het papier: *supercoach, miracle man, father Hiddink, some sort of a genius, a true Dutch master*. Eén krant weet bovendien: er loopt geen bloed maar ijs door zijn aderen. De hysterie wordt in eigen land 'On-Australisch' genoemd.
De coach laat zich niet meevoeren en probeert zijn nuchterheid te bewaren. "Het is een prestatie geweest van het team. Natuurlijk heb ik als eindverantwoordelijke toegevoegde waarde. Dat mag ik wel hopen, anders hadden ze mij niet hoeven in te huren. Maar als het komt tot heiligverklaringen, dan haak ik snel af. Typeringen die worden gebruikt hangen vaak van details af. Het is me al een paar keer ten deel gevallen en het is prachtig, tot je weer eens tot nuchterheid komt. Ik vind het gewoon mooi dat wij als klein landje met een paar Nederlandse collega's en onze nationale ploeg zo goed vertegenwoordigd konden zijn."

Tijdens de voorbereiding op het WK slaagt Australië erin de verwachtingen verder op te voeren. Het team heeft merkbaar aan zelfvertrouwen gewonnen, zo constateert Hiddink. "We maakten de laatste maanden voor het WK een zeer goede reeks, met de wedstrijden tegen Uruguay, de oefenzege tegen Europees kampioen Griekenland en het gelijkspel tegen Nederland. Vooral die laatste wedstrijd deed ons veel goed. Ik merkte dat mijn spelers echt opkeken tegen

Nederland. Ze dachten dat ze weggespeeld zouden worden door het aanvallende, flitsende Holland. Maar we hadden de boel goed onder controle. Dan hoor je later op Talpa door een glamstem dat Nederland zestig procent balbezit had en 'dus' fantastisch speelde. Ja, zestig procent balbezit bij Van der Sar. Maar niet waar Holland balbezit móét hebben, in de laatste dertig meter. We hebben ze weten te raken in de opbouw, die legden we plat. Dus het werd niet 3-0 of 4-0, maar 1-1. Daardoor groeide het team enorm."
Om dagdromerij de kop in te drukken, manoeuvreert Hiddink zijn ploeg weer in de rol van underdog. Zoals hij dat met PSV in de Champions League zo vaak deed. Toen op basis van de verschillen in begroting, nu vanwege de plaats op de FIFA-ranglijst. "Intern waren de verwachtingen ook helemaal niet zo hoog. De hoop wel. Zeker na de loting. Vanuit die hoop kregen de spelers wel iets van: waarom gaan we er nu niet helemaal voor? Die tweede ronde halen. Je proefde dat die derde wedstrijd, tegen Kroatië, vooraf al heel veel emoties losmaakte, omdat er zes voormalig Kroaten in ons team speelden. Dat bracht wel een verbetenheid over de ploeg. Bij de spelers was er inmiddels geen enkel complex meer. De tijd dat ze begonnen te bibberen als ze tegenover grote namen kwamen te staan, was wel voorbij. Je kon zien dat de spelers zich niet van hun stuk lieten brengen."

De ambitie van de Aussies blijft goed verborgen. Het trainingskamp in Öhringen, een sfeervol stadje op een dik half uur van Stuttgart, is niet de plaats waar de hectiek snel zal toeslaan. De ploeg kan zich in alle rust voorbereiden op het toernooi. De eerste trainingen trekken nauwelijks bekijks. Soms, op zondag bijvoorbeeld, stroomt de kantine van Turn- und Sportgemeinde Öhringen 1865 aardig vol. Dan is er al vroeg tijd voor een Hefeweizen uit het vat.
De rest van de week is er nauwelijks beweging. Het gymzaaltje is omgebouwd tot perscentrum, waar de vijf computers weinig stroom verbruiken. Een handvol journalisten uit Australië is afgereisd. De meesten van hen verblijven in hetzelfde hotelletje. Het is ons-kent-ons.
"Het team was erg relaxed, de omstandigheden waren dat ook", zegt Hiddink. "Je hoorde geen enkele wanklank, eigenlijk. Voor buitenstaanders leek het niet op een WK, maar ja: het zit gewoon in hun aard om er zo mee om te gaan. Toen we een weekje bezig waren, zeiden we ook: laat de families maar een dagje komen. Dan is het net of er een camping wordt opgebouwd. Barbecue erbij, lekker aan het zwembad. Je hoeft ook helemaal niet op te letten of er wat gebeurt tussen die jongens, nul! Dus wat je normaal wel hebt, het bewaken van de discipline, viel daar eigenlijk weg. Daarbij had je natuurlijk als voordeel dat de Australische pers absoluut geen cynische benadering kent. Ze zijn niet naïef, ze weten heus wel hoe

het in Europa toegaat, maar ze gaan daar gewoon niet in mee. Ik was dus eigenlijk alleen maar bezig met het tactisch-strategische. En dat vind ik ook mooi. Ik vind het mooi om te kijken hoe je Brazilië of Italië kunt aanpakken en hoe je Japan verslaat. Dan zit je wel veel te creëren en te schrijven. Maar dat levert geen valse spanning op."
Zijn eerste persconferentie grijpt hij aan om de spanning op te voeren. In het besef dat de groepswedstrijd tegen Japan beslissend zal zijn ('Win je die wedstrijd niet, dan ben je in wezen weg'), besluit Hiddink de koude oorlog tussen beide landen wat aan te wakkeren. Japanse journalisten hebben het Australisch team neergezet als een soort vechtmachine. Hiddink reageert fel, zijn reactie is aangezet. "Ik word heel boos wanneer men ons afschildert als een onsportief team. Mensen die zoiets op papier zetten, zijn het niet waard om schrijver te zijn. Het gedrag van zulke journalisten is onverantwoordelijk richting onze spelers en de sport in het algemeen."
Hij bestempelt Japan meteen tot de grote favoriet. "Japan staat veel hoger op de wereldranglijst dan wij. Men zegt dat Japan de gemakkelijkste tegenstander is. Ik weet dat zo net nog niet. Onder Zico is hun spel lichter en creatiever dan voorheen. Ik zie een Braziliaanse *touch*, zonder dat zij hun defensieve hardheid hebben opgegeven."
Zijn uitspraken horen bij het strategisch spel, waarin de stellingen ingenomen worden. "Ik wilde voorkomen dat wij een stempel zouden krijgen van een harde ploeg, want je loopt het risico dat een scheidsrechter daarvoor gevoelig is en meteen gaat optreden. Daarnaast wist ik wel dat die Japanners er moeite mee hebben als ze tot favoriet worden bestempeld. Omdat ze dan toch net iets meer de druk voelen van moeten presteren. Als je daar een voordeel van een paar procent kunt halen, moet je dat doen."

Hiddink is een planner. "Grote wedstrijden probeer ik planmatig aan te pakken en vooruit te spelen. Je kunt natuurlijk niets plannen in voetbal, maar je kunt wel een aantal scenario's voorbereiden. Op die manier kun je proberen zo dicht mogelijk bij de gedachte uitvoering te komen. Daar train je op. Ik ben in principe niet zo voor geheime trainingen, maar soms is het wel nodig omdat je bepaalde varianten wilt doornemen. Als je daarop traint, geef je jongens een houvast, een herkenningspunt. Je voorkomt dat ze gaan panikeren, omdat ze weten: we hebben nog een plan achter de hand. Mijn teams gaan niet, nóóit, zomaar wat doen. Daar is altijd over gesproken en op getraind."
De wedstrijd zelf vreet energie. "Ik ga niet zitten om te genieten van een wedstrijd. Dat doe ik eventueel 's nachts, met een dvd'tje. Op het veld ben ik alleen maar bezig met de vraag: wat moet ik doen, wat kán ik doen om het resultaat te beïnvloeden?

Soms doe je niks, soms haal je een plan uit de kast. Door wissels of door een omzetting in het team. Het is altijd analyseren, altijd twee stappen vooruitdenken. Ik ga niet een wedstrijd in van: à la bonne heure. Ik ben geen controlfreak, maar je moet wel proberen ervoor te zorgen dat een tegenstander zich machteloos voelt. Hun het idee ontnemen dat zíj de boel onder controle hebben. Dat is je taak als coach. Je moet uitstralen dat jíj het onder controle hebt en zorgen dat je niet langs het veld staat met een houding van: jongens, doe maar, want ik weet het ook niet meer."

Hij volgt al jaren dezelfde lijn. "Het fundament is altijd: fouten uitsluiten. Wie de minste fouten maakt, heeft de meeste kans om te winnen. Boven op dat fundament moet je extra kwaliteiten hebben, zodat het attractief wordt. Maar in het internationale voetbal zijn organisatie en taakverdeling, taakbewustheid ook, altijd de basis. Het is analyseren, deduceren en een synthese maken voor het plan. In de loop der jaren heb ik de ervaring opgedaan dat het zo werkt. Dat geeft je ook een bepaalde rust naar de groep toe. Normaal ben ik wel rustig als de spanning groot is. Ik word juist onrustig als ik te weinig spanning voel. Dan ga ik iets creëren. Word ik vervelend en zoek ik – vaak in het onredelijke - dingen waarmee die onrust wordt opgeroepen. Dan is het vluchten of vechten. Aussies gaan vechten."

De hartstocht van de spelers kent ook een keerzijde. "Ze gaan zo open een wedstrijd in dat we in het begin een paar keer te veel ruimte weggaven en vanuit een achterstand moesten terugknokken. Tegen Japan raakten we in een heel moeilijke situatie verzeild. Je komt achter in een drukkende hitte. Verlies je die wedstrijd, dan is het over en kun je Qantas bellen dat we er weer aan komen. Maar de reactie was: oké, kom maar. We gaan weer. Ondanks de achterstand slaagden we er toch in de wedstrijd naar ons toe te trekken. We wisten dat hun keeper niet snel zijn hok uit kwam, dus konden we met hoge ballen nog wat forceren."

Australië dwingt laat in de wedstrijd de gelijkmaker af. "Na die 1-1 kwam John Aloisi nog naar me toe. Hij vroeg: 'Wat nu? Zal ik op het middenveld gaan spelen?' Ik zeg: 'Ben je belazerd, man! Ze staan op instorten. Dóórgaan nu! Afjagen! We hebben nog zeven minuten plus extra tijd.' En dan gingen ze weer. Vlak daarna viel de 2-1 van Cahill, dat was voor mij wel het meest emotionele moment van het WK. Omdat het zo enorm cruciaal was. Door die treffer zaten we nog helemaal in het toernooi en was het WK eigenlijk al geslaagd."

Later in het toernooi, rond de beslissende groepswedstrijd tegen Kroatië, zijn die emoties er niet. Zelfs als Australië vlak voor tijd een tweede gelijkmaker scoort, blijft Hiddink rustig tegen de dug-out staan. "Ik was veel minder uitgelaten,

FOTO'S: PICS UNITED

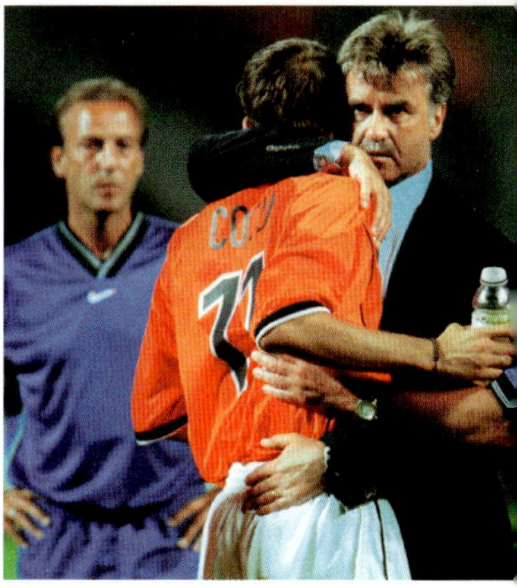

HIDDINK EN ZIJN ASSISTENT HANS DORJEE [LINKS] PAKKEN MET PSV DE EUROPACUP I. STUTTGART, 25 MEI 1988
ALS BONDSCOACH VAN ORANJE TIJDENS HET WK VAN 1998. IN HET MIDDEN MET EDGAR DAVIDS, RECHTS MET PHILLIP COCU

FOTO: PICS UNITED

Fighting!
붉은악마 영남지부

DE SPELERS VAN ZUID-KOREA NEMEN AFSCHEID VAN HUN COACH EN HIDDINK VAN HET VOLK

EEN STERK DUO: GUUS HIDDINK EN HARRY VAN RAAIJ, VOORZITTER VAN PSV

GUUS HIDDINK PRESENTEERT ZIJN EERSTE AANKOPEN BIJ PSV. LINKS JI-SUNG PARK, RECHTS YOUNG-PYO LEE

FOTO: PICS UNITED

FOTO: DE TELEGRAAF

FOTO: DE TELEGRAAF

FOTO: DE TELEGRAAF

FOTO: PICS UNITED

FOTO: PICS UNITED

FOTO: PICS UNITED

HIDDINK MET ZIJN ASSISTENTEN FRED RUTTEN EN RENÉ EIJKELKAMP, VERZORGER EN VRIEND MART VAN DEN HEUVEL, DE TALENTEN IBRAHIM AFELLAY EN ISMAÏL AISSATI, DOELMAN GOMES, HET KAMPIOENSTEAM EN AANVOERDER PHILLIP COCU

ALS BONDSCOACH VAN AUSTRALIË TIJDENS HET WK VAN 2006

ALS BONDSCOACH VAN RUSLAND, UITKIJKEND OVER HET RODE PLEIN IN MOSKOU

omdat ik zelfs bij die 2-2 iets had van: oppassen, het kan nog fout gaan. Dan heeft het niet zoveel zin om als een wilde rond te dansen."

Hiddink voelt zich niet lekker bij de beslissing om doelman Schwarzer te vervangen door Kalac. "Schwarzer had het de eerste twee wedstrijden niet overtuigend gedaan en Kalac zou wat meer kunnen coachen. Dacht ik. Dus daar hebben we met de technische staf over gesproken. Dan zijn de meningen verdeeld. Ik twijfelde ook. Ja, nee, ja, nee. Je hebt van die uren dat je aan het piekeren bent."

"Achteraf had ik het gevoel: ik heb daarin iets te veel toegegeven aan mijn staf. Mijn eerste gevoel was dat ik het niet moest doen. Omdat Kalac me niet kon overtuigen op trainingen. Meestal laat je gedachten dan wat langer bezinken. Er kwam geen fijn gevoel van: zó moet ik het doen. Toch heb ik die beslissing genomen. In die wedstrijd klapte hij helemaal dicht en dan voel je je als coach niet prettig. Ik dacht: verdomme, klootzak! Niet moeten doen. Had ik niet goed gedaan."

"Dat drukt op mij. Daarom kon ik die vreugde niet voelen tijdens de wedstrijd. Ik voelde me verantwoordelijk voor de bijna-nederlaag en er waren na die 2-2 nog behoorlijk wat minuten te spelen. Ik zat wel een beetje in de rats. Je kunt dan wel Kalac eraf halen, wat heel veel commotie geeft, maar dan ontneem ik mezelf een wisselmogelijkheid. En ik had Kewell lopen, die zomaar op kon zijn. Dus dan heb je weinig greep meer op het duel, voor je gevoel. Gelukkig kan ik op zo'n moment wel redelijk analytisch denken, zonder dat de emotie van buitenaf me in beslag neemt. Dus ik had niet het gevoel: wat is dit allemaal prachtig verlopen."

Zolang de wedstrijd niet gespeeld is, houdt Hiddink zijn emoties onder controle. "Ik moet niet meegaan in het vuur van het moment. Als coach moet je altijd kijken wat je, binnen de enorme beperking van je macht, vanaf de kant kunt doen om impulsen te geven. Zodat je een wedstrijd nog een wending kunt geven. Dat kan heel gevoelig liggen. Vaak zie je dat een coach gaat wisselen in de zeventigste of vijfenzeventigste minuut om een ander ook nog wat speeltijd te geven. Daarmee geef je een signaal aan de tegenstander. In je eigen team breekt er iets, qua spanningsveld. Als de koers goed loopt, moet je dat spanningsveld nooit doorbreken. Een tegenstander put daar kracht uit."

Net als eerder tegen Nederland en Japan vindt zijn ploeg ook tegen Brazilië het antwoord op een andere strijdwijze bij de tegenstander. "We durfden ze aan te pakken, we speelden goed, bestreden ze tactisch goed, maar vergaten die 1-1 te maken en dan blijven zij altijd gevaarlijk rond de zestien. Dat is het risico met deze jongens: ook als je niet bang bent voor het schavot kan het mes soms plotseling vallen."

"De spelers zijn zeer goed coachbaar. We hebben steeds een antwoord weten te vinden op de speelwijze van de tegenstander. Dat bewijst wel hoezeer dit team in een paar maanden tijd gegroeid was. Ik vond dat steeds weer verbazingwekkend. Elke dag zag je progressie. Spelers die het ene moment moeite hadden om aan te klampen, waren een week later al tot veel meer in staat. Brazilië was tegen ons niet in staat het voetbal te spelen dat zij voorstaan. Ze moesten op de counter spelen. Dat was onze verdienste."

Australië dreigt nog even een van zijn sleutelspelers kwijt te raken. "Tegen Brazilië viel er iets vervelends voor tussen Harry Kewell en scheidsrechter Markus Merk. Die man floot zó graag en zó veel, dat je er echt ziek van werd. *Pleasing refereeing* noem ik dat. Om maar zo lang mogelijk op het feestje van de FIFA aanwezig te mogen zijn. Spelers voelen dat. Dus Kewell liep na afloop langs hem en zei: '*You are a piece of fucking shit.*' Merk reageerde meteen: 'Jij speelt dit toernooi geen enkele wedstrijd meer,' zei hij. Dus die opmerking van Harry werd keurig vermeld op het rapport en hij zou geschorst gaan worden. Merk was heel sluw. Die heeft hem bewust geen rood gegeven, want dan krijg je maximaal twee wedstrijden. Hij wilde echt de mogelijkheid openlaten om hem een straf aan te smeren van drie of vier duels. Daar had-ie goed over nagedacht."
"Toen ik dat zag staan op het wedstrijdformulier heb ik Harry nog wel gevraagd wat-ie nou precies gezegd had. Harry gaf ronduit toe dat-ie deze woorden had gebruikt. Vervolgens hebben wij natuurlijk wel even aan de FIFA laten weten dat niet meneer Merk bepaalt welke straf er eventueel uitgesproken wordt, maar de tuchtcommissie. De FIFA heeft het protocol daarop wat anders gemaakt door de tekst te veranderen in: *it was fucking shit.* In plaats van: *you are.* Ze wisten wel dat ik ermee naar buiten was gekomen als Kewell op een dergelijke wijze zou zijn geschorst door een man die als een haantje rondloopt."
De aanwezigheid van Kewell is vooral mentaal van groot belang voor de ploeg. "Ik merkte in de voorbereiding al hoe er tegen hem wordt aangekeken in Australië. Harry was lang geblesseerd geweest en iedereen sprak over de man die er niet was. Ik wilde en moest een team prepareren dat ook zonder hem kon. Hij was nog lang niet topfit, maar als joker heel goed bruikbaar. Als je met hem begint, is iedereen nog fris en zijn wedstrijden vaak neutraal. Dat zou hem slopen. Maar als anderen de vermoeidheid begonnen te voelen, kon Harry wat gemakkelijker zijn kunstje doen. Hij was de man die binnen een hechte structuur het verschil kon maken. Dat heeft hij ook bewezen tegen Kroatië."

Die wedstrijd tegen Kroatië brengt Hiddink terug naar het stadion van Stuttgart, waar hij achttien jaar eerder met PSV de eerste grote triomf uit zijn loopbaan behaalde. Voor het eerst in achttien jaar bezoeken Arnold en René Hiddink een buitenlandse wedstrijd van hun oudere broer. Een kleine familiereünie gaat vooraf aan het duel.
Meer dan vroeger wil Hiddink vrienden en familie deelgenoot maken van zijn succes. Tijdens het WK ontvangt hij regelmatig gasten in het Wald- und Schlosshotel van Friedrichsruhe. "Ik had zelf een apart huis, op redelijk grote afstand van de ploeg. Er waren natuurlijk wel wat mensen die graag even langs wilden komen. Wat oude vrienden, mijn zoons, een goede vriendin van ons. Dus daar had ik iets voor gecreëerd."
Ze zijn getuige van een andere Hiddink. Eentje die vrijwel altijd relaxed oogt. International Jason Culina verwoordt het tijdens het WK aldus: "Sommige coaches ogen nerveus en praten veel met spelers, waardoor spelers juist nerveus worden. Dat zul je met Guus niet meemaken. Soms merk je niet eens dat hij de kleedkamer binnenkomt. Dat voel je pas als hij een hand op je schouder legt en iets wil vertellen. Hij zal nooit schreeuwend zeggen wat je niet goed doet. Hij geeft vertrouwen aan de spelers en is duidelijk, hij hoeft vrijwel nooit te herhalen wat hij van je verwacht; bij Australië werkt hij hetzelfde als hij deed bij PSV."
Hiddink: "Als jonge coach was ik veel onrustiger. Ik had ook veel meer de behoefte om me echt helemaal af te sluiten van de voetbalwereld. Ik zocht vaak grotere contrasten. Uitwaaien op Terschelling, een holletje opzoeken in de Achterhoek. Alsof de rest de boze buitenwereld is. Ik heb het nog wel een beetje, die behoefte om helemaal weg te zijn. Maar ik ga er wel veel relaxter mee om. Vroeger was ik stugger. Minder gemakkelijk benaderbaar. Je ontwikkelt je, ook daarin. Ik dacht vaak dat het aan een ander lag als ik niet benaderd werd. Maar het ligt meestal aan je eigen houding of je eigen antwoorden."
"Ik heb natuurlijk veel ervaring opgedaan in verschillende culturen, met veel mensen op veel continenten. Dat geeft een rijkdom in het kennen van mensen. De wereld is voor mij toegankelijker geworden. En daardoor ikzelf misschien ook wel. Ik denk dat ik een warmer mens ben geworden. Ik was al wel warm, maar als je toegankelijker bent, wordt die warmte meer gevoeld. Misschien ben ik wat ronder. Ook door de leeftijd. Ik was nogal hoekig. Dus dat ronde vind ik wel mooi."
In Australië zijn de reacties op het bereiken van de tweede ronde uitzinnig. Plaatsing voor het WK werd al gezien als 'het onmogelijke mogelijk maken'. Na de wedstrijd tegen Kroatië zoekt de pers nieuwe superlatieven. De nationale *Daily Telegraph* meldt in blokletters dat het hele land *Guusbumps* heeft - kippenvel van

Guus. De *Sydney Morning Herald* doet de suggestie om een 'Guus-tax' te heffen onder de bevolking, zodat de coach mogelijk nog wat langer wil aanblijven.
Het nationale voetbalteam is een kijkcijferkanon. Om één uur 's nachts zien ruim drie miljoen mensen het duel in de tweede ronde, tegen Italië. Zelfs de rugbyleague scoort zo hoog niet. De beslissing valt op het meest kansloze moment: in de slotminuut krijgt Italië een strafschop, die wordt benut door Totti. Het is een zwaar betwiste strafschop. "Gegeven door een scheidsrechter die *eager* is als een parkeerwachter die iemand kan bekeuren. Dit was nooit gebeurd bij Italië-Engeland of Italië-Duitsland", vermoedt Hiddink klassenjustitie. "Het was ook goed dat FIFA-voorzitter Sepp Blatter later toegaf dat de scheidsrechter het verkeerd had gezien en dat zoiets niet onder het tapijt wordt geschoven. Mensen in een dergelijke positie hebben vaak toch de neiging om zich aan zoiets niet te branden."
De treffer is symbolisch voor de Australische beleving. "De penalty was onterecht, maar eigenlijk moet Lucas Neill zijn tegenstander, Grosso, richting achterlijn dwingen. Hij wilde te snel het duel in. Doet hij dat niet, dan is er niks aan de hand. Verder moet je vaststellen dat we voorin niet dodelijk genoeg waren. Dat is het grote verschil met de echte top. Zulke ploegen hebben aan een half kansje genoeg en gooien dan de boel dicht. Italië ook, dat team is totaal niet bezig met het bieden van attractief spel. Ze vormen een muur. Voor hen telt alleen het resultaat. Ze waren tegen ons redelijk in paniek. Italië had geen antwoord op ons spel, doordat wij om hun middenveld heen speelden. Ik had het graag gezien, in die verlenging."
"Als je op zo'n manier het toernooi moet verlaten, nota bene tegen de latere wereldkampioen, is dat wel bitter. Toch is de prestatie die we geleverd hebben zeer indrukwekkend, zeker als je ziet wat er in Australië in een jaar tijd gebeurd is. Het team is zeer competitief geworden en soms verrassend dominant. Ik had niet verwacht dat we zo vaak zo dwingend zouden kunnen zijn. In het begin kregen we te gemakkelijk de goals binnen. Het was bijna een verrassing dat het tegen Italië niet gebeurde. Ondanks wat zwakke momenten hebben we toch heel goed gespeeld. We waren er erg dicht bij. Ik had nog aardig wat troeven achter de hand. Kennedy was klaar om in te vallen, die had in de verlenging wat kunnen forceren. En ik kon nog een wissel brengen. Maar goed, dat is achteraf. Zo blijkt wel dat je alles kunt plannen, maar niet altijd kunt uitvoeren."
Hij zei het vooraf al en herhaalt het na afloop van het WK. "De grote winst van het toernooi was al binnen toen we ons plaatsten. Het voetbal in Australië heeft het laatste jaar een geweldige impuls gekregen, is gegroeid van sport nummer vier tot sport nummer één. Overal zie je een nieuw elan, een nieuwe ambitie.

Dat gegeven moeten we aangrijpen door in het land zelf goede accommodaties te bouwen, goede trainers op te leiden en de jeugdopleiding te professionaliseren." De spin-off zal gigantisch zijn, vermoeden de Australische voetbalbonzen. Elk jaar dient zich een groot voetbalevenement aan dat voor verdere ontwikkeling van het team moet zorgen. De Asian Cup in 2007, de Olympische Spelen van 2008, de WK-kwalificatie in 2009 en het eindtoernooi in 2010. Hiddink vindt dat de bond moet kiezen voor verjonging om zodoende nu al de weg naar het volgende WK in te slaan. "Je moet nu kijken wat je over vier jaar nodig hebt en via de Spelen van Peking in 2008 proberen daar te komen. Spelers als Viduka, Moore, Popovic en Kalac zijn gestopt. Misschien moet je nu een klein stapje terug om straks verder te zijn. Alleen op die manier kun je het voetbal structureel naar een hoger niveau tillen. Het heeft geen zin om met hetzelfde team op zoek te gaan naar nieuw succes, dat leidt altijd tot een neergang."

De nieuwe stap voorwaarts moet aan de basis worden gezet. "Het algemene voetbalgevoel is versterkt. Daar ben ik vooral trots op. De voetbalmensen zijn nu verplicht om te zorgen voor een stevig fundament. We staan op de top van de berg. De structuur van het voetbal loopt daarbij achter. De A-league is goed, maar het gaat ook om de competities voor spelers tot zestien, achttien en twintig jaar. Nu lopen er spelers in nationale jeugdploegen die zelden competitiewedstrijden spelen. Die jongens hebben niet de ervaring om hard te trainen. Het niveau moet omhoog en de sleutel ligt bij de jeugd. Het is niet goed om oude spelers uit Europa te gaan halen. Ik heb zelf in de VS gespeeld. Dat was goed voor ons voetballers, maar niet voor de ontwikkeling van het voetbal daar. Zulke spelers nemen veel dollars mee en houden de ontwikkeling van eigen talent tegen. Ik hoop een bijdrage te kunnen blijven leveren. We kunnen de kennis van de Nederlandse bond, de Nederlandse voetbalacademie, overbrengen. Door cursussen te geven en coaches te sturen. We hebben het spel niet uitgevonden, maar er is veel kennis."

Een groots afscheid van de Socceroos bleef achterwege. "Het plan was om nog even mee terug te gaan naar Australië. Iedereen verwachtte ons daar. President John Howard schreef na elke wedstrijd een brief aan de captain en mij. Hij had gehoopt dat we naar Sydney zouden komen, maar dat zat er gewoon niet in. De meeste spelers gingen vakantie vieren bij hun familie in Europa. En wij bleven nog even bij het WK. Dus het afscheid bleef beperkt tot een goed diner met een lekker glas wijn erbij. Dat was ook prima. Handje, omhelzing, mooie tijd. En dan dwarrelt iedereen uit. Dat is vreemd, maar wel mooi en intens. Ik kreeg een stelletje cowboys binnen, zowel qua voetbal als qua kleding, die ik heb zien uitgroeien tot een heel sterk en hecht team."

"Ik vond het een zeer mooi, zeer apart hoofdstuk in mijn loopbaan. Het was onverwacht, van zoveel kanten. Frisse mensen, frisse mentaliteit. Spelers die elkaar heerlijk kunnen afzeiken, zoals dat bij ons voetbal hoort. Soms is het serieus, soms dollen. Soms beledig je wel eens mensen. En gaat het keihard. Maar dat is normaal, in de setting van het voetbal. Er was altijd incasseringsvermogen en acceptatie met als doel: presteren!"

"Nu heb ik nog vaak contact met mensen van de bond. We gaan ook graag een keer terug. De energie is alleen maar positief geweest. Ik heb niet geleden van het WK. Er waren geen zware confrontaties met spelers, officials of pers. Mensen zullen misschien denken: zwaar, PSV, Australië, Rusland. Ik heb dat zelf niet. Ik vind het voornamelijk leuk en heb voor mijn gevoel ook best lang vakantie gehad. We zijn tien dagen door Nederland getrokken. Vier dagen Twente, drie dagen Friesland, nog even Amsterdam. Lekker golfen, familie, vrienden, goed eten. Dat is voor mij heerlijk. En ook wel weer voldoende. Ik moet er niet aan denken om zes weken vakantie te hebben. Op het strand liggen, dat kan ik niet. Vind ik verschrikkelijk. Ik moet actief zijn. Als ik passief blijf, word ik gek. Ik kan ook niet zonder doel door een stad slenteren. Ik moet iets doen. Daarin ben ik ongeduldig. Ik kan wel zitten, met vrienden en een wijntje en een sigaartje. Maar in wezen ben ik vaak onrustig. Er moet wel wat gebeuren."

Hoofdstuk 16

Rusland weer op de kaart zetten

In zijn hoofd is Guus Hiddink al volop bezig met de opbouw van een nieuw PSV als er begin 2006 onverwachts een verzoek komt van de miljardair Roman Abramovitsj. Of hij het voetbal in Rusland een opknapbeurt wil geven. Abramovitsj inspireert Hiddink tot een nieuwe, opvallende stap in zijn leven.

Alles komt samen tijdens die eerste dagen van februari 2006. De FIOD-affaire heeft littekens achtergelaten en geeft een nieuwe dimensie aan de moeizame verhoudingen binnen de PSV-directie. Hiddink, toch al van plan om afstand te nemen van het veld, ziet zijn plan om Fred Rutten naar voren te schuiven als hoofdtrainer getorpedeerd. Technisch directeur en club zitten niet langer op dezelfde beleidslijn en Hiddink ruikt de geur van nog één groot buitenlands avontuur.

In eerste instantie reageert hij terughoudend op de avances vanuit Rusland. "Zij wilden praten. Ik werd gebeld door Roman Abramovitsj. De vraag was eigenlijk: zou je ervoor voelen om het Russische voetbal nieuw leven in te blazen? We spraken af om elkaar te ontmoeten in het Sheraton Schiphol, dit keer niet in het restaurant maar beneden in een kamertje. Voor hen was dat gemakkelijk, zij kwamen met hun jetje uit Londen en konden zonder ophef Schiphol binnenlopen."

Abramovitsj, de eigenaar van Chelsea, spreekt hem wel aan. "Ik had hem al eens een keer ontmoet bij zijn club. Toen ben ik met Piet de Visser bij hem thuis geweest. Ergens in Londen, niet ver van het stadion. Prima. Heel rustige man. Geen enkele drang tot profilering. Niet van: kijk eens hoe belangrijk ik ben, wat ik heb en wat ik kan. Integendeel. Het was zelfs ónder. Héél, héél rustig. Je let wel op, natuurlijk. Omdat je eigenlijk al een oordeel hebt als iemand zo snel zo rijk is geworden. Daar hang je een etiket aan van: niet goed, patserig. Maar niks, geen pinkringetjes of een duur horloge. Nee: een spijkerbroekie en een heel normaal horloge. Zelfs minder dan normaal."

Het gesprek op Schiphol is van korte duur. "Drie kwartiertjes of zo. Het was meer een uitwisseling van eerste gedachten en op een gegeven moment heb je drie keer gezegd wat je moet zeggen. Het was een heel aangename ontmoeting. Roman zei: 'Je hebt dit al een paar keer gedaan, dus we zouden het bijzonder fijn vinden als je het voor ons ook wilde doen.' Met daarbij de garantie dat ik alle zaken naar me toe kon trekken. Ik heb hen meer laten praten dan dat ik zelf deed. Ik kan ook niet zeggen dat het me prikkelde, op dat moment. Niet, nee. Het was puur aftasten."

"Eigenlijk zat ik helemaal niet op Rusland te wachten. Ik was bij PSV prima bezig. We zouden weer een nieuw seizoen ingaan met nieuwe spelers; daar had ik veel meer mijn kop naar staan dan naar dit. In dat kader heb ik ook geen 'nee' gezegd tegen dat gesprek, omdat ik zijdelings ook over het contract van Alex kon praten, omdat die formeel eigendom was van Chelsea. Zo ging het. Ik had echt geen waslijst van wensen in mijn kop zitten. Totaal niet. Pas daarna ga je erover nadenken."
"Ze kwamen vrij snel terug. Je bent dan een week of wat verder en toen ook gingen andere zaken, met name het interne bij PSV, wat meer spelen. Abramovitsj bleef aandringen, hij zou het toch wel zeer op prijs stellen als ik het wilde doen. In diezelfde periode meldde de Engelse bond zich. David Dein, bestuurslid van Arsenal, zit in een commissie van de FA en hij vroeg of ik een keer 'een interview' wilde. Zo noemde hij dat. Ze hadden een groepje van drie en ik was een van de kandidaten. Ik denk dat Stuart McClaren en Martin O'Neill de anderen waren. Dat heb ik afgehouden. We waren al vrij ver met de Russen, bovendien hadden ze tijd nodig om de mensen te screenen, een beetje dit, een beetje dat."
Hiddink voelt er niet veel voor om in Londen een publieke figuur te worden die dag in dag uit op de snijtafel van de Engelse yellow press komt te liggen. Hoewel Elisabeth wel verlangt naar een dynamisch leven in de Engelse hoofdstad, blijft Hiddink op de vlakte. "In Engeland is de pers een grote factor. Dat is overal het geval, maar daar wel extreem. Ik ben niet zo bang om die pers over me heen te krijgen. Dan denk ik: het zal wel. Ze gaan een keer tussen de struiken zitten, prima. Maar meestal gaan ze verder, gaan ze van alles uitpluizen, tot aan je ouders toe. Natuurlijk, in Engeland praat je over een van de meest gewilde jobs ter wereld. Maar daar had ik geen trek in. Het grappige was dat Luiz Felipe Scolari na mij nog anderhalve dag in Engeland is geweest om te praten. Die wilde meteen weg, zijn hele leven werd overhoopgehaald. Los daarvan werden de plannen met Rusland te concreet om daar nog op terug te komen."

In Moskou gebeurt ook wel eens wat. De stad komt regelmatig in het nieuws vanwege (racistisch) geweld. "Daar denk je wel even over na; Elisabeth had best wat scepsis in het begin. We hebben uitgebreid gesproken over hoe het toegaat in de Russische maatschappij. Zij wilde dat natuurlijk wel weten. Maar ja, in Amsterdam of Rotterdam kan ook van alles gebeuren. En wij verkeren natuurlijk toch in een wat luxe positie, een beschermde omgeving. Tot nu toe heeft Lies trouwens nog nooit ergens meegemaakt dat ze verbaal op haar huidskleur is aangevallen of geminacht."

"Ik heb mijn besluit een paar keer uitgesteld, ook vanwege het naderende kampioenschap van PSV. Uiteindelijk kwam er nog een gesprek in Londen. Vitali Moetko, de voorzitter van de bond, is daar toen heen gekomen, samen met zijn secretaresse Katja. Hij herhaalde uitdrukkelijk dat men het zeer fijn zou vinden als ik zou komen. Moetko maakte een goede indruk op mij, hij is zeer zeker geen teruggetrokken Rus. Dat sprak me wel aan. De bond was duidelijk verouderd. In het verleden, ten tijde van de grote Sovjet-Unie, kreeg men alles toch wel aangereikt en was er minder de noodzaak om zelf beleid te maken. Dat wilden ze veranderen. Nu moet er echt een fundament worden gelegd onder de Russische bond."
Hiddink krijgt een vrijbrief om zijn werkzaamheden in te vullen op de manier die hij wenst. Dan moet er nog over de verdiensten worden gesproken. Dat gesprek laat de coach over aan zijn zaakwaarnemer, Cees van Nieuwenhuizen. Het is de vaste manier van werken: Hiddink geeft de marges aan waarbinnen de financiële onderhandelingen moeten plaatsvinden. Het is het spel van de good guy en de bad guy.
"De werkomstandigheden waren voor mij het allerbelangrijkste. Dat voelde Abramovitsj wel aan. Die was ook écht geïnteresseerd in wat we bij PSV aan het doen waren qua opbouw of verbouwing van nieuwe accommodaties. Hij is een keer naar De Herdgang gekomen. Niemand had in de gaten dat Abramovitsj bij PSV was. We hebben rustig rondgekeken en toen nog een kopje thee gedronken. Harry van Kemenade, de kantinebeheerder, ging er mooi bij zitten, zonder te weten wie die man in die spijkerbroek nou precies was."

Twee weken na het WK betrekt Hiddink zijn nieuwe thuis. Hij bewoont een van de duurste appartementen van het land. Op de tiende verdieping van het Ararat Hyatt Hotel heeft hij een woning met vier grote kamers. Kamer 1015 biedt bovendien een prachtig uitzicht over de stad. Recht voor hem ligt het Bolsjoi Theater. Links ziet hij de gouden koepels van de kerken en basilieken die het Rode Plein omringen. Het Kremlin en de Doema, het Russische parlement, liggen op amper tien minuten loopafstand.
Hij bevindt zich op historische grond in een historische omgeving. "Dit land is natuurlijk zeer enerverend. Als je nagaat wat hier allemaal gebeurd is in de loop der eeuwen, is dat natuurlijk enorm. Wat ik doe staat helemaal niet in relatie tot die grote geschiedenis, maar het is wel mooi om een bijdrage te leveren aan een soort van vernieuwing. Dat is prachtig, omdat sport in dit land iets enorm groots is. Je bent een groot uithangbord, ook wereldwijd. Het is een grote waardering voor mijn verleden bij de clubs en de bonden."

Hiddink gaat eens voor de landkaart van Rusland staan om de grootte van het land op zich te laten inwerken. Vanuit Russisch perspectief ziet Europa er toch anders uit, ontdekt hij. Engeland, Spanje en Italië zijn haast onbetekenend klein. Laat staan Nederland. De afstand tussen Moskou en het oostelijke, nabij Noord-Korea gelegen Vladivostok bedraagt negen tot tien vlieguren. Afhankelijk van de kwaliteit van het vliegtuig. Acht tijdzones liggen er tussen beide steden; de afstand is net zo groot als die tussen Amsterdam en San Francisco.
Ook in dat verre oosten bloeit het profvoetbal op. Loetsj Energija komt uit in dezelfde liga als alle topclubs uit Moskou. In de eerste divisie spelen nog eens drie clubs uit die regio. Plus vijf uit Siberië en vijf uit de zuidelijke regio, nabij Georgië en Kazachstan.
Vrijwel al die clubs danken hun opmars aan de investeringen van oliemiljardairs. Sinds veel industrieën in de tweede helft van de jaren negentig geprivatiseerd werden, telt het land enkele tientallen Abramovitsjen. Ze steken hun geld het liefst in de voornaamste vorm van vermaak.
Moetko wil in het hele land, onderverdeeld in 82 regio's, voetbalscholen laten bouwen. Daar moet met het juiste kader, de goede opleiding en perfecte faciliteiten aan talentenscholing worden gedaan. Het accent ligt verder op scouting, technologie en management. Technisch manager Joop Alberda heeft de coördinatie van die academies onder zijn hoede. Negen supervisors moeten de voortgang bewaken in de regio's.
De ideeën van Hiddink en Alberda zijn helder en uitgesproken, de praktische bezwaren moeten ze nog ontdekken. Alberda zegt: "In alle olympische sporten bestaan twee succesfactoren: geld en populatie. Die zijn hier voldoende aanwezig, net als kennis en kunde. In een teamsport komen daar nog vijf variabele factoren bij: leiderschap, ambitie, de aanwezigheid van talenten, toepassing van technologie en tolerantie oftewel nieuwsgierigheid. Dat zijn universele eisen, die gelden ook in de politiek, het bedrijfsleven en de samenleving. Als we daaraan een goede invulling kunnen geven, is er een grote kans van slagen."
Geschatte kosten: zes, zeven miljoen per regio. Oftewel een half miljard euro. "Abramovitsj weet wat hij wil", zegt Hiddink. "Hij is een echte voetballiefhebber. Hij wil wat voor het land betekenen en heeft er veel voor over om het Russische voetbal weer op de kaart te zetten. Omdat hij een paar stuivertjes heeft, kunnen zulke projecten hopelijk versneld worden doorgevoerd."
De eerste conclusie van Hiddink en Alberda luidt dat er tussen 1990 en 2003 honderden talenten verloren zijn gegaan. De jeugd heeft weinig binding met het voetbal opgebouwd in een tijd dat een bestaan als prof moeilijk te verwezenlijken en amper rendabel was. Pas de laatste jaren groeit de animo, niet in het minst door

FOTO: PICS UNITED

het besef dat met voetbal tegenwoordig heel veel geld te verdienen is in Rusland. De meeste clubs betalen salarissen van een half tot twee miljoen netto.
De eerste taak van Hiddink lijkt tamelijk eenvoudig. "Ik ga gewoon een team opbouwen. Kijken waar het verloren gegane terrein kan worden teruggewonnen. Kwalificatie voor het EK van 2008 in die moeilijke poule met Engeland, Kroatië en Israël zou fantastisch zijn, al is het moeilijk haalbaar. Maar lukt dat toch, dan geef je de rest, die andere ontwikkelingen, ook een versnelling."
Hij weet dat decadentie zijn voornaamste tegenstander kan worden. In het Moskou van vandaag gaan de prijzen nog dagelijks over de kop. Vanuit zijn hotel heeft Hiddink alle topmerken in alle segmenten binnen handbereik. In het beroemde warenhuis *Goem* verdringen 's werelds beroemdste couturiers elkaar in de strijd om de gunst van de Russische yuppen. Natuurlijk kan men in Moskou een Bentley kopen, ware het niet dat de wachtlijst zo lang is dat de fabrikant de productie niet aankan. In hetzelfde pand, om de hoek bij Hiddink, is evenwel ook een Ferrari of een Lamborghini aan te schaffen.
Hiddink ontsnapt evenmin aan de luxe. Het is maandag 14 augustus 2006, de dag waarop hij zal gaan kennismaken met de spelers van de nationale ploeg. Hiddink leest de *Moscow Times* en prikt zijn vork in wat vers fruit. Enkele stukjes ananas, wat aardbeien en twee halve perziken. Plus yoghurt. Daarna twee eitjes ('graag zeven minuten koken') en twee koppen koffie. Kortom: dat wat wordt genoemd een *full continental breakfast*. Kosten: vijftig euro. 's Avonds, op het dakterras, laat Hiddink een goede fles Shiraz aanrukken. Tweehonderd euro. Goedkoper zijn ze er bijna niet. Een sigaar erbij? Veertig euro voor een bescheiden Cubaan. Zijn kamer hoeft hij niet zelf te betalen. De rekening van 1590 euro per nacht gaat naar de bond.
Het is een wereld waaraan voor Hiddink nauwelijks te ontsnappen lijkt. Abramovitsj wil het beste voor zijn coach en in Moskou wordt het leven nu eenmaal bepaald door de Nieuwe Russen. Het is een gangbare term geworden in het voormalige communistische bolwerk. De Nieuwe Russen. Het zijn de vlotte succestwintigers en -dertigers die meeliften op de economische impulsen die zijn gegeven door oliemiljardairs, goudmagnaten en snobistische projectontwikkelaars. In Moskou is een subcultuur ontstaan waarin het grote geld omgaat. Moskou is, na Londen, de stad met de meeste miljardairs ter wereld. "En Londen staat alleen maar bovenaan omdat er zoveel Russen wonen", zeggen ze in Moskou.
De rente waarvan deze mensen leven, gaat elk voorstellingsvermogen te boven. Abramovitsj bezit zestien miljard euro en incasseert jaarlijks minstens een half miljard aan rente. Grofweg anderhalf miljoen per dag! Deze Nieuwe Russen halen gerust Michael Jackson naar Moskou om een privé-concert te geven.

Die wereld is ook in aanraking gekomen met de voetbalsport. Overal zijn de vernieuwingen voelbaar en zichtbaar. Ze hebben nieuw elan en nieuwe hoop gebracht, maar ook onzekerheid. Het land worstelt met zijn verleden en zijn toekomst. In een periode van transitie komen toen en straks met elkaar in botsing. Of, in het beste geval, vloeien ze in elkaar over.
Voetballers vormen zowat de personificatie van een maatschappelijk proces. De situatie roept bij Hiddink herinneringen op aan tien jaar eerder. Het Bosman-arrest had van voetballers cowboys gemaakt. Jonge, onvolwassen miljonairs, op zoek naar grote contracten en naar status, niet gehinderd door enige bescheidenheid. In Rusland spelen voetballers met namen die een volstrekt onbekende klank hebben in de grote landen. Ze komen uit Brazilië, Paraguay, Argentinië, Nigeria en Kameroen. Maar ook - dat zijn de goedkopere arbeidskrachten - uit Servië, Slowakije, Letland en Tsjechië.

Hiddink gaat het met eigen ogen zien. Het is zaterdag 12 augustus. Een mooie nazomerse middag. De zon is net warm genoeg om in overhemd op de tribune te zitten. Een dikke dertig kilometer ten oosten van Moskou, in het voorstadje Ramenskoje, wordt de competitiewedstrijd tussen Saturn en FC Moskou gespeeld.
De clubs zijn als kometen omhooggeschoten in de hiërarchie van het Russische voetbal. Net als Spartak Nalchik, de verrassing van het seizoen. Stuk voor stuk clubs waar geld geen bron van zorg is. De wedstrijd voltrekt zich in een sfeer die doet denken aan de Duitse Oberliga. Zaterdagmiddag, een orkestje met muziek, en voetbal van bedenkelijk allooi. De sfeer in het stadion bevestigt wat je overal voelt: dit is een land in overgang. Reclameborden van Canon, Mitsubishi en Pepsi staan zij aan zij met reclameteksten in cyrillisch schrift.
In Ramenskoje worden sinds mensenheugenis raketten gebouwd. Nu wordt er ook op topniveau gevoetbald. Saturn telt slechts drie Russische spelers, dus Hiddink is snel uitgescout. Ook tegenstander FC Moskou is een symbool van de nieuwe tijd. Vier jaar geleden bestond de club niet eens. Nu jaagt de club op Europees voetbal.
Hiddink komt kijken naar drie (voormalig) internationals: Semak, Kirichenko en Kuzmin. Hij vindt ze niet geschikt. Te traag, te slap. Te weinig mentale hardheid vooral. "Pas als een ploeg op achterstand komt, zie je reactie", oordeelt Hiddink. "Het is goed om te zien welke criteria er in het verleden zijn gehanteerd bij het selecteren van internationals."
In een wereld van decadentie wordt mentale kracht niet meer gevraagd. Wat vroeger een deugd was van de Russische voetballer, is nu zijn vijand geworden. De

moderne miljonair kan zichzelf geen pijn meer doen, die brengt geen grote offers meer. In oude tijden gold de Sovjetvoetballer als stug, atletisch en onbuigzaam. Nu is hij technisch matig begaafd en mentaal labiel.

Coaches en vedetten vormen twee generaties. De eerste groep is opgegroeid in de tijden van het oude vertrouwde communisme. De spelers van nu waren kleine kinderen toen de perestrojka zich voltrok. Zij kennen de oude tijd alleen uit de overlevering. Die generatiekloof symboliseert het meest wezenlijke van de vernieuwing in Rusland. De ideologie is uit de sport verdwenen. "Vroeger was sport de manier om die ideologie uit te dragen", zegt Alberda. "Sinds het communisme is Rusland zoekende. Het land is half Europees, half Aziatisch, en bevindt zich zowel cultureel, economisch, historisch als sociaal in een periode van transitie. De sport gaat daarin mee, kan zelfs het voortouw nemen en het cement van de samenleving vormen. Nationale identiteit wordt steeds belangrijker in een door internet vervagende wereld. Internet heeft de grenzen tussen landen weggenomen, maar niet de behoefte aan identificatie."

Het laatste WK toonde dat aan. "Totaal geen vandalisme, wel een zeer sterk nationalisme", zag Alberda op de tribunes. Hiddink moet een weg vinden om de spelers in die nationale trots te raken. Hij stelt: "Het hart moet weer gaan spreken, dat is dé manier om het voetbal een echte impuls te geven. Een samenleving heeft behoefte aan sterren, moet daar trots op zijn. Dat moet geactiveerd worden."

Voetbal als belichaming van moedertje Rusland. "Na 75 jaar communisme hebben de voormalige Sovjetlanden er vijftien jaar over gedaan om weer een eigen identiteit te zoeken en te ontwikkelen. Die wordt nu steeds sterker. Dat moet een drive gaan geven", meent Hiddink. "Een nationale bond loopt qua ontwikkeling altijd achter de clubs aan. Bij de clubs is de vernieuwing begonnen. Die moet nu worden voortgezet."

Het trage volgen van de bond is ook logisch, betoogt hij. "De topspelers van nu zijn rond de 25 jaar. Die hebben het oude systeem nooit aan den lijve ondervonden. Kennen dat alleen uit verhalen." Alberda: "Terwijl de coaches vaak juist representanten zijn van die oude tijd en hun weg nog moeten vinden in het nieuwe. Daarin schuilt het probleem."

Volgens Alberda is een grootse verandering nooit van binnenuit te realiseren. "Je hebt een buitenlander nodig die 'vreemde' en nieuwe impulsen geeft. Dat was in Nederland ook zo. Kris Korzeniowski deed het bij de roeiers, Peter Mueller leerde onze schaatsers sprinten en Arie Selinger liet de volleyballers geloven in grenzeloos denken. Alles wat onmogelijk werd geacht, werd waarheid. Tot olympisch goud aan toe. Door die buitenlanders kreeg de filosofie van de sport een nieuwe impuls. De software in de mensen is veranderd. We durfden te gaan

geloven in een droom, in ons eigen kunnen."
In de rust van de wedstrijd wordt Hiddink met alle warmte ontvangen door de bestuurders van Saturn. De kennismaking verloopt bijzonder ontspannen. In de bescheiden ontvangstruimte zijn wel dertig schalen met fantastisch voedsel aangerukt. Rauwe vis en pittig vlees zijn favoriet. Kaviaar ontbreekt niet, en wijn, whisky en wodka zorgen voor de afdronk. Hiddink onderkent de waarde van al die ontmoetingen. "Wat ik wil bewerkstelligen moet aansluiten bij de Russische mentaliteit. Anders is er sowieso geen draagvlak voor welke vernieuwing dan ook."

Zondagmiddag. Om twaalf uur is het duel tussen Loetsj Energija en Spartak Nalchik rechtstreeks op televisie. De wedstrijd wordt in Vladivostok om acht uur plaatselijke tijd gespeeld. Hiddink maakt zich intussen op voor het duel tussen Dinamo Moskou en CSKA Moskou. Voor het stadion herkent hij het gezicht van Semin, zijn voorganger. Hiddink stapt direct op hem af en schudt zijn hand. Het is zijn manier om scepsis, of eventueel vijandelijk denken, in de kiem te smoren. "Ik heb hetzelfde gedaan bij Gazzaev, de coach van CSKA. Die was heel kritisch over mijn benoeming. Dat mag; toen wij in Nederland in de jaren zestig te maken kregen met Linder en Fadrhonc was er ook terughoudendheid. Ik zou ook denken: kunnen wij dat zelf niet? Maar als je dan met zo'n man praat, valt het allemaal wel mee. Dan zijn de woorden uit de krant niet zo fel meer. Ik krijg ook alle medewerking van CSKA. Van alle clubs, trouwens. Iedereen is zeer bereid om te helpen."
Het is ook de kern van Hiddinks steeds terugkerende betoog. In alle uitingen spreekt hij van 'wij' als het over het Russische voetbal gaat.
Buiten deelt hij handtekeningen uit. Hiddink plaatst ze linksom. "Omdat je nooit weet wat voor papiertje ze je voorhouden."
Binnen volgt hij het duel tussen Loetsj en Spartak Nalchik op televisie. De oude bestuurskamer met zijn houten vloer behoort toe aan Dinamo Moskou - hét symbool van verleden en vergankelijkheid. Dinamo was decennialang dé club van de USSR. Veel kan er niet veranderd zijn sinds de tijden van de legendarische doelman Lev Yashin. De tribunes zijn onoverdekt en Dinamo houdt zijn faam als voormalige politieclub hoog. Vier soorten bewaking geniet de bezoeker: die van de patrouille, de politie, het leger en de gevreesde Omon. Een gevechtsmachine van lieden die niet praten, alleen maar slaan, zo vertelt zijn assistent Igor Korneev glimlachend.
Dinamo vecht voor het eerst in zijn bestaan tegen degradatie. Het duel met CSKA Moskou gaat kansloos verloren (2-3). Het kwaliteitsverschil is groot. Dinamo heeft alle ontwikkelingen gemist. De investeringen van het laatste jaar, voor een

bedrag van 120 miljoen, kwamen te laat. Met afgedankte spelers redt Dinamo het niet. International Smertin is geblesseerd en oud-PSV'er Dima Khokhlov bankzitter. Maar goed, ze verdienen nu meer dan eerder in Engeland of Spanje. In totaal heeft Dinamo vijf Russen in de ploeg, net als tegenstander CSKA.
Om vier uur haast Hiddink zich van het ene voetbalveld naar het andere. In het Luzniki-stadion begint een uur later de wedstrijd Spartak Moskou-Krilia Sovietov. Van de 100.000 plaatsen is slechts tien procent bezet en het kunstgrasveld versterkt de onwezenlijke sfeer. Toch wordt Hiddink wat vrolijker door het spel van zowel CSKA als Spartak, twee ploegen die deelnemen aan de Champions League. Maar Spartak is ook een zorgenkind: drie Russen in het team en spelers van tien verschillende nationaliteiten. Onder hen de Nederlander Quincy.
Hiddink heeft bondsvoorzitter Moetko er al op aangesproken. Moetko is het met hem eens. Het aantal buitenlanders wordt de komende jaren teruggebracht van maximaal acht per wedstrijd naar vier of vijf. Een vergelijking met Nederland gaat mank, want Marco van Basten kan veel internationals selecteren bij buitenlandse clubs. Rusland heeft nog maar twee 'sterren' in het buitenland lopen: Saenko bij FC Nürnberg en Karianka, die bankzitter is bij Benfica. Het geld in eigen land is beter.

Maandagochtend. "Het borrelt nu wel een beetje", zegt Hiddink. "Het is leuk spannend." Aan zijn ontbijttafel werpt hij een blik op wat Russische kranten, waarin zijn hoofd prominent voorkomt. Vandaag gaat Hiddink kennismaken met zijn spelers. Hij heeft een lijst van vijfendertig, waaruit nu een eerste keuze is gemaakt van negentien man. Hiddink borduurt voort op het werk van Alexander Borodjuk, nu zijn assistent.
Hoewel Moskou beschikt over een achtbaansweg, neemt de autorit naar het trainingskamp in Bor bijna anderhalf uur in beslag. Het complex behoorde ooit toe aan de tsaren van Rusland en hun personeel. De omheining is van beton en strekt zich uit over vele kilometers. Binnen het bewaakte terrein ontwaren we tien flatgebouwen. Deze worden exclusief bewoond door het bedienend personeel dat werkzaam is op het complex.
Het 'uiterst luxueuze' onderkomen maakt op de Nederlandse bezoeker niet zoveel indruk. Hiddink betrekt kamer 77, een suite waar voormalig president Boris Jeltsin vaak kwam. De spelers verblijven in kleine kamertjes. Uit de kraan komt bruin water. De bedden kraken, alles is oud in Bor. Maar het straalt wel een zekere grandeur uit.
Hiddink baalt: hij is vergeten sigaren mee te nemen. Met een paar korte aantekeningen bereidt hij zich voor op de ontmoeting met de spelers en de daaropvol-

gende persconferentie. Een belangrijke klus is al gedaan: Hiddink kan vanmiddag aan zijn spelers meedelen wat de EK-premie is. "In het verleden werd er vaak van alles beloofd en kwam men het niet na. Dan kweek je wantrouwen en onduidelijkheid. Het premiestelsel moet goed zijn, net als de faciliteiten."
Hiddink heeft van Abramovitsj al de toezegging dat er een nieuw sportcentrum zal worden gebouwd als Bor hem niet bevalt. Daar heeft het alle schijn van. De trainingsmogelijkheden zijn uiterst beperkt op het ene veldje dat het terrein rijk is. Het enige wat de Russen in Bor vinden is rust. Maar een alternatief ontbreekt. Het oude olympisch sportcentrum in Novogorsk heeft de tand des tijds niet kunnen doorstaan. Het is groots, het is uitgestrekt, het is olympisch. Maar er is weinig intimiteit, laat staan dat het op voetbal gericht is. De oude Sovjetsfeer overheerst.

Tijdens de persconferentie geeft Hiddink een duidelijk statement af. "De voorwaarden om onze doelstelling te realiseren moeten aanwezig zijn. De kwaliteit van mensen en gereedschap bepalen of we onze ambities waar kunnen maken. Als die voorwaarden niet zijn ingevuld, stop ik nog dezelfde dag."
Nu pas, door de vele vragen van journalisten, wordt Hiddink in alle hevigheid geconfronteerd met de schaamte die het Russische voetbal in zijn greep houdt.
De laatste hoogtijdagen dateren van 1988, toen de nationale ploeg de EK-finale haalde (tegen Nederland) en de olympische ploeg goud pakte in Seoel. Sindsdien struikelde de 'Sbornaja' steeds in de voorronden of de eerste ronde van een toernooi. De laatste vier jaar had Rusland vijf verschillende bondscoaches. Romantsev haakte af in 2002, na een mislukt WK. Daarna voerden Gazzaev, Yartsev en Semin het commando. De voorbije twee wedstrijden, in maart en mei, was Borodjuk de verantwoordelijke man.
De catastrofale nederlaag tegen Portugal in 2003, toen Rusland met 7-1 verloor, legde een diep mentaal probleem bloot. Andere coaches kregen hun kansen, maar er veranderde weinig. Onder voorzitter Kolozkov was de bond al 25 jaar een bolwerk van verroest denken.
De nieuwe politiek nam het voortouw voor een trendbreuk. Kolozkov werd gevraagd zijn functie neer te leggen. De nieuwe bondsvoorzitter Moetko heeft zijn nieuwe functie vooral te danken aan president Poetin. De twee kenden elkaar uit het stadsbestuur van Sint-Petersburg. Toen Poetin naar het Kremlin verhuisde, gaf hij Moetko de opdracht de sport opnieuw op te tuigen.
Los van de kwaliteit van de spelers dook de laatste jaren steeds hetzelfde probleem op: communicatie. "Wij wisten nooit wat de coaches wilden, wat hun visie was", zegt journalist Igor Rabiner van *Sport Express*. "Zij waren vaak ontoegankelijk en

konden dus ook geen filosofie overbrengen." Onduidelijkheid en twijfel werden de vijanden van spelers en publiek. Schelden en blaffen was vaak de manier van communiceren.
Hiddink gooit de boel het liefst open. Met een lach hoopt hij de schaamte te verdrijven. Een van zijn eerste trainingsspelletjes is haast kinderlijk: de spelers moeten de bal hooghouden, en wie hem op de grond laat stuiten krijgt een bal tegen zijn kont aan geknald. De spelers vinden het prachtig.
Zijn filosofie is erop gericht een stevig fundament onder het Russische voetbal te leggen. "Het zou geweldig zijn als er over vier tot zes jaar werkelijk een verandering tot stand is gebracht", zegt Hiddink. "Daarom is het belangrijk dat de mensen in Rusland dit proces gaan dragen. Ik had ook een staf van vijf Nederlanders kunnen samenstellen, maar daar win ik niets mee. Het is voor mij belangrijk om door Russische ogen te leren kijken en een spiegel te hebben. Daarom heb ik Alexander Borodjuk en Igor Korneev erbij gehaald. Zij moeten het op termijn gaan overnemen van mij."

De dinsdag maakt andermaal duidelijk hoe nieuwe gedachten hun weg aan het zoeken zijn in oude structuren. De auto met Alberda aan boord passeert een lange reeks slagbomen, waarna de gouden letters op het vervallen gebouw pas goed zichtbaar worden. Hier zetelt en werkt het Olympisch Comité van Rusland. Vlak aan de rivier de Moskva, op een paar honderd meter van het Luzniki-stadion, is het alsof de jaren vijftig in volle glorie herleven. In het huis van de Sovjetsport is werkelijk niets van deze tijd. Ja, het internet en de foto's van nieuwe helden; die horen bij de 21ste eeuw. Maar de bewaking, het bibliotheekje, de houten meubeltjes en de bedompte kantoortjes hebben ongetwijfeld nog dezelfde sfeer als in de glorietijd van de Sovjetsport.
In de oostelijke vleugel huist de Russische voetbalbond, waarvan de geschiedenis teruggaat tot 1897. Aan de wanden van de werkruimten wordt die historie zichtbaar en voelbaar. De grote helden uit de geschiedenis zijn anderen dan vermoed. Valeri Ivanov hoort erbij, de man die in 1960 met zijn doelpunt zorgde voor olympisch goud. Igor Netto, de aanvoerder van toen, en natuurlijk Lev Yashin. Maar individueel eerbetoon is schaars. Het zijn de ploegen die in hoog aanzien staan. Die van 1960 en die van 1988, goed voor goud in Seoel. Het elftal dat hetzelfde jaar zilver won op het EK in West-Duitsland wordt nergens gememoreerd. Verliezers.
In het sobere tweewekelijkse magazine van het Olympisch Comité is geen foto te ontdekken. Opvallend is het voorwoordje, geschreven door Poetin. Sport en staat zijn nog altijd één - met voetbal als beschadigd uithangbord.

Alberda sluit zichzelf drie uur lang op met enkele afgevaardigden van de bond. Hij wil horen welke wensen er leven. "Zij moeten aangeven waaraan wíj moeten werken", vindt Alberda. "Het moet hún verhaal zijn, anders gaan we zoeken en dolen vanuit het niets."

Alberda maakt het concreet: elke verantwoordelijke binnen de bond moet op zijn vakgebied - opleiding, kadervorming, breedtesport, wetenschap, medisch, interne organisatie - drie knelpunten op tafel leggen. "En dan kijken Guus en ik wel of Roman daarin wil meedenken. Maar de analyse van het probleem ligt bij de mensen zélf, bij de coaches vooral. Vanuit hun kennis en kunde moeten zij zwaktes signaleren. Wij kunnen hoogstens de manier van denken proberen te beïnvloeden."

Een klein succesje kan Alberda al direct melden. "De winter. Die wordt hier vanouds gezien als een grote handicap. Want dan kan er niks. Tussen november en maart ligt alles stil. Je kunt het ook omdraaien en zien als een enorm voordeel ten opzichte van grote voetballanden. In de topcompetities is de belasting in de winter enorm groot, waardoor nationale ploegen vaak vermoeid aan een WK beginnen. Als wij de winter gebruiken voor langere trainingsstages in Australië of Brazilië, dan kan Guus juist dáár een basis leggen voor een succesvol EK of WK. Maar dan moeten de clubs wel mee willen denken. Daar moet Moetko voor zorgen."

Het ongewisse gevoel neemt hij een dag later mee naar het stadion van Lokomotiv Moskou, een zeer moderne arena. Negentig minuten lang blijft hij ongewis. Pas ver in blessuretijd zorgt een debutant uit Siberië, Pavel Pogrebnyak, ervoor dat de eerste wedstrijd van Hiddink in een overwinning eindigt. Tegen Letland wordt het 1-0.

Het succesje levert Hiddink een applausje op van de Russische pers. Na drie wedstrijden zonder doelpunt (tegen Slowakije, Brazilië en Spanje) was de wave weer eens zichtbaar in een Russisch stadion. De hoop van het publiek sloeg gaandeweg even om in vertwijfeling, om ten slotte toch in vreugde te eindigen.

Ondanks de matige recente resultaten houdt Hiddink in grote lijnen vast aan dezelfde ploeg als waarmee Borodjuk werkte. Hij kiest voor een blok van spelers van CSKA (vijf) en Zenit (vier). Ook het spelsysteem (3-5-2) blijft eender. De vraag is of Hiddink de komende tijd veel kan en wil veranderen; het aantal topspelers is immers beperkt. "Het is vooral belangrijk dat de spelers die we hebben, leren in een hoger tempo te spelen. Daarin moeten ze een hardheid kweken."

Drie maanden later is er volgens Hiddink sprake van meer realiteitszin. "Toen ik binnenkwam, kreeg je soms het idee dat ze veronderstelden dat ik een toverstok in mijn handen had. Die heb ik niet, die heeft niemand. Rusland staat niet voor niets op de veertigste plaats van de FIFA-ranking. Tegen Israël hebben we helaas vlak voor tijd een gelijkspel moeten toestaan, anders hadden we bovenaan in de groep gestaan. Dat valt dus niet tegen, maar het belangrijkste is en blijft om structureel met het voetbal bezig te gaan. Zelfs president Poetin heeft in de pers duidelijk gemaakt dat er de laatste jaren een achterstand is opgelopen. Dat was natuurlijk wel een goede steun. Ik zie Balkenende dat niet gelijk doen."

Terwijl hij zijn woorden overpeinst, realiseert Hiddink zich dat 'Operatie Rusland' misschien wel de omvangrijkste, ingrijpendste is die hij ooit in zijn loopbaan heeft moeten leiden. Een metershoge muur moet worden omgetrokken om het licht te laten schijnen op een nieuwe toekomst. "Ik denk dat je minstens vier, vijf jaar moet uittrekken om het effect van een dergelijke operatie te zien."
Op het dakterras van het Ararat Hyatt Hotel laat Hiddink een goede fles wijn aanrukken. Hij steekt een sigaar op. Zoveel plaatsen op de wereld bezocht hij: van het opgewonden Istanbul tot het mystieke Verre Oosten. Al die hete Latijnse landen en het ruwe Australië. En nu dan Rusland, het eindpunt. Nadat Amerika ooit het beginpunt was. Mensen die Hiddink van nabij kennen, staan versteld van het netwerk dat hij heeft opgebouwd. Met Johan Cruijff, Marco van Basten en Ruud Gullit behoort hij tot Nederlands bekendste voetbalambassadeurs. Van hen is Hiddink het minst omstreden.
"Dit leven heeft mij enorm rijk gemaakt. Omdat je zoveel verschillende mensen hebt ontmoet, zoveel culturen hebt leren kennen. Als je in al die landen komt, zie je steeds weer dat er eigenlijk helemaal geen grote verschillen zijn tussen mensen. Vanuit je opleiding of je vooroordeel denk je misschien dat de wereld veel verschillen kent, maar als je dat toespitst op individuen is dat niet zo. Ik kan zo een stuk of zes mensen uit verschillende continenten noemen met wie je als Nederlander een geweldige avond hebt. Een Australiër uit mijn staf, een Koreaan uit mijn staf, iemand van PSV, een Rus uit mijn staf, een Spanjaard en een Turk erbij en het wordt hartstikke leuk. Dat zie ik zo voor me. Dat al die mensen van al die verschillende rassen een lekker potje gaan zitten kaarten."
"Als je dat simpele gegeven even projecteert op alle problemen in de wereld, denk je wel eens: kampen wij niet heel veel met bedachte tegenstellingen? Maar goed, dat is heel simpel geredeneerd. De mens slaat nog wel eens door. Tot in het misdadige. Zeker als er ergens opeens vrijheid komt, ontstaan problemen. Want wat moet je met vrijheid als je niet eens weet wat verantwoordelijkheid is?"
Zijn loopbaan is wel compleet, nu. Net als opa Prinsen zal hij altijd de behoefte blijven voelen om ertussenuit te knijpen, met enige regelmaat. "Maar opa was ook verknocht aan zijn smidse", weet Hiddink. Waar zijn eigen smidse staat?

Toch in Eindhoven. Het liefst zou hij willen dat ze hem daar ooit vragen om terug te komen. In een rol op de achtergrond. Zijn voetbalschoenen zal hij wel nooit meer aantrekken, na dit avontuur. "Maar dat zei ik in 1994, na mijn periode bij Valencia, ook. Achteraf bleek het niet meer te zijn dan de behoefte aan een sabbatical van een half jaar."

"Volop werken, dat wil ik niet meer. Niet elke dag. Een baan als bondscoach is prima, vanwege de flexibiliteit van het werk. De ene week ben je actief met de groep, dan weer ga je met de organisatie bezig en probeer je ontwikkelingen in gang te zetten. Die combinatie is lekker. In de dalen werk je wel, maar dan is het misschien twee uurtjes. En verder een beetje golfen. Ik wil de vrijheid hebben om mijn tijd in te vullen zoals ik dat graag wil. Om eens een week in Nederland, Spanje of Frankrijk op vakantie te kunnen. Als ik dit project klaar heb, na twee jaar, hoop ik dat de mensen die het overnemen doorgaan op dezelfde voet." En zelf? "Anderhalf jaar is ver weg. Zoals ik het nu voel, vind ik het dan wel mooi geweest. Maar je weet het nooit."

FOTO: FOTOPERSBURO VAN DE MEULENHOF

Epiloog

8 november 2006

Verjaardagen vierde Guus Hiddink al vele. Lang niet altijd was hij thuis. Vorig jaar verbleef hij in Buenos Aires, waar hij zich met Australië voorbereidde op de WK-kwalificatiewedstrijd tegen Uruguay. Ooit zat hij met PSV op Old Trafford in Manchester. Zo ging het veel vaker. Dit is zijn wereld.

Zijn zestigste verjaardag gaat in relatieve rust voorbij. Guus Hiddink bezoekt deze avond de competitiewedstrijd tussen Dinamo Moskou en FC Moskou. Gezeten tussen supporters, Russische militairen en bondsbazen trotseert hij een temperatuur van tien graden onder nul. Zijn zaakwaarnemer Cees van Nieuwenhuizen en technisch manager Joop Alberda vergezellen hem.

In het leven van Hiddink loopt vrijwel geen enkele dag zoals was voorzien. Hij wordt geleefd, deels, en laat de dagen ook maar komen zoals ze komen. Om te ontsnappen aan de wurgende greep van agenda's.

We zitten op de tiende verdieping van het Ararat Hyatt Hotel, omdat zijn planning geen alternatief bood. Een afspraak voor een laatste gesprek, eigenlijk gepland in Amsterdam, is komen te vervallen. "Waarom kom je niet gewoon naar Moskou? Daar heb ik de komende dagen alle tijd", zei Hiddink twee dagen eerder.

Lichte paniek leek een logische bondgenoot. Het was donderdagavond, het boeken van een vlucht naar Moskou lukte nog wel, maar de wachttijd voor een visum is minstens twee weken.

Niet voor wie slim is. Hiddink gaf me het mobiele nummer van Paul Koelman in Den Haag, die als geen ander de weg weet in de visumbranche. Ook stuurde hij een sms'je naar zijn secretaresse Katja, die een formele uitnodiging op papier zette en die naar Koelman faxte. De volgende ochtend gaf het Russische consulaat groen licht. Zo gaat dat. Tijd, afstanden en geld zijn relatief in het leven van Guus Hiddink.

Hij leeft in een snelle, dynamische en veelzijdige wereld. De aantrekkingskracht daarvan laat nooit los. Zijn actieve loopbaan als trainer zal na het project in Rusland misschien ten einde zijn, het voetbal met al zijn charmes blijft hem een leven lang lief.

Twintig jaar aan de top, zowat onafgebroken. Welke toptrainer kan hem dat nazeggen? De houdbaarheid van Arrigo Sacchi of Jupp Heynckes bleek korter, Johan Cruijff hield het nog geen tien jaar vol. Ook Louis van Gaal, Arsène Wenger en

Fabio Capello tellen minder dienstjaren dan hij. Alleen Alex Ferguson overbrugde twintig seizoenen. Hij deed dat zelfs bij één club, Manchester United. In Nederland is Hiddink de succesvolste trainer uit de geschiedenis van het betaald voetbal. Met PSV won hij zes landstitels, vier KNVB-bekers en een Europacup voor landskampioenen. Meer dus dan Rinus Michels, Johan Cruijff en Louis van Gaal.

Met zijn zestig jaren staat Hiddink gemakkelijker in het voetballeven dan pakweg tien jaar geleden. Hij weet inmiddels hoe alle hazen lopen. "Het vasthouden van de kern, daar draait het om. Je moet je niet gek laten maken door externe factoren. Ik weet ook wel dat die ene goal in de Champions League vijf of tien miljoen euro kan kosten en dat er voor Rusland nu grote belangen op het spel staan. Maar dat drukt niet op mij. Ik ben niet nuchter in de zin van afstandelijk, maar richt me wel altijd op de kern van het voetbal. Als je dat belang vooropstelt, samen met die groep, dan raak je niet zo ver van jezelf verwijderd. En dan kun je het ook best een tijdje volhouden. Gewoon een mooi spel willen spelen; dat is de essentie. De rest is allemaal het gevolg ván."

De glamoureuze buitenkant van de voetbalwereld kan hem gestolen worden. "Ik ben niet gevoelig voor trends. Je zag een paar jaar terug ineens trainers die sponsornamen op het boordje van hun overhemd hadden staan. Nou, als ik een fantastisch contract moet tekenen en Kärcher wil dat die naam op mijn boordje staat, dan maar geen contract. Dat doe ik niet. Die exposure, daar hou ik niet van. Ik ben niet te beroerd om iets commercieels te doen, maar het moet niet zo aangedikt zijn. Dan word je als trainer een instrument van een sponsor. Dat wil ik niet. Als ik sponsor was, zou ik het zo ook niet willen. Het moet stijlvol blijven."

Hij noemt Elisabeth weer. "Lies heeft me heel erg geleerd om anders te kijken naar de mensen uit kringen waarin je - graag of niet - veel bivakkeert. Die mensen worden je min of meer opgedrongen en je hebt niet altijd door hoe zij op jou reageren en vanuit welk belang. Zeker als het goed met je gaat, sta je natuurlijk altijd in het middelpunt van de belangstelling. Je partner heeft vaak veel beter in de gaten wat echt is en wat niet. Ik heb dat wel moeten leren."

Het liefst zou Hiddink ooit 'helemaal terug naar de basis' willen gaan. "Ik heb altijd het idee gehad om nog eens een voetbalschooltje te beginnen. Of om jonge voetballers wegwijs te maken en te begeleiden bij het uitstippelen van hun carrière. De basis van het voetbal is en blijft toch het mooiste. Deze sport heeft me heel veel gegeven. Ik ben de wereld rondgetrokken en heb met heel veel mooie spelers kunnen werken. Sport geeft enorm veel energie. Het houdt je jong, dat cliché is waar. Ook door de humor, de manier van omgaan met elkaar. Je kunt nooit verslappen. Dat is lekker."

"Profvoetbal wordt vaak voorgesteld als een jungle, als hard. Dat zal zo zijn. Ik heb altijd heel sterk geprobeerd oog te hebben voor de mensen met wie ik werk. Het is gewoon heerlijk om met jonge mensen aan de slag te gaan. Dat heb ik mijn hele leven gedaan. Voetbal in zijn puurste vorm is werken met mensen. Mij gaat het om het spel, en het spel is altijd serieus. Als je speelt, doe je dat in volle concentratie, dan weet je niet wat er om je heen gebeurt. Zo moet voetbal blijven."
Dat plezier straalt hij in Moskou nog steeds uit. Niemand verplicht Hiddink om vandaag in Rusland te zijn, maar hij bezoekt met graagte zijn wedstrijden. "Bij PSV had ik dat ook. Ik ging echt elke dag met ontzettend veel plezier naar De Herdgang. Ik heb nooit gedacht: ik moet weer. Terwijl ik in mijn functie best wel eens een dagje had kunnen overslaan. Ik vond het heerlijk om weer dat veld op te stappen en gewoon met voetbal bezig te zijn. Als ik die jongens zag binnenkomen, voelde ik dat plezier."
Uitwassen die bij het voetbal horen, hebben Hiddink nooit diep kunnen raken. "Als uitwassen me zouden bezighouden, had ik het niet kunnen opbrengen om zes dagen in de week met een club bezig te zijn. Ik zie niet zoveel uitwassen in het voetbal die mijn plezier wegnemen of me cynisch maken. Zo wil ik ook helemaal niet in het leven staan. Verbittering haalt je naar beneden. Jou en de mensen om je heen."
Zijn wereld is nu een andere dan de laatste vier jaar. Toch kan en wil hij PSV niet loslaten. Zo nu en dan keert hij terug op De Herdgang. Dan parkeert Hiddink zijn Harley Davidson bij de keukendeur en schuift hij aan voor een koffie verkeerd, zijn favoriete drank. "Als iedereen weg is of een vrije dag heeft, vind ik het leuk om een bakkie te drinken met Mart van den Heuvel, Harry van Kemenade en zijn zoon Paul. Dan rij ik even langs het jeugdcomplex en ga ik in het ministadion op een kuipstoeltje zitten."
"Het is mooi wat er op De Herdgang is gebeurd. Dat je dat etiket 'Professioneel' nu met een hoofdletter kunt schrijven. Er staat iets. De aanzet tot een instituut. Daar ben ik trots op. Zoiets is prachtig om waar te maken. Met Rusland wil ik ook die kant op. Ik hoop dat Australië een stap verder zet. Het is fijn dat men zich in Valencia nog een bepaald soort voetbal herinnert, dat er een goede jeugdopleiding staat nu, dat de KNVB nog steeds die versnelde trainerscursus voor ex-internationals heeft. Ik vind het mooi als ik ergens een bepaalde kiem heb kunnen leggen, een impuls heb gegeven. Zodat er een ziel in zit. Een karakter. Een cultuur."
Als hij praat over de ziel, dan gaat het vaak over PSV. "Omdat die jaren het meest mijn signatuur dragen. De club is mijn kind, ergens. Het is mooi als je ergens terugkomt en men zegt: hé, welkom. Mooie tijd geweest."

De tijd kan en zal de wonden in Eindhoven wel helen vanwege de hechte vriendschappen die Hiddink bij PSV opbouwde en het aanzien dat hij in alle geledingen geniet. "Verzorger Mart van den Heuvel is echt een vriend van me geworden. Ik kende Mart al toen ik trainer was van het tweede elftal. Ik woonde in Zelhem en reed elke dag op en neer, met uitzondering van de dagen waarop ik 's avonds wedstrijden had. Dan bleef ik bij hem overnachten. Ik ben daar relatief veel geweest. Dat klikte heel goed, Mart en zijn vrouw waren heel gastvrij."

"Ook Kees Ploegsma is een goede vriend. Ondanks het vervelende afscheid in 1990 gedroeg Kees zich in die tijd heel nobel. Met hem ben ik goed. Ik heb hem nooit kunnen betrappen op spelletjes. En daar ben ik wel gevoelig voor. Met mensen als Harry van Raaij en Jan van Dooren, de toenmalige materiaalman, heb ik eveneens een band. Een fijne band, zonder dat je over vriendschap spreekt."

"Mijn bestaan is toch heel erg gericht op voetbal. Bij PSV zat ik altijd op De Herdgang. Nu ben ik af en toe vijf of tien dagen in Nederland, maar tijdens het seizoen zit ik veel in Moskou. Dit leven gaat ten koste van het wekelijks of frequent onderhouden van je vriendschappen."

Hiddink is niet iemand wiens huis een zoete inval is. "Er komen niet zoveel mensen bij mij over de vloer. Ik heb daar geen behoefte aan. De mensen die je goed kent, zie je natuurlijk toch vrij vaak in andere situaties. Zelf ben ik ook niet zo'n bezoeker. Niet voor langere periodes althans. Zo een paar uurtjes kletsen vind ik wel leuk, maar ik ben ook graag op mezelf. Genoeg is genoeg. Ik hecht meer aan de kwaliteit, de intensiteit van het samenzijn, dan aan de duur."

"Bij mijn broers kom ik nu weer wat vaker. Dat is de laatste twee jaar wat aangetrokken, met name door Elisabeth. We zagen mekaar niet zoveel. Je had wel een onderhuids gevoel van: dit is mijn broer en ik hou van mijn broer, maar daar bleef het vaak bij. Elisabeth is gelukkig heel communicatief en sociaal. Zij wil die contacten graag intensiveren. Ik zie ook wel mensen van haar kant. Familie, vrienden. Maar in de haast van dit bestaan ben je daar niet altijd alert op. Mijn kinderen ook, daar wil ik graag eens een weekje mee gaan skiën, maar dat valt niet altijd mee. Al wordt die behoefte wel sterker. We hebben frequent contact, maar wel vaak telefonisch. Omdat je veel aan het zwerven bent, komt het er niet van om eens samen een week op vakantie te gaan. Dat zou ik leuk vinden. En zij ook, denk ik. Ze zien me hopelijk – dat weet ik eigenlijk wel zeker – als een liefdevolle vader die altijd voor ze zal klaarstaan. Ze zijn ook wel trots op hetgeen ik gedaan heb."

Zijn zestigste verjaardag viert hij op 1 december. Omdat zijn vriendin in oktober veertig werd, houden ze een dansfeest onder de noemer 'Guus en Elisabeth 100'. Dit jaar zal het drukker zijn dan ooit. "Op mijn verjaardag komen normaal niet zoveel mensen. Ik hou het meestal wat intiemer. Die voetballerij is een aparte wereld. Emoties deel je rond wedstrijden. Ik voel nog wel een sterke band met die jongens van De Graafschap. Die tijd, die streek – dat was prachtig."
"De voetbalwereld is een grote kooi. Vanuit die dagelijkse turbulentie heb ik een grote behoefte om in mijn eigen holletje te kruipen. Ik vind het heerlijk om alleen te zijn, dan ben ik met van alles en niks bezig. Ga ik lezen, filmpje kijken, lekker onderuit. Vaak zit ik te computeren of ik ga met de fiets het bos in. Crossen. In het weekeinde gaan we vaak samen naar het voetbal. Zo ziet mijn sociale leven eruit."
De vele veranderingen in zijn leven vergen flexibiliteit van de mensen om hem heen. "Mijn naasten vinden veranderingen ook mooi. Elisabeth houdt erg van reizen. Zij zal nooit zeggen: Guus, je bent hartstikke gek dat je naar Rusland gaat. Mijn ouders ook niet. Ook zij houden wel van dat ondernemende en zullen niet gaan duwen. Van: niet doen, gevaarlijk! We enthousiasmeren elkaar en houden van aanpakken. Mijn vader is 90 en mijn moeder 86, maar ze kennen geen angst. Het is meer van: doe maar, als je over de kop slaat, dan zijn we d'r voor je. Ik kan er ook niet zo goed tegen als mensen me willen tegenhouden."

In de vriendschap is Hiddink één keer zwaar teleurgesteld. Door zijn voormalige administrateur. "Die heeft zich geld toegeëigend dat hem niet toekwam en heeft zo de kern van de vriendschap aangetast. Hij wilde een huis hebben en had wat nodig. Een paar ton. Ik zeg: nou, regel dat maar. Voor jezelf en voor mij. Dan ga ik niet nadenken over hoeveel ik precies per maand moet terugkrijgen. Dat ging verkeerd. Hij ging gaatjes dichten in zijn eigen zaak van mijn geld en dat liep op. Het kwam aan het licht toen ik zelf wat nodig had om dingen te regelen. Toen zei zijn vrouw: 'Dat is er niet meer.' 'Waar is dat gebleven dan?', vroeg ik. Ja, dat was verdwenen."
Een enorm bedrag dat verdwijnt zonder dat Hiddink het merkt. "Dat is naïef. Maar ik had dat overzicht toen niet. Ik zat veel in Spanje en was zo zwervende in die tijd, dat ik de hele administratie uit handen had gegeven. Ik geef dat vertrouwen en ga niet om de week checken hoeveel er op mijn rekening staat. Soms zeg je: geef mij eens een overzicht, maar voor je het weet ben je een half jaar verder. Dus ja, dat geld is allemaal foetsie."

Geld is dan maar geld. "Daar geef ik niet zoveel om. Het is een groot bedrag, maar ik ben meer teleurgesteld in de verbroken vriendschap. Je leert ervan. Nu kan niks meer gebeuren zonder mijn handtekening. Daar zit een prijs op, want als zoiets gebeurt, is de vriendschap natuurlijk voorbij. Sluiten. Zo ga je niet met elkaar om."

Overal waar hij komt, wordt Hiddink aangesproken. Altijd zijn er mensen die hem claimen, iets van hem gedaan willen hebben. Een handtekening, een foto, een interview, een lezing: de vraag naar Hiddink is groot. Zelf is hij er rustig onder. "Ik heb er allemaal niet zoveel last van. Als goede vrienden mijn hulp nodig hebben, omdat ze iets willen beginnen, dan doe ik dat graag. Soms heb je vervelende mensen die beslag op je leggen, maar eigenlijk valt het wel mee. Meestal moedigen ze je aan. Of zeggen ze iets grappigs. Dan loop ik met een zonnebril op en roepen ze: 'Hé Guus, slechte vermomming, hoor!' Zulke dingen. Maar ik kan niet zeggen dat ik last heb van mijn bekendheid. Ik heb niet het gevoel dat ik geleefd word. Als dingen me niet bevallen, zeg ik dat gewoon. Rustig. Ik ga daar niet iets zelfcultiverends van maken. Ik hoop en denk dat ik normaal benaderbaar ben. Als ik op straat loop of op een terras zit, herkennen ze mij. En?"

Zijn wereld strekt zich uit van Varsseveld tot de Stille Zuidzee. Eind 2005 was hij met Australië op de Solomon Eilanden. Toen de ploeg terugkwam van de wedstrijd in Uruguay maakte het vliegtuig een tussenstop op de Cook Eilanden – waarlijk een vlek in de oceaan. Hij herinnert zich een avontuurlijke trip als bondscoach van de KNVB. Diep de binnenlanden van Suriname in, waar rebellenleider Ronnie Brunswijk een eigen voetbalclub had. "Het is prachtig allemaal, je gaat als trainer de hele wereld over, maar je bent er en je bent er niet. Je kunt nergens induiken. Typisch het voetbal, het is allemaal heel kortstondig. Later kijk je op de wereldbol om te zien waar je nu precies gezeten hebt. Dat is wel een heel aparte gewaarwording."

Hij woont overal en nergens. De band met de Achterhoek blijft altijd bestaan. "Ik ga er nog steeds graag heen. Ik zou er nog best kunnen leven. Maar het is natuurlijk wel heel erg dicht bij Amsterdam. Dus waarom? Rij eens een uurtje door Moskou of een uurtje door Nederland. In Moskou kom je de stad niet uit binnen een uur. En vanuit Amsterdam zit je binnen het uur in Friesland, België of Varsseveld. Ik vind Nederland heel aangenaam, ik wil er ook niet weg. Tenzij de FIOD me weg wil hebben."

FOTO: PICS UNITED

Loopbaan

SPELER	
1961-1967	SC Varsseveld
	kampioen vierde klasse in 1963
1967-1970	De Graafschap
	kampioen tweede divisie in 1969
1970-1971	PSV
1971-1977	De Graafschap
	promotie naar de eredivisie in 1973
1977-1981	NEC
1978	Washington Diplomats
1980	San Jose Earthquakes
1981-1983	De Graafschap (tevens assistent-trainer)

TRAINER	
1981-1983	De Graafschap, assistent (tevens contractspeler)
1983-1987	PSV, assistent- en jeugdtrainer
1987-1990	PSV
	landskampioen in 1987, 1988 en 1989
	bekerwinnaar in 1988, 1989 en 1990
	winnaar Europacup 1 in 1988
1990-1991	Fenerbahçe
1991-1994	Valencia
1995-1998	Bondscoach Nederland
	kwartfinale op EK van 1996
	halve finale op WK van 1998
1998-1999	Real Madrid
	winnaar wereldbeker voor clubteams
1999-2000	Betis Sevilla
2000-2002	Bondscoach Zuid-Korea
	halve finale op WK van 2002
2002-2006	PSV
	landskampioen in 2003, 2005 en 2006
	bekerwinnaar in 2005
	halve finale Champions League in 2005
2005-2006	Bondscoach Australië
	achtste finale op WK van 2006
2006-2007	Bondscoach Rusland

Dank

Dit boek zou niet verschenen zijn zonder de hulp van Guus Hiddink, Elisabeth Pinas, Gerrit H. Hiddink, Jo Hiddink-Prinsen en Cees van Nieuwenhuizen.
Verder wil ik de volgende mensen bedanken voor hun steun en inspanningen: Marleen de Broekert, Ria van den Nieuwenhof-Geevers, Kees Ploegsma, David van Iersel, Jack van de Vliert, Peter Verhagen, Paul Koelman, familie Van Kemenade en Katja Fedeshina.
En niet te vergeten mijn collega's van het Eindhovens Dagblad. Hoofdredacteur Joep van der Hart en directeur Nienke Meyer gaven mij de ruimte om dit boek te schrijven. Op de sportredactie waren Erwin Blatter, Jac Frederix, Frank van den Heuvel, Frank van den Muijsenberg, Angela van de Paal, Martijn Storms, Arjen Vos en Hans Wagenaars altijd collegiaal en begripvol.

Boeken Topclub PSV, Het grote feitenboek van PSV, Voor rood-wit gezongen, De Graafschap tussen toen en nu.
Kranten/tijdschriften Eindhovens Dagblad, Nieuwe Revu, De Telegraaf, NRC Handelsblad, Sport International, Sportweek, Trouw, Voetbal International, de Volkskrant en Vrij Nederland.
Archieven Streekarchief Kempenland, Streekarchief Liemers en Achterhoek.

Frans van den Nieuwenhof

Colofon

Uitgeverij De Boekenmakers, Eindhoven / info@deboekenmakers.nl / www.deboekenmakers.nl
Tekst Frans van den Nieuwenhof **Beeldredactie** Guus Hiddink, David van Iersel en Frans van den Nieuwenhof **Eindredactie** Guus Hiddink en Arjen Vos **Fotografie** tenzij anders vermeld: archief Guus Hiddink, archief familie Hiddink, archief Jan Lamers en archief Peter Verhagen, foto voorzijde omslag, Pics United **Vormgeving** Scherpontwerp, Eindhoven **Distributie** Tirion Uitgevers BV, Baarn
Deze uitgave is mede tot stand gekomen in samenwerking met Tirion Uitgevers BV
ISBN 90-4390-887-8
ISBN 978-90-4390-887-8
Tweede druk